Heiko Veit

Praxishandbuch Integrale Organisationsentwicklung

Heiko Veit

Praxishandbuch Integrale Organisationsentwicklung

Grundlagen für zukunftsfähige Organisationen

WILEY-VCH Verlag GmbH & Co. KGaA

1. Auflage 2018

Alle Bücher von Wiley-VCH werden sorgfältig erarbeitet. Dennoch übernehmen Autoren, Herausgeber und Verlag in keinem Fall, einschließlich des vorliegenden Werkes, für die Richtigkeit von Angaben, Hinweisen und Ratschlägen sowie für eventuelle Druckfehler irgendeine Haftung.

© 2018 Wiley-VCH Verlag & Co. KGaA, Boschstr. 12, 69469 Weinheim, Germany

Alle Rechte, insbesondere die der Übersetzung in andere Sprachen, vorbehalten. Kein Teil dieses Buches darf ohne schriftliche Genehmigung des Verlages in irgendeiner Form – durch Photokopie, Mikroverfilmung oder irgendein anderes Verfahren – reproduziert oder in eine von Maschinen, insbesondere von Datenverarbeitungsmaschinen, verwendbare Sprache übertragen oder übersetzt werden. Die Wiedergabe von Warenbezeichnungen, Handelsnamen oder sonstigen Kennzeichen in diesem Buch berechtigt nicht zu der Annahme, dass diese von jedermann frei benutzt werden dürfen. Vielmehr kann es sich auch dann um eingetragene Warenzeichen oder sonstige gesetzlich geschützte Kennzeichen handeln, wenn sie nicht eigens als solche markiert sind.

Bibliografische Information der Deutschen Nationalbibliothek

Die Deutsche Nationalbibliothek verzeichnet diese Publikation in der Deutschen Nationalbibliografie; detaillierte bibliografische Daten sind im Internet über http://dnb.d-nb.de abrufbar.

Printed in the Federal Republic of Germany

Innenlayout: pp030 – Produktionsbüro Heike Praetor, Berlin
Covergestaltung: Christian Kalkert Buchkunst & Illustration, Birken-Honigsessen
Satz: SPi Global, Chennai
Druck & Bindung:

Print ISBN: 978-3-527-50946-1
ePub ISBN: 978-3-527-81932-4
mobi ISBN: 978-3-527-81933-1

10 9 8 7 6 5 4 3 2 1

Inhalt

Vorwort **9**

1. Kapitel: Die Integrale Landkarte **11**
    Quadranten *11*
    Ebenen *19*
    Linien *25*
    Typen *28*
    Zustände *29*

2. Kapitel: Weitere Grundlagen für integrale Organisationsentwicklung **33**
    Das Menschenbild *33*
    Ein Modell der Innenwelt des Menschen *34*
    Mein Organisationsbild *37*
    Zur Organisationsstruktur *38*
    Zur Organisationskultur *40*
    Die Perspektive der Veränderungsarten *43*
    Dimensionen von Wertproduktion *44*
    Arten integraler Organisationen *49*
    Ansätze postkonventioneller Organisationen *50*
    Die Aufgabe des Beraters *53*

3. Kapitel: Voraussetzungen aus Entwicklungsperspektive **57**
    Wer ist eigentlich mein Kunde/Auftraggeber? *57*
        Der Auftraggeber als Person *57*
        Der Auftraggeber als Gruppe *58*
        Worauf muss man beim Kunden achten? *58*
    Überblick über die Ich-Entwicklungsstufen *61*
        E4: Die gemeinschaftsorientierte Stufe *63*
        E5: Die rationalistische Stufe *66*
        E6: Die eigenbestimmte Stufe *68*
        E7: Die relativierende Stufe *70*
        E8: Die systemische Stufe *71*
    Überblick der Werteentwicklung *74*
    Zusammenspiel Ich-Entwicklung und Werte *75*
    Zukunftsvision *79*

4. Kapitel: Ein mögliches Vorgehen **83**
    Einführung *83*
    Kontakt und Bindung *85*
    Auftragsklärung *87*
    Hintergrundfolie reflektieren *93*
        Die zehn Systemdynamiken *98*

Change-Architektur aufbauen *100*
    Vertiefung Kernteam *103*
    Vertiefung individuelle Intervention *106*
Change-Architektur leben *109*
In der Organisation weiter verankern *110*
Was ändert sich? Unterscheidung konventionelle und postkonventionelle Organisation *111*

5. Kapitel: Ein Schritt zurück — *113*
Einführung *113*
Vertiefungen zur Phase Kontakt und Bindung *113*
    Klarheit über den Wir-Raum *114*
    Der Wir-Raum ist flüchtig *115*
    Der Wir-Raum des Beratungssystems ist kulturbildend für den Kunden *115*
    Die Tiefe des erlebten Wir-Raums kann unterschiedlich sein *116*
    Entwicklungsstufen der Organisation sind anders als die der Person *116*
Vertiefung zur Auftragsklärung *117*
    Ebenen von Impulsen *117*
    Das Pizza-Modell zur Einpassung in Gruppen *119*
    Auftragsklärung als Durchlaufen eines U-Prozesses *120*
    Die Grenzen des Auftrags finden *122*
    Offen sein für direkte Interventionen *123*
    Hinweise zum Angebot – das Angebot als Intervention *124*
    Hinweise zur Einbindung von Partnern *127*
Vertiefung zur Reflexion der Hintergrundfolie *129*
    Die eigene Identität als Hintergrundfolie *129*
Vertiefung zur Reflexion der Change-Architektur *131*
    Das Kernteam *131*
    Veränderungslandkarte *132*
    Plan der Interventionen und die konkreten Interventionen *133*
    Mitarbeiter und Führungskräfte *134*
    Feedback und Außeneinflüsse *135*
    Zoom-in und Zoom-out *136*
Vertiefung zu Change-Architektur leben *137*
    Fokussierungsfelder im U *137*
    Blick auf mögliche organisationale Schatten *139*
Noch ein paar Hinweise zum Berater *140*
Und eine kleine Übung *141*

6. Kapitel: Prinzipien und Konzepte — *143*
Wirklichkeitskonstruktion *144*
Bindungs-Trennungszyklus *147*
Problem-Lösungsraum *150*
Einfluss-Interessenbereich *152*

Komfortzonenmodell *154*
Führung – was ist das eigentlich? *157*
Rollen und Rollenwelten *161*
Vom Drama zum Erfolg *163*
Felder des Zuhörens *167*
Dysfunktionale Muster – individuell & kollektiv *171*
Vier Elemente effektiver Kommunikation *174*
Alles, was Sie können und wissen *176*

7. Kapitel: Pragmatische Werkzeuge ... **179**
Fleximity *179*
Organisationseinheiten-Canvas *185*
Das Rollen-Canvas *191*
Kooperatives Workshop-Design *195*
Reflexion *198*
Konsent für kooperative Entscheidungshilfe *204*
Alles, was Sie als Werkzeug kennen und einsetzen können *206*

Schlusswort ... **209**

Literaturverzeichnis ... **211**

Stichwortverzeichnis ... **215**

Vorwort

Schon bei der Entwicklung dieses Buchprojekts stand fest: Dieses Buch ist eine Herausforderung. Eine Herausforderung in zweierlei Hinsicht: Zum einen ist integrale Organisationsentwicklung ein postkonventioneller Prozess. Das bedeutet, es gibt keine 1, 2, 3-Rezepte, alles entwickelt sich, wie es in diesem Moment und in diesem Kontext gerade richtig ist.

Zum anderen war für mich klar: Am Ende eines jeden Kapitels würde ich dieses immer wieder anders schreiben wollen, denn auch das ist ein Prozess – genauso, wie ich mich als Mensch immer weiterentwickle, ändert sich auch für mich stetig die Sicht auf die Dinge.

In der integralen Organisationsentwicklung gibt es kein einfaches Handlungsschema, es gibt einige Denkmodelle, wenige Eckpfeiler und ein paar Prinzipien. Die Reflexion auf verschiedenen Ebenen ist ein wesentlicher Faktor und die Fähigkeit dazu ist stark von der Entwicklungsstufe der Beteiligten abhängig. Das Ergebnis ist ein sich selbst permanent anpassender und reflektierender Prozess, in dem es eher um die Erkundung einer ganz spezifischen Vorgehensweise als um Tools und Methoden geht.

Und genau daher ist ein Buch nicht die ideale Form der Beschäftigung mit diesem Thema, denn diese Art von Prozess muss sich ja auch im Berater vollziehen. Daher bedarf es eigentlich eines erforschenden Dialogs, in dem sich Denkmodelle, Eckpfeiler, Prinzipien und Interventionsideen mit der Individualität und Einzigartigkeit des Beraters verbinden können.

Als Berater sind wir – ebenso wie unsere Kunden und Kundensysteme – ein permanentes Subjekt der Entwicklung und Entfaltung. Und in dieser Bewusstheit in einen Raum einzutauchen, gemeinsam erkundend das hervortreten zu lassen, worum es im Augenblick geht und das dann in Bezug zur eigenen Lebensgeschichte, der einzigartigen Situation beim Kunden und einer Gesamtentwicklung zu setzen – das wäre eine gute Art der Auseinandersetzung mit dem Thema. Und genau das auch als ein »Auf dem Weg sein« zu begreifen.

Viele nützliche Elemente meiner Arbeit habe ich in diesem Buch nicht weiter erwähnt, wie beispielsweise systemische Aufstellungsarbeit in verschiedensten Formen, besondere Arten des Dialogs oder Arbeiten mit dem Körper. Das sind nützliche Elemente, von denen jedes für sich einen intensiven Lernprozess benötigt, damit kein Schaden bei der Anwendung entsteht. Das hätte aber den Rahmen des vorliegenden Buchs gesprengt.

Darüber hinaus bin ich davon überzeugt, dass wir noch so wenig über postkonventionelle Organisationen wissen, dass es noch einen längeren Erkundungsweg braucht, um ganz konkrete Vorstellungen darüber zu entwickeln.

In genau diesem Sinne möchte ich das Buch verstanden wissen:

Dieses Buch soll einen Beitrag leisten zum Erkundungsprozess. Es bietet Anregungen und Hilfestellungen. Es bietet Reibungspotenzial und Material für einen kritischen Diskurs. Es hat keinen Wahrheitsanspruch, sondern soll vielmehr dazu anregen, selber nachzudenken und eigene Gedanken zu entwickeln. Und gerne auch dazu, mit mir in den Austausch zu gehen. Damit wir gemeinsam schauen können, wie individuell und kollektiv Bedingungen für Entwicklung und Entfaltung besser geschaffen werden können.

Aus meiner Sicht ist Organisationsentwicklung ein ganz wesentlicher Hebel für Gesellschaftsentwicklung und leistet letztendlich auch einen Beitrag für eine Welt, in der es mehr Menschen besser geht. Auch wenn man jetzt natürlich lange darüber philosophieren kann, was »besser« bedeutet und was die Kriterien dafür sind, schließlich hängt dieses sehr stark von der eigenen Sichtweise auf das Leben ab.

Es kann sein, dass dieses Buch für manche sehr enttäuschend ist, denn es ist nicht Anspruch dieses Werks, zu erklären, welche Schritte genau zu gehen sind, um zu einer integralen oder postkonventionellen Organisation zu kommen. Dieses halte ich für einen nicht ganz nützlichen Anspruch, denn ich glaube, dass noch keiner sagen kann, was eine integrale Organisation wirklich ist und wie eine solche wirklich aussieht. Worum es hier stattdessen eher geht, ist: Wie können wir Denkmodelle, Prozesse und Rahmen gestalten, in denen Entwicklung und Entfaltung möglich wird? Dabei lassen wir uns einmal überraschen, was dort eigentlich entstehen möchte. Wenn dieses Buch dazu einen Beitrag leistet, dann würde mich das freuen.

Ich wünsche Ihnen viel Spaß beim Lesen, beim Irritiert-sein, beim Freuen, beim Verwenden, beim Ärgern über meine Perspektive, beim Sich-daran-Reiben, beim Weiterdenken und beim Weiterentwickeln. Und gerne beim »In-den-erforschenden-Dialog-gehen« mit mir: hvt@heiko-veit.de

---

Auch wenn wir im kollektiven Feld von Männlichkeit und Weiblichkeit noch ganz andere Felder zu heilen haben, greife ich an dieser Stelle das Gender-Thema auf. Selbstverständlich sind alle Geschlechter angesprochen, wenngleich ich in diesem Buch der besseren Lesbarkeit wegen nur die männliche Form gewählt habe.

1 Die Integrale Landkarte

In den ersten beiden Kapiteln geht es mir darum, dass wir eine gemeinsame Perspektive auf Organisationen einnehmen. Das bedeutet nicht, dass ich der Meinung bin, dass dies die einzige oder gar die richtige Perspektive auf Organisationen ist. Es ist nur nützlich, wenn wir eine gemeinsame Sprache haben, eine gemeinsame Landkarte, bevor wir uns in das komplexe Feld der integralen Organisationsentwicklung weiter aufmachen.

komplex = lebendig, sich verändernd, nicht nur kompliziert

Dazu im ersten Kapitel die Grundlagen aus der integralen Theorie und Praxis nach Ken Wilber.[1] Diese Theorie stellt eine Metalandkarte zur Verfügung, die dabei helfen kann, mit den vielfältigen Phänomenen, die uns tagtäglich begegnen, besser umzugehen. Wir dürfen dabei nicht vergessen, dass es sich um eine Landkarte handelt. Diese ist nützlich, um sich eine Orientierung zu verschaffen, jedoch reicht sie nicht aus, um in der Landschaft auch wirklich zu gehen. Das gilt auch für das ganze Buch, es ist nur Landkarte und Geschichte, also vereinfacht und immer unvollständig. Unsere eigene Wahrnehmung, unsere eigene Entwicklungsstufe, unsere ganze Lebensgeschichte, ist ganz entscheidend dafür, wie wir die Landschaft und die Landkarte wahrnehmen.

Wichtige Begriffe, die immer wieder auftauchen werden, möchte ich zu Beginn dieses Buchs gerne näher im Detail erläutern. Diese sind:

- Quadranten
- Ebenen
- Linien
- Typen
- Zustände
- Menschenbild
- Organisationsbild
- Wertedimensionen

Quadranten

Alles, was lebt, kann man in vier Dimensionen unterteilen, die beschreiben, in welchen Dimensionen das Leben sich zeigt. Die vier Bereiche unterteilen sich durch die Unterscheidung in subjektiv, objektiv auf der einen Seite und individuell, systemisch auf der anderen Seite. Im Einzelnen erklärt, ergibt sich das folgende Bild.

Quadranten eines »Lebewesens« oder Quadrivia, also Sicht durch die Quadranten?

---

[1] Bücher zur integralen Theorie: Einstieg: *Ganzheitlich handeln* von Ken Wilber, tiefergehend: *Integrale Spiritualität*

Abb. 1.1: Beispielhafte Zuordnung von Quadranten

Auf die individuelle Dimension des Menschen bezogen

Subjektiv ist all das, was innen passiert. Auf den Menschen angewendet, geht es um das eigene Denken, das eigene Fühlen, die eigenen Werte. Es geht um die Intension, die man hat, was man als sinnvoll empfindet. Werte spielen eine Rolle sowie die Ich-Entwicklungsstufe. Hier sind die Fragen angesiedelt: Wie interpretiere ich die Welt um mich herum? Wie strukturiere ich meine Welt? Wie konstruiere ich meine Welt? Was ist mein inneres Bild von mir und von der Welt? Und viele Fragen mehr …

Objektiv ist alles, was wirklich messbar ist, die Welt der Physik, das Verhalten. Welche Kleidung trage ich? Wie groß bin ich? Welche Körperhaltung habe ich gerade? Wie stehen meine Knochen zueinander, wie ist mein Blutdruck? Alles das, was ich wirklich messen und von außen beobachten kann. Dasselbe gibt es systemisch/kollektiv.

Auf die systemische Dimension des Menschen bezogen

Auf der zweiten Ebene der Skala geht es um intersubjektive Fragen wie: In welchen Kulturen lebe ich eigentlich? Woran erkennt man in meinem Freundeskreis Zugehörigkeit, was sind die bewussten und unbewussten Regeln? Wie sieht es am Arbeitsplatz aus? Wie sieht es im Sportverein aus? Was sind die geteilten Werte, die geteilten Denk- und Fühlweisen? Wie bewertet man bestimmte Dinge? Dazu gehört beim Menschen auch so etwas wie »meine Herkunftskultur«: Welche Kultur hat mich da eigentlich geprägt? Und auch wie sieht es in meiner Gegenwartsfamilie aus? Und was ist in der Gruppe, in dem WIR-Raum, in dem ich jetzt gerade bin, innerlich los? Welche Gefühle und Gedanken tauschen wir auch aus?

Und es geht hier ebenso um die Organisation, in der ich bin, als ein Teil in diesem Quadranten. Objektivsystemisch gesehen, ist es das Umfeld, in dem ich mich bewege. In welcher Wohnung bin ich? Wer gehört zu meinem Freundeskreis? Wer zur Firma? Und so weiter und so fort.

Jedes Holon hat alle vier Quadranten. Aus der Definition der integralen Theorie heraus ist der Mensch ein Holon. Ein Holon ist ein Teil-Ganzes. Es ist aus anderen Holons zusammengesetzt, umfasst diese und bildet einen Gesamtorganismus. Man könnte höhere, also komplexere Holons auseinandernehmen und die darunterliegenden Holons bleiben bestehen. Würde man die unteren Ebenen entfernen, könnte das obere Holon nicht mehr bestehen. Stark vereinfacht: Der Mensch besteht aus Zellen, die aus Atomen bestehen. Zellen haben ebenfalls alle Dimensionen, auch wenn die natürlich deutlich einfacher sind, aber auch Zellen haben innere Reiz-Reaktionsmuster, bilden gemeinsame Strukturen und dergleichen mehr.

> Stark vereinfacht: Mensch weg, Zellen bleiben. Zellen weg, Mensch weg.

Auf diese Weise kann man eine Person in seiner Situation ziemlich vollumfänglich betrachten. Dieses Quadrantenmodell angewendet auf eine Situation führt dann beispielsweise zu folgenden Fragen.

> Das ist nie ganz möglich. Ich habe ja immer »nur« MEIN links oben.

Im linken oberen Quadranten:

- Was ist mein Denken und mein Fühlen in dieser Situation?
- Was ist meine Intension, meine Motivation?
- Was ist mein innerer Dialog in dieser Situation, welche widersprüchlichen Stimmen habe ich in mir?
- Wie interpretiere ich, was ich beobachte?

Im rechten oberen Quadranten

- Was ist wirklich zu beobachten?
- Welches Verhalten zeige ich?
- Wie ist meine Gestik und Mimik?
- Wie geht mein Atem?
- Wie schnell ist mein Herzschlag?

Im linken unteren Quadranten

- Welche Regeln und Überzeugungen gab es in meiner Herkunftsfamilie?
- Welche gemeinsamen Überzeugungen gibt es in meinem Land?
- Welche gemeinsamen Überzeugungen und Regeln gab es in meinem letzten Unternehmen, welche gibt es in meinem jetzigen Unternehmen?
- Wie fühlen wir uns als Gruppe gerade miteinander, was tauschen wir an Gedanken und Gefühlen aus?

Im rechten unteren Quadranten

- Wie sind die Strukturen um uns herum, welche Rollen haben wir?
- Welche Umgebungen bin ich gewohnt? Lebe ich auf dem Land, eine Stunde von der Autobahn entfernt oder in einer Großstadt?
- Wie ist der Raum, den wir teilen?
- Wie stehen die Stühle ganz konkret, habe ich Tische im Raum?

Quadranten werden häufig auch für eine Organisation angewandt. Dabei müssen wir aus meiner Sicht etwas aufpassen, denn es besteht eine gewisse Unschärfe darin. Eine Organisation ist ein soziales Holon, kein vollwertiges Holon im eigentlichen Sinne. Es hat eigentlich nur die beiden unteren, systemischen Quadranten.

So gibt es objektiv betrachtet eine Unternehmenskultur, eine Aufbau- und Ablauforganisation, sicherlich auch Meeting-Regeln, Formeln, Prozesse und Rollen. Im subjektiven Teil geht es um die Unternehmenskultur und Fragen wie: Wie gehen wir als Wir-Gefühl damit um? Was ist eigentlich das, was wir auch an Belohnungsmechanismen leben, die nicht unbedingt sofort sichtbar sind? Etc.

In einer Organisation gibt es sehr viele Menschen, die sehr individuell sind. Diese haben jeweils einen individuellen Quadranten, also gibt es in einer Organisation entsprechend viele individuelle Quadranten. Und die Menschen haben einen Teil ihres jeweiligen systemischen Quadranten gemeinsam, eben den Teil, den die gemeinsame Organisation ausmacht. Nach Feierabend geht jeder wieder in seine Familie – was wiederum ein anderer Teil des systemischen Quadranten ist. In der Abbildung 1.2 wird vereinfacht verdeutlicht, wie ein Mitarbeiter im Konstrukt einer Organisation und diese wiederum im Marktumfeld verschachtelt sind.

Viele individuelle Sicht- und Verhaltensweisen bestimmen die Organisation. Also müssen auch viele sich oder ihre Sichtweise verändern.

Die Mitarbeiter haben die individuellen und die kollektiven/systemischen Quadranten. Die Organisation hat keinen individuellen Quadranten. Auch wenn es zu Darstellungs- und Beschreibungszwecken oft vereinfacht dargestellt wird, als hätte eine Organisation alle vier Quadranten, so ist das im Sinne der integralen Theorie falsch. So nützlich die vereinfachte Darstellung auch sein mag – ich werde sie im Weiteren auch verwenden –, so sinnvoll ist es, die Gefährdung im Hinterkopf zu behalten: Ich kann nicht direkt mit den individuellen Quadranten einer Organisation arbeiten. Ich muss die Unterschiedlichkeit der einzelnen Menschen im Blick behalten. Da sind viele individuelle Abstimmungen und Ausrichtungen notwendig. Daher ist es für den Berater wichtig zu entscheiden, mit wem er direkt arbeitet, denn bei größeren Organisationen kann man nicht mit jedem Individuum direkt arbeiten. Welche Individuen kann ich wirklich beeinflussen, welche müssen das weitertragen und andere Individuen beeinflussen, begeistern, ausrichten, und natürlich sich beeinflussen lassen und wie kommen diese reziproken Beeinflussungen wieder zum Berater zurück?

1 Die Integrale Landkarte

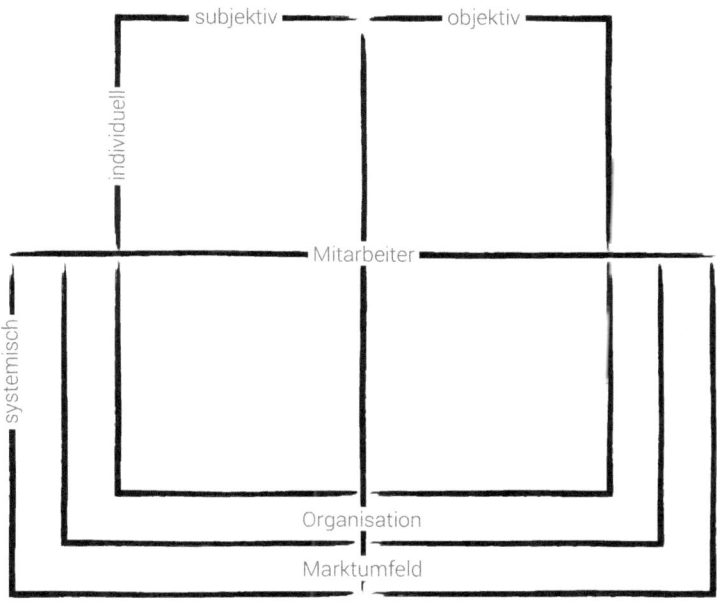

Abb. 1.2: Mitarbeiter-Organisation-Markt-Quadranten

Wenn wir das Bild nun einmal zusammensetzen, so hat ein Mitarbeiter kollektive Quadranten. Er erlebt und co-kreiert eine Unternehmenskultur. Eine Unternehmenskultur kann für die eine Person mehr Spannung erzeugen als für andere. Denn jeder hat individuelle Werte und Überzeugungen, die mehr oder weniger gut zur Unternehmenskultur passen. Das ist ein Ausschnitt seiner kollektiven Quadranten. Der Ausschnitt der Organisation, in der er arbeitet. Andere Teile sind beispielsweise der Sportverein, die Herkunftsfamilie, die Gegenwartsfamilie, der Freundeskreis etc. Dieses ist insbesondere für die Personal- und Persönlichkeitsentwicklung wichtig und zu beachten. Und auch in der direkten Mitarbeiterführung. Die Organisation ist nur ein Kontext für den Mitarbeiter und manchmal gibt es Kontextüberlagerungen oder Kontextkonflikte. Bei einer integralen Organisationsentwicklung gilt es, diese Kontexte und Faktoren auch mit im Blick zu behalten und den Menschen nicht auf den Teil zu beschneiden, der in der Organisation aktiv ist. Das bringt natürlich eine Menge an Komplexität mit ein. Von der persönlichen Entwicklung des Beraters gar nicht zu sprechen … Und es braucht auch eine persönliche Entwicklung der Mitarbeiter, damit sie mit solchen Konflikten besser umgehen können.

Kontextkonflikt ist zum Beispiel: Interessiert am Projekt und begeistert im Team Überstunden machen … und zu Hause den Mann und die Kinder haben.

So sind die unteren Quadranten des Mitarbeiters sozusagen eingebettet in die Organisation als ein soziales Holon. Und weil es viele Mitarbeiter gibt, ist diese Konstellation in einer Organisation zig-fach anzutreffen. Das umgekehrte Bild, in dem wir ganz viele individuelle Quadranten haben, kann man sich ja gut vorstellen, wenn auch schwer darstellen.

Und immer gibt es Innen Kultur und Außen Struktur.

Schauen wir auf die Organisation. Man könnte es komplizierter darstellen und für jede Organisationseinheit die kollektiven Quadranten anschauen, dann sind die anderen (und insbesondere die übergeordneten OEs) jeweils wieder Kontext für die einzelnen Organisationseinheiten. Der Einfachheit halber gehe ich hier einmal von einer Organisation aus, die ich gemeinschaftlich betrachte. Dann ist der Kontext der Organisation wiederum das Marktumfeld.

So ist die Organisation, wie der Mitarbeiter, ihrerseits eingebunden in ein soziales Umfeld, nämlich das Marktumfeld mit seinen ganz eigenen gängigen Regeln, Werten im Inneren, aber auch anzutreffenden Prozessen im Außen. Das gilt es eher im Kopf zu haben als es analytisch aufzumalen. So ist dieses Quadrantenmodell relativ schnell ziemlich kompliziert und dann auch noch komplex ineinander verschachtelt.

Die Quadranten für Führung angewandt

Die in Abbildung 1.3 dargestellte Grafik zeigt die Quadranten in der Führung mit beispielhaften Inhalten. Man könnte zum Beispiel noch Führungsleitlinien und Führungstools hinzufügen.

Abb. 1.3: Quadranten in der Führung, beispielhafte Inhalte

Wenn Sie das Quadrantenmodell in der Führung anwenden möchten, müssen Sie bei jeder Führungsbeziehung immer wieder genau schauen und Antworten auf die folgenden – und ähnliche – Fragen finden:

- Was ist mein Führungsverständnis?
- Was sind die inneren Bilder bei mir und beim anderen und worauf fokussiert wer?

- Wie gehe ich mit mir und der Mitarbeiter mit sich selbst um?
- Wie erfolgsorientiert, wie zielorientiert, wie bewusst sind der Mitarbeiter und ich?
- Welche Ich-Entwicklungsstufe oder auch welche Bewusstseinsstufe hat er?
- Wie klar und bewusst bin ich in meinem und der Mitarbeiter in seinem Denken und Fühlen?
- Wo sind möglicherweise noch kulturelle Färbungen aus Vergangenheit und Gegenwart, die gerade nicht hilfreich sind?
- Wie geht jeder Beteiligte selbst mit seinem Rollenmanagement um?
- Bin ich klar in meiner Führungsrolle?
- Wann gehe ich in die Mitarbeiterrolle und dergleichen mehr?

Und objektiv betrachtet:

- Wie kommuniziere ich und wie der Mitarbeiter?
- Wie gebe ich und wie gibt der Mitarbeiter Feedback?
- Wie reagiere ich und wie der Mitarbeiter auf Feedback, positives sowie negatives?
- Wie gehe ich und wie geht der Mitarbeiter an Konflikte heran?
- Wie verhalte ich mich und der Mitarbeiter sich in herausfordernden Situationen?
- Kann der Mitarbeiter sein Verhalten selbst anpassen und sich strukturieren? Kann ich das?
- Welche Körpersprache zeigt der Mitarbeiter und welche zeige ich?

Und systemisch betrachtet:

- Wie ist die Unternehmenskultur, die uns beide beeinflusst und die wir beeinflussen?
- Wie geht man überhaupt in dieser Kultur mit Bindung, also mit wirklichem Kontakt um?
- Wie erlebe ich das Wir-Gefühl?
- Was ist die gelebte Führung, die die Mitarbeiter auch erleben?
- Welche Muster gibt es dort? Achte ich darauf, dass alle, die dazugehören, dazugehören? Achte ich darauf, wer welchen Beitrag leistet, wer wie lange dabei ist?
- Welche Belohnungen vergeben wir für was, sei es Geld oder Aufmerksamkeit oder oder ...?

In einigen konventionellen Organisationen ist das ja eher verpönt, dabei gibt es keine Beeinflussung ohne Bindung, die einfachste Übersetzung für Bindung ist Interesse aneinander ...

Systemisch-objektiv betrachtet:

- Wie ist im Bereich Führung die Aufbau- und Ablauforganisation?
- Wie geht man mit Rollendefinition und Klärung um?
- Welche Meeting-Formen gibt es?
- Welche Rituale gibt es im Unternehmen?
- Wie machen wir Prozessoptimierung bis hin zu Marktorientierungsstrategie?

Das sind die Bereiche und Beispiele, in denen sich Führung und wir als Organisationsberater bewegen. Man könnte noch deutlich mehr aufzählen.

Die Quadranten in Veränderungsprozessen angewandt

Eine Frage der Entwicklungsstufe?

Mit einem Blick auf die wichtigen Aspekte in Veränderungsprozessen sieht man relativ schnell, dass man auf konkretes Verhalten schaut. Letzten Endes muss sich in der Realität konkretes Verhalten verändern, damit die Veränderung in der Organisation sichtbar wird. Jedoch vermeidet eine integrale Organisationsentwicklung die Einseitigkeit. Denn manchmal wird dann nur noch auf objektive Bereiche geschaut, auf gezeigte und beobachtbare Kompetenzen, auf Rollen, Prozesse und Strukturen. Sicherlich ist das sinnvoll und muss auch getan werden. Die Gefahr dabei ist jedoch, dass das Subjektive und das Intersubjektive damit meist in Vergessenheit geraten sind oder noch nie betrachtet wurden. Viele haben sich doch auch schon mal gewundert, warum Menschen etwas nicht tun, obwohl man es ihnen doch gesagt hat. Manche Menschen wundern sich öfter darüber, andere seltener und wieder andere haben sich darüber schon lange nicht mehr gewundert.

Es geht um gemeinsames Gestalten, nicht um »Wünsch dir was«!

Mittlerweile gibt es wohl nur noch weniger Berater und Führungskräfte, die nicht sagen würden: »Wir müssen den Sinn der Veränderung vermitteln. Wir müssen Mitarbeiter mitnehmen.« Aber wie macht man das? Denn es ist keine Einweg-Kommunikation. Gleichzeitig gilt es auch bei dem einzelnen Mitarbeiter zu schauen: Was ist denn individuell subjektiv bei dem los? Was ist sein Denken und Fühlen? Wodurch motiviert er sich? Welche Werte lebt der Einzelne eigentlich? Und da muss man auch schauen, welche Reflexionsfähigkeit die Leute haben und welche Ich-Entwicklungsstufe. Mit welcher Komplexität können sie umgehen? Was sind ihre Persönlichkeitsmerkmale, was ist ihr Typ? Und wie bringe ich all das mit den Zielen der Organisation und den Zielen dieses Veränderungsprozesses in Einklang?

Kann man Personen entwickeln oder muss man sich selbst entwickeln? Oder beides zusammen?

Und manchmal wird man in einem Veränderungsprozess feststellen: Diese Person ist an dieser Stelle tatsächlich einfach falsch. Falsch heißt dann: Die Passung von Person zur Rolle funktioniert nicht. Das kann an der Rolle oder der Person liegen. So stellt sich die Frage, ob man diese Person entwickeln kann, wie aufwendig das sein wird und welche Wahrscheinlichkeit auf Erfolg es hat. Und wenn die Person selbst natürlich nicht diesen Entwicklungswillen hat, dann macht das ganze Vorhaben auch keinen Sinn.

Wenn ein Mensch sich entwickelt und insbesondere, wenn Menschen eine höhere Komplexitätsstufe bewältigen können, dann ändert sich auch die Sicht auf die Welt. Und wenn sich die Weltsicht von Menschen ändert, ändert sich auch die Kultur in der Organisation. Das hat auch rückbezüglich wieder direkte Auswirkungen, wenn jemand wieder nach Hause geht. Gerade das kann Veränderung und Entwicklung verhindern – oft unbewusst. Wie koppeln die privaten Welten und die organisatorische Welt aneinander an. Welche Spannungen erlebt ein Mitarbeiter womöglich zu Hause, weil er sich im Rahmen der Organisation weiterentwickelt hat?

So kann es passieren, dass jemand einen Veränderungsprozess in der Organisation unbewusst nicht mitgeht. Würde er diesen nämlich mitgehen, könnte demjenigen das Heimatsystem sprichwörtlich um die Ohren fliegen.

Das bedeutet: Möchte jemand in Richtung Selbstführung gehen, in Richtung postkonventioneller Organisation, in Richtung Reinventing Organizations, in Richtung bewussster Entwicklungsorganisationen, bedeutet das, sich auch voll und ganz mit Ängsten und Ähnlichem in anderen Kontexten der Mitarbeiter auseinandersetzen zu müssen. Es muss die Bewusstheit da sein, dass sich das massiv auf die Heimatsysteme auswirken kann. Und wie kann man Mitarbeiter dabei unterstützen?

In Veränderungsprozessen sind Führungskräfte Schlüsselpersonen. Die Last von Veränderungen liegt auf deren Schultern. Und eine postkonventionelle Organisation – wo es keine Führungskraft mehr gibt, sondern Führung nur noch eine Funktion ist, die man entweder durch wechselseitig Personen oder durch Prozesse steuert – muss so robust sein, dass sie das aushält. Die schöne neue Arbeitswelt ist schon, wenn man das mal so modelltheoretisch durchdenkt, nicht ganz einfach.

Und was ist mit der Freude?

Ebenen

Das menschliche Leben inklusive unserer umgebenden Strukturen und Weltsichten unterliegt einer Entwicklung. Diese führt von »einfacher« zu »komplexer«. Komplexer meint hier mehr Perspektiven, mehr Beteiligte, eine größere Zeitspanne überblickend, auch globaler, vernetzter, interdepenter. Diese Entwicklung erfolgt, je nachdem, welchen Entwicklungsbereich man betrachtet, unmerklich wie wenn man einen Berg hinaufgeht. Andere Entwicklungen sind eher mit einem großen Schritt oder gar Sprung auf einer Treppe zu vergleichen. Es gibt verschiedene Entwicklungsmodelle, wenn diese nebeneinandergelegt werden, was Ken Wilber ja praktisch getan hat, kann man grobe Ebenen erkennen. Stufen ist nur ein synonymer Begriff für Ebenen.

Im Sprachgebrauch wird oft bei Ebenen dann von »höher« und »niedriger« gesprochen. Per Definition ist jedes Entwicklungsmodell mit Stufen natürlich ein qualitatives und somit wertend. Jedoch ist die Idee, eine Stufe wäre besser im Sinne von wertvoller als eine andere Stufe aus meiner Sicht eine gefährliche, oft unbewusste Färbung, die sich in diese Perspektive einschleichen kann.

Ein »besser« wäre eher zu beurteilen im Sinne von besser zu den Rahmenbedingungen passend, nicht als besser per Definition. Ich verwende mittlerweile lieber den Begriff »später« und »früher«.[2] Es kann keine Stufe übersprungen werden, also muss man erst durch frühe Stufen durchgegangen sein, um zu den späteren zu kommen. Das ist eine etwas andere Wertungstonalität, die ich angemessener finde.

---

[2] Thomas Binder weist darauf in seinen Workshops zur Ich-Entwicklung auch intensiv hin, ein sehr wertvoller Hinweis!

Man kann mindestens einmal in drei Stufen unterscheiden: *prä-konventionell, konventionell* und *postkonventionell*, und man kann es beliebig weiter ausdifferenzieren. Spiral Dynamics ist beispielsweise eine weitere Ausdifferenzierung und kennt acht bis neun Stufen. Die Farben dazu wären: prä-konventionell beige, purpur und rot; konventionell blau und orange; postkonventionell grün, gelb und die späteren Farben.

Damit hat man jetzt eine sehr grobe erste Möglichkeit einer Unterteilung: Auf welcher Ebene ist eine Organisation im Schwerpunkt?

Eigentlich müsste man allerdings differenzierter hinschauen: Welchen Quadranten meine ich denn, eher die Strukturen oder die Kultur oder die Individuen? Oder meine ich wirklich die Gesamtheit der Organisation? Oder meine ich den Durchschnitt über die Ebene der Individuen?

Grundsätzlich geben mir Ebenen eine gute Skala, die ich dann verwenden kann, um konkretere Entwicklungsbereiche (Entwicklungsbereiche wären dann in diesem Kontext Linien) zu fokussieren, um mir einen Überblick zu verschaffen und zu sehen, ob die Entwicklungsbereiche einigermaßen zueinander passen.

> Spiral Dynamics meint ja eigentlich Lebensbedingungen, Priorisierungsmuster wie Weltsicht und Wertesysteme, Überzeugungen und typische Umgangsformen.

Eine sinnvolle Grundskala ist aus meiner Sicht Spiral Dynamics. Ich verwende Spiral Dynamics oft als Metapher und um eine grobe Skala zu haben, an der dann differenzierter die Entwicklungsbereiche, also Linien, betrachtet und grob deren Komplexitätsgrad verglichen werden können.

Ich verwende im Folgenden oft die Farben von Spiral Dynamics, auch wenn ich nicht unbedingt genau den Entwicklungsbereich meine, den Spiral Dynamics beschreibt. Denn häufig reicht es nicht aus, die Organisation oder einen Menschen auf einer Ebene zu verorten, die Welt ist eben komplexer als das.

Ich möchte einmal kurz auf das Beispiel der Industriellen Revolutionen eingehen. Dabei zeigt sich die sprunghafte Entwicklung von Komplexität. Und jeder Sprung hat massive Auswirkungen auf Organisationen (siehe Abbildung 1.4).

Wenn wir uns die Welt ansehen, so sind bestimmt noch nicht alle Länder der Welt am Übergang zwischen der 3. und 4. Industriellen Revolution. Und ob die gerade stattfindenden Veränderungen wirklich einen revolutionären Sprung darstellen, werden wir wohl auch erst in ein paar Jahren oder Jahrzehnten beurteilen können. Viele Länder nutzen zwar bereits Techniken und Erkenntnisse aus der 3. Industriellen Revolution, haben aber noch gar nicht die Infrastruktur oder die kulturellen Errungenschaften erzielt, die mit diesen Stufen einhergehen. Und auch in einem Land gibt es in den Unternehmen sehr große Unterschiede, wer sich auf welcher Stufe der industriellen Revolution eingerichtet hat.

Ken Wilber hat sich verschiedene Entwicklungsmodelle angeschaut und mehr oder weniger qualitative Sprünge herausgearbeitet. Er hat sich eine Zeit lang intensiv des Modells Spiral Dynamics bedient (mittlerweile verwendet Ken die Regenbogenfarben). Die Farbskala von Spiral Dynamics werde ich auch zur groben Identifikation

1 Die Integrale Landkarte

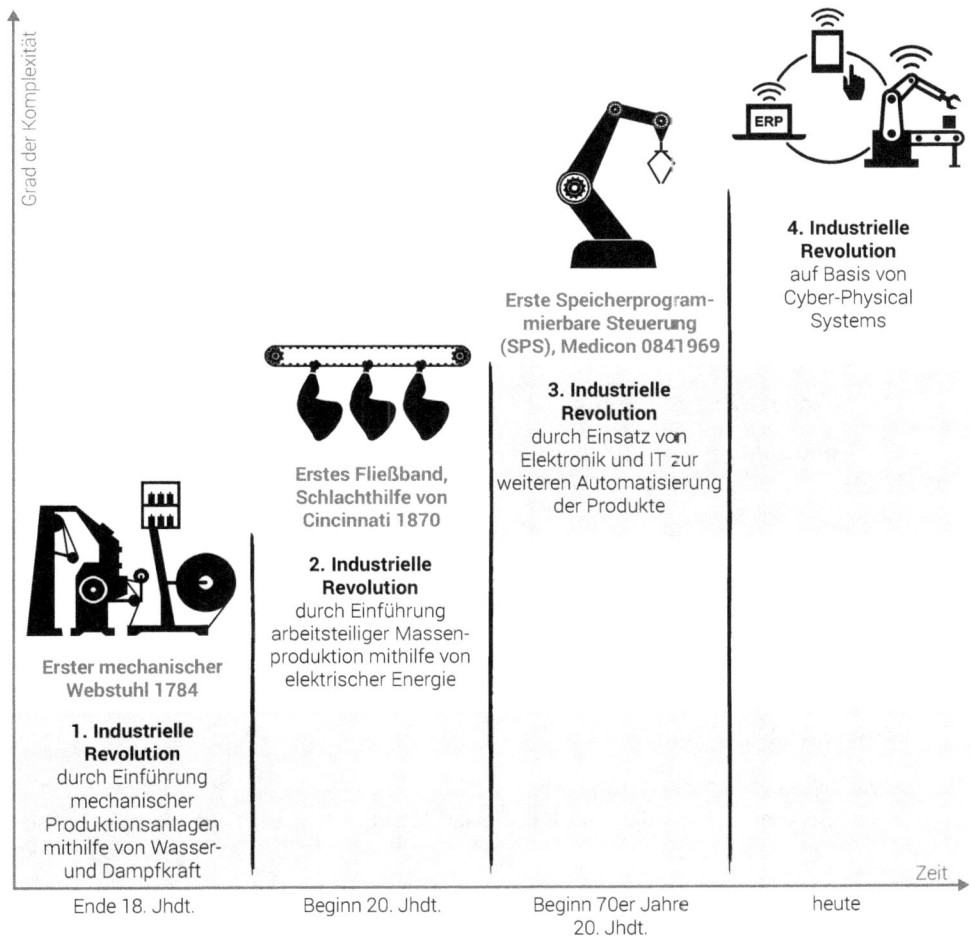

Abb. 1.4: Industrielle Revolutionen

von Entwicklungsebenen verwenden, daher gebe ich hier einen zusammengefassten Überblick über diese Ebenen.[3] Ich verzichte dabei auf die erste Ebene Beige und die letzte Ebene Koralle, weil diese für die Organisationsentwicklung eher keine direkte Relevanz haben.

Vorab noch: Bei Modellen von Entwicklung kann man davon ausgehen, dass es notwendig ist, erst die Lernaufgaben einer Stufe bewältigt zu haben, um sie gut überschreiten zu können. Was jedoch häufig passiert, ist, dass nicht alle Stufen vollführt, also nicht alle Lernaufgaben dieser Stufe bewältigt sind. Und darum ist eine Entwicklungsstufe dann auch ein bisschen instabil. Außerdem ist Entwicklung

---

3 Tiefere Beschäftigung mit Spiral Dynamics ist empfehlenswert: Beck/Cowan: *Spiral Dynamics – Leadership, Werte und Wandel*

ein dynamischer, lebendiger Prozess. Jemanden auf einer Stufe festzuschreiben, sollte immer als Momentaufnahme (in diesem Augenblick, in diesem Kontext, mit diesen Rahmenbedingungen) betrachtet werden.

Purpur

Das *Wertesystem* auf Purpur ist sehr auf Verwandtschaft bzw. die Personen im direkten und nahen Umfeld fokussiert, Sicherheit und Geborgenheit. Der Mensch auf dieser Entwicklungsstufe sieht sich als Mitglied einer Gemeinschaft, die ihm Schutz und Zugehörigkeit gibt. Regeln werden von einem Oberhaupt festgelegt und nicht infrage gestellt.

Der *Führungsstil* ist der »Patron der Familie«.

Die *Teamsichtweise* sagt aus: »Loyalität und sozialer Zusammenhalt bestimmen unsere Stärke.«

Purpur lebt nach dem *Credo*: »Tradition und Gewohnheiten sichern unser Fortbestehen.«

Was früher der Jäger & Sammler, die Nomaden und andere familiäre Stammesverbände waren, sind heute die Familie, der Freundeskreis und die Nachbarn.

Beispiele für Umfelder, in denen diese Sichtweise häufig stark vertreten ist (häufiger anzutreffen bedeutet nicht: Ist so!!!):

- kleines Familienunternehmen,
- geschlossenes Team, das zum Beispiel auf Handwerk oder Pflege ausgerichtet ist,
- Verein.

Rot

Das *Wertesystem* auf Rot ist Willenskraft, Handeln und Leidenschaft. Der Mensch auf dieser Entwicklungsstufe sieht sich, oft nicht bewusst, als Eroberer und Machtinhaber, der neue Märkte entdeckt, nach Macht strebt und ohne Rücksicht auf Verluste Vorhandenes zu seinem Vorteil ausnutzt. Regeln kennt er keine – und will er auch keine.

Der *Führungsstil* ist »der Kommandant«.

Die *Teamsichtweise* sagt aus: »Alles steht und fällt mit der Anwesenheit oder dem Fehlen einer starken Führung.«

Rot lebt nach dem *Credo*: »Wo ein Wille ist, ist auch ein Weg.«

Was früher streitende Stämme, Clans mit Kriegsherren, Freistaat und Autokratie waren, sind heute Aktionsgruppen, Hardcore-Sport, Banden, Widerstands- und Befreiungsgruppen.

Beispiele für Umfelder, in denen diese Sichtweise häufig stark vertreten ist:
- politische Arena,
- Task Force,
- Interessengruppe.

Blau

Das *Wertesystem* auf Blau ist Stabilität und Moral. Der Mensch auf dieser Entwicklungsstufe ist sehr pflichtbewusst und diszipliniert und braucht Regeln und Gesetze, nach denen gelebt und gehandelt wird. Für ihn sind klare Hierarchien wichtig, die für sein System Struktur und Ordnung bedeuten.

Der *Führungsstil* ist »der Manager«.

Die *Teamsichtweise* sagt aus: »Alle sind Rädchen in einem größeren hierarchischen System.«

Blau lebt nach dem *Credo*: »Zweimal nachdenken, bevor man zur Tat schreitet.«

Was früher die feudale Gesellschaft, Ständegesellschaft und ideologisch erstarrte Gesellschaft war, ist heute der nationalsozialistische Staat, die Religion mit eigener Identität und die Kirchengemeinde.

Beispiele für Umfelder, in denen diese Sichtweise häufig stark vertreten ist:
- formale Organisation,
- hierarchische und abgeschottete Organisation.

Orange

Das *Wertesystem* auf Orange ist Selbstoptimierung, von Erfolg getrieben und Rationalität. Sind die Zielsysteme orange, die Beziehungsgeflechte jedoch rot oder purpur, geht es eher darum: Wer ist mein bester Buddy? Der wird nämlich dann befördert und nicht der, der die meiste Leistung bringt. Der Mensch auf dieser Entwicklungsstufe ist sehr erfolgsorientiert, voller Energie und Zielstrebigkeit. In seinem Denken und Handeln steckt das Ziel, den eigenen Wohlstand zu erhalten – jedoch auch mit Blick auf sein Umfeld und die Folgen. Frühes Orange betont die Effizienz, also eine Methodik optimal anzuwenden. Spätes Orange betont die Effektivität, kann also bereits Methodiken priorisieren, anpassen und fokussiert stärker auf das Ergebnis.

Der *Führungsstil* ist »der Unternehmer«.

Die *Teamsichtweise* sagt aus: »Wettbewerb und Leistungsbelohnung für Voraussetzungen für Erfolg.«

Orange lebt nach dem *Credo*: »Nur das Ergebnis zählt.«

Was früher Industriegesellschaft und Meritokratie war, ist heute Demokratie und freier Markt, Wohlstandsgesellschaft und Wissensökonomie.

Beispiele für Umfelder, in denen diese Sichtweise häufig stark vertreten ist:

- strategische und Gewinn getriebene Unternehmen,
- selbststeuernde und kompetitive Teams,
- frühe agile Teams.

Grün

Das *Wertesystem* auf Grün ist Sensibilität, Harmonie und Gemeinschaft. Der Mensch auf dieser Entwicklungsstufe sieht sich als Teil eines Teams, einer Gemeinschaft, die nur zusammen erfolgreich sein kann. Für ihn stehen der regelmäßige Austausch und die dadurch gehegten Beziehungen im Vordergrund, die bei jeglicher Zusammenarbeit und Entscheidungsfindung mitberücksichtigt werden.

Der *Führungsstil* ist »der Verbinder«.

Die *Teamsichtweise* sagt aus: »Jeder ist gleich(wertig).«

Grün lebt nach dem *Credo*: »Das Gras wächst nicht schneller, wenn man daran zieht.«

Hier sprechen wir von multikultureller Gesellschaft, Ideen des Sozial- und Versorgungsstaats und der partizipierenden Gesellschaft.

Beispiele für Umfelder, in denen diese Sichtweise häufig stark vertreten ist:

- gesellschaftliche Organisation (Nichtregierungsorganisation),
- Teams unabhängiger Professionals,
- reife agile Teams.

Gelb

Das *Wertesystem* auf Gelb ist Synergie, systemisch und integral. Der Mensch auf dieser Entwicklungsstufe ist so weit entwickelt, dass er die vorherigen Entwicklungsstufen versteht und dieses Wissen nutzen und kombinieren kann. Er möchte sein Wissen vermehren, Kompetenz anhäufen, flexibel und unabhängig bleiben, wobei ihm sein großes Abstraktionsvermögen hilft. Für seine eigene Weiterentwicklung knüpft er immer wieder neue Kontakte, die ihm für aktuelle und anstehende Projekte wichtig sein können. Dabei stellt er sich selbst konsequent in Frage und ist sich bewusst, dass die eigene Sicht stark vom eigenen Lebensweg abhängt und somit nicht auf alle übertragbar ist.

Der *Führungsstil* ist »der Evolutionär«.

Die *Teamsichtweise* sagt aus: »Eine Zusammenarbeit von größtenteils getrennt voneinander arbeitenden Professionals« oder »Eine gemeinsame co-kreative Zusammenarbeit von Professionals unter intensiver Verwendung aller Wertesysteme«.

Gelb lebt nach dem *Credo*: »Unglaublich, was man schaffen kann. Es ist unwichtig, wer dafür die Anerkennung bekommt.«

Wir finden Aspekte dieser Stufe in der gesellschaftlichen Diskussion bei Themen der nachhaltigen Gesellschaft sowie einer Kreislauf- und Sharing-Wirtschaft.

Beispiele für Umfelder, in denen diese Sichtweise häufig stark vertreten ist:

- Sektor-übergreifende Netzwerke.

Wichtig ist noch der Hinweis, dass man zwischen der Struktur und dem Inhalt einer Ebene unterscheiden muss. Die Struktur bilden quasi die Prinzipien, nach denen eine innere und äußere Orientierung erfolgt. So könnte eine Struktur eher blau sein, der Inhalt aber schon Werten entsprechen, die eher bei grün angesiedelt sind. So wird manchmal eine agile Methodik eingeführt und sie ganz konsequent nach Lehrbuch durchgeführt. Es gibt keine tiefe Interaktion zwischen den Beteiligten, wenig Flexibilität im Umgang untereinander. Ob ich nun, ohne Inhalte in Frage zu stellen, auf die Hierarchie höre oder auf die Vorgaben der Methodik, ist zwar ein großer inhaltlicher Unterschied, aber nicht in der Art und Weise der Struktur.

Uns begegnet als Erstes der Inhalt, mit dem Menschen und Organisationen sich beschäftigen, davon darf man sich jedoch nicht allzu stark beeinflussen lassen. Wichtig ist der Blick auf die dahinterliegenden Organisationsprinzipien des Erlebens.

Ich halte es für riskant und wenig zieldienlich, die Gesamtebene einer Organisation bestimmen zu wollen. Wesentlich nützlicher finde ich, sich verschiedene Entwicklungsbereiche, auch als Linien bezeichnet, zu betrachten. Bis zu welcher Ebene ist beispielsweise die Linie der Führung ausgefüllt? Welcher Ebene entspricht die Organisationsstruktur, welcher Ebene die Produkte, welcher Ebene die Entscheidungsfindung, welcher Ebene das Controlling? Wie balanciert ist die Organisation? Wie gut sind die Linien aufeinander abgestimmt?

Im nächsten Schritt kann ich mir überlegen: Was muss ich jetzt tun? Und da gilt als Grundregel Stabilität – und jetzt verwende ich den Begriff absichtlich – vor Höhe. Ich sollte also erst stabil werden auf einer Stufe, bevor ich mich dann in spätere Stufen hinein entwickle. Leider sieht man oft, dass Leute versuchen, immer in spätere Stufen zu kommen, aber genau früher-später nicht verstanden haben. Das mündet in dem Versuch, Stufen zu überspringen oder in der Abwertung bestimmter Stufen oder in einer sehr instabilen Ausprägung, wo eine Hülle späterer Stufen versucht wird zu leben, aber der Unterbau fehlt.

Linien

Im Kapitel der Ebenen habe ich schon regelmäßig von dieser Perspektive gesprochen. Entwicklungsbereiche oder Linien. Auch wenn die grobe Betrachtung einer Ebene schon viele nutzbringende Unterscheidung ermöglicht, wird diese Vereinfachung der Komplexität des Lebens oft nicht gerecht. Denn es gibt viele verschiedene Entwicklungslinien. Eine Entwicklungslinie ist sozusagen eine Fähigkeit, die sich von einfacher zu komplexer durch die verschiedenen Ebenen entwickelt.

Linie	Lebensfrage	Typische Forscher
Kognitiv	Was nehme ich wahr? Wessen bin ich gewahr?	Piaget, Kegan
Selbst	Wer bin ich?	Loevinger, Cook-Greuter (Tun/Sein/Denken)
Werte(n)	Was ist wichtig für mich? Was belege ich mit Bedeutung? Wie werte ich?	Graves, Spiral Dynamics
Interpersonell	Wie sollen wir interagieren?	Selman, Perry
Spirituell	Was ist von ultimativer Bedeutung?	Fowler
Emotional	Was fühle ich hierzu?	Goleman
Ästhetisch	Was finde ich anziehend?	Houseman
Bedürfnisse	Was brauche ich?	Maslow
Kinästhetisch	Wie soll ich das körperlich tun?	Gardner

Tabelle 1.1: Typische Forscher für Entwicklungslinien

Die Ebenen wirken logischerweise in allen Quadranten. Jetzt kann man schauen, wie eine konkrete Entwicklungslinie aussieht. Dabei gibt es gut erforschte Entwicklungslinien, die ein Spezialgebiet genau erfassen.

In der Praxis ist es oft sinnvoll, unabhängig von erforschen Linien unter Verwendung von Ebenen-Wissen selbst Linien zu entwickeln, die genau zum jeweiligen Kunden passen.

Im Sinne von Praxishandbuch ist mir aber wichtig, dass man Linien natürlich auch regelrecht erfinden kann. Mir ist beispielsweise derzeit kein Forscher bekannt, der sich wirklich wissenschaftlich fundiert mit der Entwicklungslinie von Controlling beschäftigt. Und dennoch hat das Controlling gerade in konventionellen Organisationen einen sehr starken Einfluss auf die Organisation. Daher ist es sehr nützlich, zu sehen, auf welcher Ebene sich das Controlling befindet und wie das zum Beispiel zu den Führungsstilen passt oder zu den Zielen und der Strategie der Organisation. Die Ebenen können wir als eine grobe Skala nutzen und selbst Linien entwickeln. Wir könnten dann beispielsweise Controlling-Tools und deren Verwendung verschiedenen Stufen zuordnen. Das kann man teilweise auch direkt mit dem Kunden durchführen. Bei jedem Kunden kann man sich die Frage stellen: Welche Entwicklungslinien sind bei diesem Kunden und diesem Auftrag besonders relevant?

Beispiele für wesentliche Linien im Kontext der Organisationsentwicklung sind:[4]

- Weltsicht und Werte der individuellen Person,
- Weltsicht und Werte der Kultur der Organisation,
- Ich-Entwicklungsstufe der handelnden Personen,
- Emotionale Kompetenz,
- Spirituelle Kompetenz, im Sinne von Sinn und Bedeutung,
- Entscheidungsfindung,

---

4 Viele finden sich davon auch in *Reinventing Organizations* von Frederic Laloux.

- Konfliktlösung,
- Moderation,
- Organisationsstruktur,
- Prozesse,
- Informationsfluss,
- Ressourceneffizienz,
- Bezahlung,
- Produkte und Services,
- Controlling und Finanzen,
- Stakeholderbeziehung,
- Vision und Kernwerte,
- Arbeitsklima,
- Führung(skultur).

Jetzt könnte man differenzierter schauen. Eine Führungskraft könnten wir beispielsweise in der Ich-Entwicklung auf einer Ebene verorten, die einem späten Orange entspricht. Und könnten dann schauen, von welchen Ebenen sie sich in Bezug auf die soziale Kompetenz bedient? Wie entwickelt ist die Moderationstechnik? Wie flexibel ist diese Führungskraft in ihrem Führungsstil und welchen bevorzugt die Führungskraft? Ist es der Führungskraft möglich, mit Anweisungen und Kontrolle zu führen oder kann die Führungskraft auf Augenhöhe Vereinbarungen treffen? Oder beides? Kann sie Menschen begeistern? Das funktioniert nicht, wenn im Chaos jeder macht, was er will und dann sagt: »Wir nennen es jetzt agil!«

Und in welcher Ebene verorten wir die Organisationsstruktur? Ist es eine flache Hierarchie ohne klare Rollen oder sehen wir ein sehr ausdifferenziertes Organigramm oder habe ich flache Hierarchien mit klaren Verantwortlichkeiten und hoher Eigenverantwortung für ein definiertes Feld mit definierten Zielen?

Und wie steht es um die kulturelle Perspektive? Habe ich noch einen chaotischen Laden, wo jeder macht, was er will? Habe ich die Phase, wo ich Regeln, Rollen, Prozesse lerne und Strukturen einführe? Oder sehe ich agile Methoden und Teams?

Manchmal sieht man die Übertreibung einer speziellen Ebene. In einigen Organisationen findet man einen stark ausgeprägten Formalismus. Da ist genau zu schauen, handelt es sich um ein für diese Organisation und deren Kontext funktionales Maß an Formalismus? Handelt es sich um eine Lernbewegung, bei der man etwas Neues mal übertreibt, in diesem Beispiel überformalisiert, bevor es gut gelernt ist? Oder handelt es sich wirklich um eine dysfunktionale Übertreibung, die auf ein gesünderes und funktionaleres Maß zurückgenommen werden sollte?

Welche Weltsicht wird geteilt? Herrscht der Glaube vor, der Markt ist das gefährliche Haifischbecken? Glaubt man an den permanenten Wettbewerb, permanente Optimierung: »Wie kann ich mich am besten positionieren? Wie kann ich

> Das Verständnis und Meistern von Regeln, Rollen und Prozessen ist eine Voraussetzung für gesunde Agilität, dann kommt noch Eigenverantwortung dazu. Ist das nicht gegeben, habe ich kurzfristigen Aktionismus in einem definierten Prozessmodell und nicht Agilität.

den besten Status zeigen?« Fängt man an, darüber nachzudenken in Richtung: »Wie kann ich Kooperationen eingehen? Wie kann ich näher an meinen Kunden rücken?«

Oder glaubt man sogar schon in Richtung integral: »Wie kann ich evolutionär rangehen? Und wie kann ich durch mein Verhalten eigentlich den Markt beeinflussen, die Welt beeinflussen und eigentlich zur Entwicklung beitragen?«

Eine kontinuierliche eigene Entwicklungsaufgabe, im Kontakt und Austausch mit Kunden und Kollegen.

Die wirkliche Herausforderung im Umgang mit Linien ist es, die Differenzierung der Ebene in Linien vorzunehmen, die vielen möglichen Linien innerlich zu priorisieren und sich nicht in der Komplexität und Menge zu verlieren, sondern genau die Linien auszuwählen, deren Betrachtung für diesen Auftrag, diese Situation, diese Phase die optimale ist. Man muss sich also fragen: Wohin soll denn optimiert werden? Wer bestimmt das? Es geht darum, nicht in einer ungünstigen Vereinfachung der Komplexität stecken zu bleiben und nur eine Gesamtebene zu definieren. Genau in dem Spannungsfeld steckt aus meiner Sicht die Musik, das ist eine Schlüsselkompetenz für Organisationsentwickler, die integral arbeiten wollen.

Typen

Relativ weit verbreitet ist mittlerweile die Verwendung von Typologien in Organisationen. Insbesondere für die Interaktion von Menschen sind Typologien wie MBTI, DISG, Insights weit verbreitet.

Daneben gibt es aber auch Typologien von Organisationen und Organisationskulturen. Der Typ bleibt beim Menschen über alle Entwicklungsebenen und Lebensphasen gleich. Sie werden nur anders ausgelebt (zumindest in der Theorie), entschärft oder eleganter ausgelebt. Ein Typ ist lediglich eine Schublade, in der Ähnlichkeiten gruppiert werden. Dabei muss man sich natürlich immer wieder bewusst sein, dass innerhalb eines Typs eine große Bandbreite individuellen Ausdrucks möglich ist.

Im Falle von Organisationen ist, anders als bei Menschen, auch eine Typveränderung möglich. Sinnvolle Typologien für Organisationen könnten beispielsweise die Unterscheidung von Branchen oder auch Größen sein. Mir ist derzeit noch keine gut beschriebene Typologie von Organisationen bekannt, die sich auch im praktischen Alltag vollumfänglich bewährt hat. Für einen guten Tipp wäre ich dankbar. Oft wird in der Praxis H. Mintzberg für Organisationstypen herangezogen. Das ist aus meiner Sicht aber eine Vermischung aus Ebenen, Phasen und Typen.

Es ist aber dennoch sinnvoll, ein paar unterscheidende Kriterien im Hinterkopf zu haben und diese ähnlich wie eine Typologie zu behandeln. Eine erste sinnvolle Typologie ist die Unterscheidung nach Branchen. Habe ich eher einen Mischkonzern oder ein Mischunternehmen, habe ich eher ein Dienstleistungsunternehmen, habe ich eher ein Fertigungsunternehmen? Denn wenn ich einen anfassbaren Wert produziere, wird das andere Auswirkungen haben, als wenn ich einen ideellen Wert produziere.

Eine andere nützliche Typologie ist die Rechtsform der Organisation. Ein eingetragener Verein, ein Familienunternehmen, eine börsennotierte Aktiengesellschaft, automatisch haben diese Unternehmenstypen einen massiven Einfluss auf die Organisationentwicklung und sind konsequent mit zu denken.

Ich weiß, ich wiederhole mich, aber es ist wirklich wichtig sich Folgendes bewusst zu machen: Eine Typologie ist wie eine große Schublade und in der Schublade selbst ist noch viel Raum für individuelle Ausprägungen. Der Typ bleibt auf jeder Entwicklungsstufe gleich. Und das kann ein Unterschied sein zwischen Organisationen und Menschen. Menschen als echtes Holon haben einen Typ, der bleibt gleich, auch bei einem Wechsel in eine neue Ebene. Wer beispielsweise extrovertiert ist, wird auf Rot etwas anders wirken als jemand, der extrovertiert auf Grün ist.

Der Typ bleibt auf jeder Entwicklungsstufe gleich. Ich gehe nur flexibler mit meinem Typen um.

Wenn die Organisation als soziales Holon – Achtung, soziales Holon hat keinen individuellen Innenquadranten – die Branche wechselt, ändert sich der Typ, auch wenn bestimmte Kulturmerkmale bleiben mögen. Damit ist für die Organisationsentwicklung die Typbetrachtung bezogen auf die einzelnen Menschen sehr wesentlich und nützlich und oftmals ist die Einführung einer Typologie die erste Erlaubnis, in einem Unternehmen eine gewisse Form von Individualität zu erlauben. Auch kann über Typen auf das Kommunikationsverhalten in einer Organisation Einfluss genommen werden, denn damit ist es möglich, Unterschiedlichkeit als wertvoll und nützlich zu betrachten.

Unterschiedlichkeit auch im Sinne von Führung: Was braucht mein Mitarbeiter anderes als ich?

Zustände

Wenn wir auf Zustände schauen in der integralen Theorie, dient es unter anderem der Beschreibung von *spirituellen Zuständen*. Also wo ich bestimmte Meditationszustände erlebe, da wo ich Dinge anfassen kann, oder eher Subtiles, die Welt von Gedanken und Gefühlen, wo ich vielleicht auch einmal loslasse und möglicherweise in einen Zustand komme, wo ich ein Erleben habe, dass sich die Grenzen meines Körpers ein wenig »auflösen«.

Prüfen Sie genau, ob es nicht doch »nur« ein besonderer spiritueller Zustand ist – kausal bis hin zu non-dual.

Man könnte Zustände auch zu bestimmten *Gefühlskategorien* zuordnen: Ich bin gerade im Zustand von wütend, ich bin gerade im Zustand von ängstlich. In Bezug auf Organisationen schlage ich als ein betrachtenswertes Zustandsmodell die Entwicklungsphasen von Glasl und Lievegoed vor. Diese beschreiben vier Phasen einer Organisation und wenn man diese Phasen liest, klingen sie sehr ähnlich wie Entwicklungsstufen, die auch aufeinander aufbauen. Ich verwende explizit Stufen, weil sie zunehmende Komplexität haben. Allerdings betrachte ich Stufen unter dem Aspekt von »Komplexität in der Welt«, »Bewusstseinsstufe im Schwerpunkt« und da finde ich diese Phase als Zustand zu betrachten eher nützlich.

> **Horizontale Entwicklung:** mehr Fähigkeiten, mehr Möglichkeiten auf einer Ebene. Vertikal: eine neue Weltsicht, anders auf die Dinge schauen ...

Dieses ist sozusagen ein Entwicklungsmodell, was nicht vertikal-transformativ sein muss – aber kann –, sondern eher translativ, es kann auch auf einer Ebene sein. Das heißt, wenn der Schwerpunkt meiner Organisation kulturell ein Orange ist, kann ich damit gründen und in die Pionierphase einsteigen. Ich kann in die Differenzierungsphase gehen, wo ich anfange, Regeln, Rollen und Prozesse weiter auszurollen, mache das aber auf einer orangenen Bewusstseinsstufe und bin sehr ergebnisorientiert dabei und mache es sehr schlank. Ich kann dann in die Integrationsphase kommen, wo ich noch stärker Richtung Kunde gehe, dann später in eine Assoziationsphase. Auch das sind sozusagen aufeinander bauende Phasen, die ich aber eher als Zustand empfehlen würde zu betrachten. Und es kann sein, dass zum Beispiel, vom Übergang einer Pionierphase: »Wir machen das, was für den Kunden gerade da ist und wir machen es irgendwie hektisch«, zu: »Wir machen Regeln, Rollen und Prozesse«, auch tatsächlich dieser Bewusstseinsschritt ist. Das heißt, ich entwickle mich von einer Bewusstseinsstufe tendenziell Rot als Beschreibung und Skala hin zu einem Blau: Regel, Rolle und Prozess. Dann gehe ich in die Integrationsphase, stärker für den Kunden Mehrwert schaffen – das wäre dann sozusagen Orange von der Metapher her. Dann komme ich in die Assoziationsphase, wo ich noch näher an den Markt heranrücke und mich als Teil des Markts sehe. Dieses wäre dann eher postkonventionelles Denken.

> **Steuern beim Driften ...** echtes lineares Steuern ist in einem Veränderungsprozess ja nicht möglich.

Ich empfehle, es als Zustand zu denken. Denn wenn ich darüber nachdenke, eine neue Organisation zu gründen, dann bin ich in einer Pionierphase und muss erst einmal sicherstellen, dass ich das Geld verdiene. Und ich muss erst einmal die Aufgabe der Pionierphase lösen. Da stellt sich die Frage: Löse ich diese auf eine rote Art und Weise, auf eine blaue Art und Weise, auf eine orange, grüne oder gelbe Art und Weise? Es ist sehr nützlich, dort eine Differenzierung – eine Dreidimensionalität – hereinzubekommen, das ermöglicht nämlich eine noch genauere Intervention und Steuerung der Organisationsentwicklung.

Es gibt natürlich auch *ganz spezielle Zustände* im Sinne von: »Uns sind gerade Kunden abgesprungen, wir sind gerade im Liquiditätsproblem« oder Ähnliches. Das sind auch alles Situationsbeschreibungen, die man betrachten kann. In einem solchen Fall

> **Ein möglicher Auslöser könnte sein:** »Ich habe *Reinventing Organizations* gelesen und ich möchte auch in diese Richtung gehen.« Jemand anderes kommt und sagt: »Ich habe gerade kein Geld – was müssen wir tun?«

kann man schauen: Wie ist dieser Zustand entstanden? Wie sind die Entwicklungslinien? Wie ist die Gesamtebene? Wie bin ich im Markt vernetzt? Wie sieht es mit meinen Quadranten aus? Etc. Womit Kunden meistens kommen, ist das Erleben eines bestimmten Zustands. Und den erleben viele Kunden im rechten unteren Quadranten: Liquidität, Geldfluss. Dort entsteht auf einmal Leidensdruck. Oder Menschen haben den Leidensdruck eher links unten und sagen: »Ich möchte meine Werte in meiner Organisation voranbringen, ich möchte das beste Unternehmen sein, ich möchte eine Vision verfolgen, ich möchte am Markt unterwegs sein etc.«

Das sind sozusagen die Auslöser für Organisationsentwicklung! Es gibt wenig Kunden, die kommen: »Hilf mir einfach einmal, mich zu mehr Komplexität zu entwickeln.« Es gibt fast immer einen Auslöser. Und das bedeutet auch, es gibt ein konkretes Problem zu lösen, es gibt etwas, wovon man weg möchte und etwas, wo man hinmöchte.

Wenn wir integrale Organisationsentwicklung machen, muss uns klar sein, dass das Problem des Kunden der Zustand ist, den wir verändern wollen. Ob wir dafür eine Stabilität in die Entwicklungsstufe der Organisation bringen, bestimmte Linien nachreifen lassen oder weiterentwickeln in spätere Stufen oder ob wir die gesamte Organisation in eine spätere Stufe entwickeln wollen, ist eine zweite Frage. »Wir entwickeln der Entwicklung willen« – aus welcher Entwicklungsstufe könnte diese Idee wohl kommen?

Kreativitätszustände und Flow-Zustände gehören auch in eine Organisation.

2 Weitere Grundlagen für integrale Organisationsentwicklung

Für das Anwendungsfeld der Organisationsentwicklung sind einige weitere Komponenten in unserer Landkarte über die Grundlagen des integralen Modells hinaus notwendig. Diese stammen nicht unmittelbar aus der integralen Theorie, sondern werden im Folgenden erklärt.

Das Menschenbild

Eines der Kennzeichen einer postkonventionellen Denkweise ist, dass man versteht, dass man eigentlich auch ein bisschen mit ausdrücken muss, wie die eigene Sicht ist und wo diese herkommt. Was habe ich also für eine Perspektive auf den Menschen? Es wird für das Menschenbild die Theory X und Theory Y von McGregor verwendet. Ich möchte hier den aktuellen Stand meines Menschenbildes, soweit es für die Organisationsentwicklung notwendig ist, darstellen.

Es gibt noch Aspekte, die außerhalb der Organisationsentwicklung wichtig sind ...

Systemisch

Mein Menschenbild ist als Erstes einmal *systemisch*. Jeder Mensch ist in verschiedene Kontexte eingebunden und konstruiert seine Wirklichkeit aufgrund seiner aktuellen und früheren Kontexterfahrung. Heißt: Ich bin in Beziehungen und aufgrund all der Beziehungserfahrungen, die ich gemacht habe, habe ich meine eigene Sicht entwickelt. So laufe ich durch die Welt mit meiner eigenen Sicht, also systemisch-konstruktivistisch.

Das Zweite dazu ist: Menschen sind Beziehungswesen. Das bedeutet, dass sie grundsätzlich zur Kooperation und Co-Kreation fähig sind. Menschen suchen Beziehungen und Bezogenheit, nicht nur zu anderen Menschen, sondern auch zu abstrakten Dingen, wie Projekte, Ziele etc.

Der Mensch neigt als soziales Wesen schon evolutionär bedingt eigentlich zur Kooperation, denn ansonsten hätten wir es nicht bis hierher geschafft.

Realistisch-sinnorientiert

Menschen sind *realistisch*. Menschen handeln so, dass es in ihrer Wirklichkeitskonstruktion Sinn ergibt und ihnen dient. Das ist ein subjektiv-positives Motiv und damit grundsätzlich in Ordnung. Wenn ich jetzt schaue: »Wie wirkt das Verhalten in einer Organisation?«, können die Auswirkungen des Verhaltens für die Organisation ungünstig bis hin zu schädlich sein. Allerdings muss ich vorsichtig sein, wie ich das beurteile. Aus seiner Sicht wird der andere immer etwas tun, was in seiner Wirklichkeitskonstruktion sinnvoll ist. (Wie kann man also im Rahmen von OE und Führung einem anderen Menschen Sinn vermitteln?) Von außen mag es ausschauen wie das Dämlichste, was man machen kann. Aber das sind eben unterschiedliche Perspektiven.

Handeln = Verhalten mit Intention. Ich kann also niemals »Handeln« beobachten, denn mir fehlt der Intentionsaspekt – bis ich frage.

Eigenverantwortlich

Menschen sind *eigenverantwortlich*. Jeder Mensch kann denken und fühlen – sehen wir einmal ab von genetischen Störungen und Krankheiten – also hat jeder auch Verantwortung für sein Leben. Und das bedeutet auch, einfach zu sagen: »Ja, Chef, ich habe nur getan, was du gesagt hast.« Und somit in eine Opferhaltung zu gehen und die eigene Verantwortung abzugeben – ist für mich nicht akzeptabel. Unabhängig davon, dass die Aussage natürlich erst einmal okay ist, denn das tun Menschen, weil es für sie selbst irgendwie sinnvoll erscheint. Aber, aus meiner Sicht ist es wichtig, Menschen zu mehr Eigenverantwortung zu verhelfen, um so für das eigene Leben aber auch in der Organisation mehr Lebendigkeit zu leben …

Um an einem Beispiel aus dem Alltag in größeren Organisationen zu verdeutlichen, was mir wichtig ist: Eine Organisation ist keine Leidensgemeinschaft. Jeder, der hier arbeitet, hat sich einmal dazu entschieden. Wenn jemand unglücklich ist, sollte er kündigen und aufhören, herum zu jammern. Klar ist das nicht sonderlich emphatisch, aber das Nicht-Bewusst-Machen der eigenen Verantwortung vernichtet Energie und Kreativität. Wenn jemand nicht kündigen will, weil die Folgekosten der Kündigung höher sind als dort weiter zu arbeiten – okay, dann sollte er eine bewusste Entscheidung treffen und dann dazu stehen. So kann der Mitarbeiter dann seine Kraft und Energie auf Wünschenswertes richten und sich zieldienlich einbringen. Übrigens glaube ich, dass man Menschen Eigenverantwortung abziehen kann, indem man ihnen immer zu viel abnimmt. Je nachdem, wie man einen Menschen anspricht, so reagiert er auch darauf. In vielen Organisationen wurden Menschen zu »Nicht-Verantwortung« erzogen.

Entwicklungsoptimistisch

Jeder Mensch ist *entwicklungsfähig*. Ich glaube, Menschen haben die Fähigkeit, bewusst ihre Situation zu betrachten und Änderungen herbeizuführen. Und sie können sich translativ entwickeln – also auf einer Bewusstseinsstufe, auf einer Ich-Entwicklungsstufe, der gleichen Komplexitätsebene neues Wissen und neue Methoden erlernen. Das heißt aber auch, sie können nachreifen, oder transformativ auf eine neue Bewusstseinsstufe kommen.

Dieses Menschenbild setzt zum einen einmal ein paar Eckpfosten, aber gerade durch die eigene Wirklichkeitskonstruktion lässt es sehr viel Freiheit für unterschiedliche Perspektiven. Genau dieses Umgehen mit den verschiedenen Perspektiven in einer Organisation, mit den Spannungsfeldern, mit den Dilemmata, das ist ja genau der spannende Punkt.

Ein Modell der Innenwelt des Menschen

Ich möchte den linken oberen Quadranten eines Menschen noch ein bisschen genauer unter die Lupe nehmen. Diese Differenzierung ist vor allem interessant, wenn wir an die Schnittstelle von Organisationsentwicklung und Coaching denken.

2 Weitere Grundlagen für integrale Organisationsentwicklung

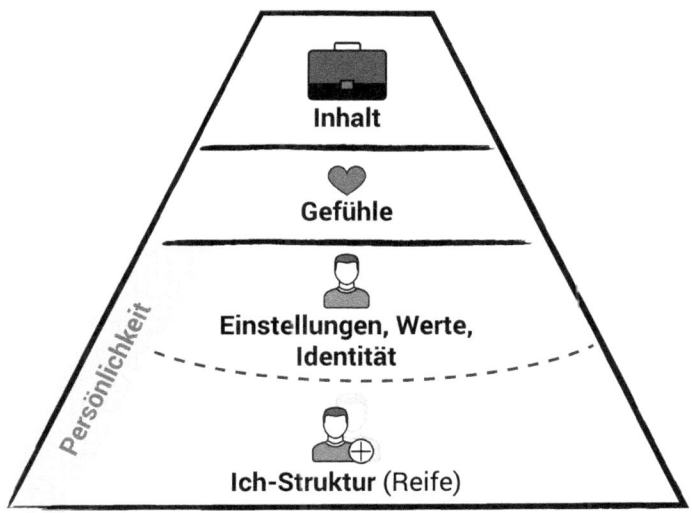

Abb. 2.1: Ein Modell der Innenwelt

Auf der obersten Ebene beschäftigt sich dieser Mensch mit einem Inhalt, einem Geschäftsprozess, einem Arbeitsthema oder Ähnlichem. Direkt dort drunter liegen Gefühle sowohl in Bezug auf das Thema, als auch das, wie der Mensch gerade insgesamt in seinem Leben eingebunden ist. Das nächste ist seine Persönlichkeit. Und seine Persönlichkeit habe ich jetzt hier noch einmal unterteilt in Einstellungen, Werte und Identität. Mit Identität ist gemeint: »Was glaube ich über mich, wie ich bin?«. In der Transaktionsanalyse ist es das Lebensskript, der unbewusste Lebensplan, die Glaubenssätze und Überzeugungen. Es sind aber auch stabilere Persönlichkeitsmerkmale wie die Frage, ob ich ein eher introvertierter oder eher extrovertierter Geselle bin und Ähnliches.

Darunter liegt die Ich-Entwicklungsstufe. Das ist sozusagen die Moderatorenvariable, wie dieser Mensch mit allem anderen umgeht, wie er sich in Beziehungen zur Welt setzt. Heißt auch, sich die Frage zu stellen: »Wie flexibel bin ich mit meiner Kernpersönlichkeit?« Die kann man nicht ändern. Aber muss man dieser als Extrovertierter folgen und immer vorne stehen? Oder ist man in der Lage, sich zu steuern und zurückzunehmen? Und kann ich das überhaupt reflektieren?

> Die Stufe der Ich-Entwicklung betrifft den Kern der eigenen Persönlichkeit. Das Ich ist der Prozess, durch den man alle seine inneren und äußeren Erfahrungen erlebt, strukturiert und auf sie reagiert. Es ist das Zentrum seiner Bedeutungsgebung.

Zur Ich-Struktur gehört auch, womit ich mich identifiziere: Bin ich meine Werte oder habe ich Werte? Bin ich meine Gedanken und Gefühle oder habe ich Gedanken und Gefühle? Bin ich in der Lage, meine Gedanken und Gefühle zu verändern? Kann ich den Blick darauf nehmen – und jetzt gehe ich in den Ich-Entwicklungsstufen immer später – wie komme ich denn zu meinen Gedanken und Gefühlen? Welche Grundannahmen stehen überhaupt dahinter? Und kann ich dann vielleicht noch den Schritt zurück machen und erkennen: Welche Lebenserfahrungen haben denn dazu geführt, dass ich zu diesen

Grundannahmen komme? Und wo bin ich flexibel? Bei meiner Verhaltensweise? Bei meinem Denken und Fühlen? Bei den Grundannahmen, die zum Denken und Fühlen kommen? Oder beim Erkennen? Je später ich auf einer Entwicklungsstufe bin, umso weiter kann ich zurückgehen, umso flexibler werde ich, umso mehr kann ich andere Sichtweisen zulassen und umso besser kann ich auf andere eingehen, umso mehr Komplexität kann ich sehen.

Was ist überhaupt diese Ich-Entwicklung?

Jeder Mensch kann sich in seiner Persönlichkeit weiterentwickeln. Diese Veränderungen finden in den folgenden vier Bereichen statt:

1. Charakter

Inwieweit kann ich unabhängig handeln – beispielsweise in Bezug auf Meinungen und Erwartungen anderer?

2. Interpersoneller Stil

Wie kann ich mit unterschiedlichen Meinungen, Vorgehensweisen, Weltsichten anderer Menschen umgehen, die auch anders denken, fühlen, handeln als ich?

3. Bewusstseinsfokus

Worauf kann ich meine Aufmerksamkeit richten? Sowohl innere Prozesse als auch äußere Aspekte gemeinsam wahrnehmen und das Handeln dazu integrieren? Wie viele Perspektiven kann ich zeitgleich halten?

4. Art und Weise zu denken

Zum Beispiel: Wie viel von diesem ganzen integralen Modell kann ich zeitgleich halten? Denke ich sowohl Quadrant, Ebene, Linie, Zustand, Typ und womöglich noch Phase und vielleicht noch »Was ist das für eine Person vor mir?« Was heißt das in der Organisation? Was heißt das für den Menschen?

Oder denke ich eher linear-kausal: Nach der Analyse mit dem integralen Modell brauche ich nur die Schritte 1, 2 und 3 in genau dieser Reihenfolge durchzuführen und komme dann zu einem passenden Ergebnis.

Zusammengefasst ist ein Modell für das Individuum:

- die Moderatorvariable, die bestimmt, auf welche Art und Weise ich mit all den anderen Persönlichkeitsaspekten umgehe: die Ich-Entwicklung.
- aktuell wirksame, spezifische, richtungsgebende Persönlichkeitsmerkmale wie Weltsicht, Motive, Ziele und Werte.
- grundlegend stabile Persönlichkeitseigenschaften: unser Typ.
- aktuell wirksame spezifische Persönlichkeitsmerkmale wie Bewertungskategorien, Glaubenssätze.
- integrative Persönlichkeitsaspekte: Lebensskript.
- spezifische alltägliche und nicht-alltägliche Erfahrungen: Zustände.

Mein Organisationsbild

So wie das Menschenbild eine wesentliche Grundlage ist, so muss auch das eigene Organisationsbild berücksichtigt werden. Hier stelle ich mal den aktuellen Stand meines Modells vor.

Jede Organisation braucht einen Sinn und Zweck: eine Mission. Sie erbringt eine Leistung, einen Nutzen für jemanden. Die Organisation erfüllt die Anforderungen der Kunden/des Markts. Denn jemand ist bereit dafür zu bezahlen und tut das sogar.

Aus meinem systemischen Verständnis heraus, gibt es Menschen auf dem Markt – nennen wir sie einmal Kunden – die brauchen irgendetwas. Das ist die Daseinsberechtigung für eine Organisation oder Organisationseinheit. Das ist ihr *Sinn und Zweck*. Wenn ich beispielsweise etwas habe, was der Kunde braucht, muss dieser mich als nützlich, als sinnvoll erleben. Ich bin für irgendetwas da. Das ist die erste Orientierung, die ich mir geben muss. Es ist meine Mission, mein Auftrag. Dann kann es noch eine Vision geben: »Wo will ich eigentlich hin? Was will ich langfristig sein? Und was will ich auch irgendwie machen?«

> Keine Organisation überlebt, ohne einem Kunden etwas Sinnvolles, etwas Nützliches, etwas Benötigtes oder Gewünschtes zu liefern.

In diesem Spannungsfeld muss ich mir die Frage beantworten: »Welche Mission will ich überhaupt annehmen? Welchen Auftrag will ich annehmen? Will ich Waffen produzieren? Will ich zur Organisationsentwicklung beitragen? Will ich Handyverträge verkaufen? Will ich Rollladenmotoren produzieren?« Dann kann man weiter schauen: »Produziere ich Rollladenmotoren? (Und zwar über den betriebswirtschaftlichen Aspekt »Dafür bekomme ich Geld« hinaus!) Oder unterstütze ich Menschen dabei, sich in ihrem Zuhause sicher zu fühlen?« Wozu ist das gut, was ich tue?

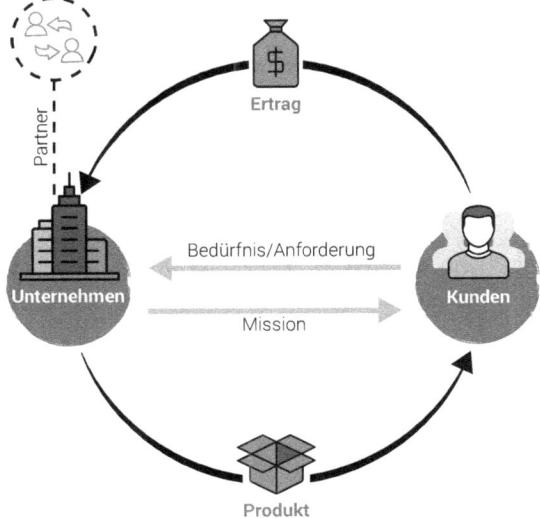

Abb. 2.2: Systemisches Verständnis von Wertschöpfung

Es braucht also eine Art von Wert und Wertschöpfung, sonst braucht es mich nicht. Wenn ich nicht für irgendjemanden einen Wert schöpfe, habe ich keine Daseinsberechtigung am Markt – egal, wie sehr ich meinen Sinn mag. Wenn ich für alle zur spirituellen Entwicklung beitragen will – und es gibt niemanden, der mich dafür bezahlt – dann sind möglicherweise mein Ziel und mein Wunsch toll und gut und richtig und wichtig, allerdings reicht es nicht, um auf dem Marktplatz zu bestehen.

Dadurch entsteht ein Ausgleich von Geben und Nehmen: Ich gebe dir einen Wert, du gibst mir einen Wert. Häufig wird der Wert von Menschen erbracht. Neben der Wertschöpfungsstruktur ergeben sich dann also soziale Strukturen, Beziehungsnetzwerke und somit auch ein ergänzender Informationsfluss. Mit dem Ausgleich zwischen zwei Systemen ergibt sich ein rundes Konstrukt.

Die Grundessenz ist immer: Es gibt irgendetwas von außen, für das ich da bin. Habe ich eine neue Geschäftsidee, muss ich möglicherweise erst noch herausfinden, wer mein spezifisches Angebot braucht. Das ist dann ein Aushandlungsprozess zwischen dem Markt und mir.

Und dieser Aspekt ist auch in der Organisationsentwicklung immer zu beachten, denn letztendlich wird von außen entschieden, ob die Organisationsentwicklung nützlich und hilfreich war oder nicht.

Diesen Gedanken können wir jetzt konsequent weiter denken und auf unsere Mitarbeiter überführen. Wie passt mein Unternehmen zu meinen Mitarbeitern? Und wie passen die Mitarbeiter zu dem Unternehmen? Auch hier gibt es verschiedene Arten von »Sinn und Zweck«, damit die Mitarbeiter und die Organisation auch gut zusammenpassen, genauso wie die Organisation und die Kunden.

Zur Organisationsstruktur

Wenn wir nun dem von mir vorgeschlagenen Organisationsbild einmal folgen (folgen reicht, man muss ja nicht übereinstimmen): »Ich bin für den Markt da und brauche irgendein Produkt«, dann ergibt sich dadurch eine relativ natürliche erste Struktur in der Organisation. Denn die Schlüsselfrage ist ja, wie erzeuge ich dieses Produkt? Je nach Entwicklungsphase, -stufe und anderen Kriterien ergeben sich weitere Strukturierungen, beispielsweise um nicht nur einen Wert zu produzieren, sondern für die Steuerung der Werterbringung. Dann erhalten wir mehr oder weniger nützliche Organigramme, die eine formale und somit auch rechtlich erforderliche Struktur abbilden.

Je nachdem wie nah oder fern, stimmig oder unstimmig diese verschiedenen Strukturen zueinander und zum Marktumfeld und den Mitarbeitern passen (siehe auch das komplexere Quadrantenmodell, die Organisation ist also in einer Sandwich-Position), ist die Organisation besser oder schlechter strukturiert.

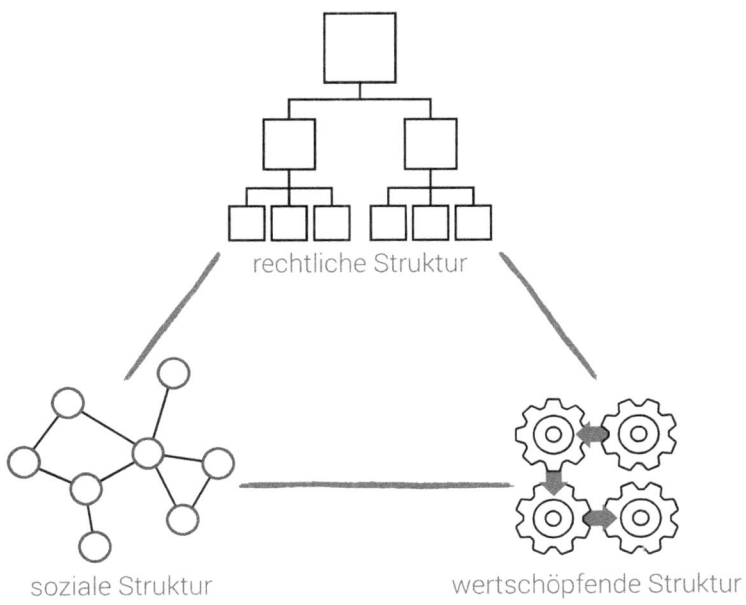

Abb. 2.3: Die drei Strukturen von Organisationen

Diese Sicht der drei Strukturen von Organisationen habe ich in einem Workshop mit Niels Pfläging kennengelernt und finde diese Perspektive äußerst nützlich:

- Die Struktur der Wertschöpfung: Wer mit wem zusammenarbeiten muss, damit der Wert entsteht, den der Kunde kauft.
- Die soziale Struktur: Wer kennt wen, redet mit wem, versteht sich gut mit wem – das regelt Informationsfluss wie Macht.
- Die rechtliche Struktur: die des Organigramms, der Regeln und Rollen.

Ob wir mehr dezentrale Strukturen benötigen, wie Niels Pfläging propagiert, mehr Kreise, wie Holacracy, ob wir wertschöpfungs- oder funktionsorientiert organisieren, ist individuell zu prüfen.

Besonders die Struktur der Wertschöpfung wird in einigen konventionellen Organisationen nicht so sehr in den Vordergrund gestellt. Gerade in großen Konzernen, wo Geldfluss nicht mehr auf dem Konto passiert und »Können wir die Rechnung bezahlen oder nicht?« die alles entscheidende Frage ist. Eine gute Organisationsentwicklung sorgt dafür, dass die verschiedenen Organisationsstrukturen möglichst nah beieinander und gut aufeinander abgestimmt sind.

Zur Organisationskultur

Kultur ist das co-kreative Ergebnis aller am Prozess Beteiligten und nicht NUR Führungsaufgabe.

Kultur ist das co-kreative Ergebnis aller am Prozess Beteiligten. Die Kultur ist eine Sammlung von bewussten und unbewussten Denk-, Fühl-, Bewertungs-, Verhaltensmustern. (Auch, wenn das Verhalten eigentlich in die rechten, objektiven Quadranten gehört und Kultur eher links unten angesiedelt ist.) Führungskräfte haben zwar einen hohen Einfluss auf die Kultur, da sie Fokussierungspersonen sind. Allerdings ist jeder Mensch in der Organisation gefordert.

Kultur ist sowohl gestaltend für die Person, und die Person ist genauso gestaltend für die Kultur. Es ist ein gegenseitiges Wechselspiel. Wichtig ist hier die Bewusstheit und die Klarheit, dass jeder jeden Tag mit jeder Aktion Kultur gestaltet. Und somit auch jeder einen Beitrag zur Veränderung oder Nicht-Veränderung leistet.

Viele Kulturmaßnahmen, wie beispielsweise Werte- und Leitbildprozesse führen nicht wirklich zu einem Kulturwandel, weil sie eben objektiv aufgeschrieben, aber nicht in der Organisation subjektiv und intersubjektiv umgesetzt werden.

Warum ist mir Organisationskultur so wichtig? Klar, Führungskräfte haben einen hohen Einfluss darauf, aber genauso gestalte ich selbst jeden Tag Kultur (ich als Berater und ich als Mitarbeiter!). Hier gibt es ein Spannungsfeld zwischen der Kultur, die existiert, und dem, welche Energie ich aufbringe, etwas anders zu tun. Denn Kultur ist wie ein Strom, an den Menschen sich orientieren und von dem sie sich treiben lassen. Es ist ein relativ neuer Gedanke, den eher wenige Menschen in einer Organisation haben: dass es auch in meiner Macht und in meiner Verantwortung liegt, einen eigenen Impuls in die Kultur einzubringen. Dieser Impuls ist aber eine gewisse Anstrengung »gegen« den Strom. Je unüblicher dieser Impuls ist, umso mehr Energie muss der Mitarbeiter aufbringen. (Angemessen ungewöhnlich, noch so angemessen, dass man zum Strom passt, ungewöhnlich genug, um einen wirklichen Unterschied zu machen.)

Der Gedanke selbst im Alltag kulturgestaltend zu sein, haben Mitarbeiter für gewöhnlich nicht. Bei den Führungskräften auch nur solche, die wirklich gut ausgebildet sind. Aber den Gedanken zu haben reicht eben nicht, wer tut das wirklich? Wer begreift wirklich, dass er mit seiner Arbeitspraxis, mit seiner Führungspraxis, einen Einfluss auf Kultur hat? Praxis meint hier die Bedeutung einer spirituellen Praxis, also tagtägliches Handeln, welches meinem höchsten Sinn dient: »Was tue ich jeden Tag in meiner Führung? Und wie passt das zur Kultur?«

Gelebtes Leitbild

Wenn der Mitarbeiter oder ein Kollege zu mir mit einem Problem kommt: Gebe ich ihm dann eine Problemlösung? Oder stelle ich sicher, dass er selber über Lösungsoptionen bereits nachgedacht hat? »Erziehe« ich ihn, mit jedem Problem zu mir zu kommen? (Das ist Teil von Kulturarbeit!) Oder »erziehe« ich ihn zu eigenverantwortlichem Handeln? Für welche Werte will ich einstehen und für welche Werte stehe ich letztendlich jeden Tag ganz praktisch ein? Das ist der Unterschied zwischen einem tollen Leitbild auf Plakaten und dem gelebten Leitbild, das zur Kultur wird.

Ich sage manchmal ketzerisch: »Jeder hat die Führungskraft, die er verdient.« Wenn ich nicht bereit bin, meiner Führungskraft das Feedback zu geben, was sie braucht, trage ich mit zu einer Kultur bei, dass ich einen Diktator da oben sitzen habe. Sicherlich besteht die Gefahr bei einer solchen Rückmeldung, dass ich damit außerhalb der kulturellen Rahmenbedingungen agiere. Und wenn ich zu weit außerhalb der Kultur agiere, mich zu anders verhalte, werde ich von der Kultur üblicherweise abgestoßen.

Die Metapher der Kultur als die weißen Blutkörperchen der Organisation. Was zu anders ist, ist gefährlich und wird abgestoßen!

Kultur und das Einhalten der Kultur regelt in gewisser Weise auch die gefühlte Zugehörigkeit. Damit ich einer bestimmten Gruppe zugehörig bin, muss ich deren Regeln befolgen. Wie unsere Vorfahren, die noch in Höhlen lebten. Gehorche ich nicht, muss ich aus der Höhle raus und werde vom Säbelzahntiger gefressen.

Genau um solche archaischen Mechanismen geht es, wenn wir über Kultur und Kulturentwicklung sprechen. Auf der einen Seite müssen wir ausreichend an der Kultur andocken, um nicht zu sehr ausgegrenzt zu werden. Gleichzeitig müssen wir Kultur durch unser Anderssein in die Richtung bewegen, die wir erreichen wollen.

Daher stimmt der Satz: Wenn wir uns in einer Organisation Kulturentwicklung vornehmen, müssen wir akzeptieren, dass für uns unakzeptable Dinge akzeptabel werden müssen. Aber wir müssen sie ja nicht auf Dauer akzeptieren.

Wenn ich einen Missions-, Visionsworkshop mache – wie ich im späteren Verlauf vorschlagen werde –, dann ist das Ergebnis nicht das, was am Ende auf der PowerPoint-Folie steht. Sondern das Ergebnis ist: Alle haben diskutiert, haben sich ausgetauscht, haben einen gemeinsamen Wir-Raum links unten aufgebaut. Und DAS ist der Großteil des Ergebnisses.

Und jetzt wird es spannend beim Thema Kulturentwicklung. Kommt ein neuer Mitarbeiter hinzu – wie vermittele ich ihm denn das Ergebnis? Sage ich zu ihm: »Schau dir hier unsere Leitlinien an und halte dich dran!«? Wie vermittele ich ihm, was bei uns wirklich wichtig ist, was wir gelebt haben wollen? Was sanktioniere ich? Was sanktioniere ich nicht? Was passiert da eigentlich?

Die Geschichte mit den fünf Affen

Zum Thema Kultur gibt es ein Experiment. Fünf Affen kommen in einen Raum. An einer Wand steht eine Leiter, an deren Ende Bananen befestigt sind. Sobald ein Affe zur Leiter rennt und hochklettert, werden alle Affen nassgespritzt. Das finden die Affen doof. Schon nach kurzer Zeit führt das dazu, dass ein Affe, der zur Leiter geht, von den anderen verprügelt wird.

Nimmt man einen der Affen heraus und setzt einen neuen in den Raum, sieht dieser schnell die Leiter mit den Bananen. Cool! Er nähert sich der Leiter. Was machen die vier anderen Affen? Ziehen ihn zurück und verprügeln ihn. Der Affe macht die Lernerfahrung: »Hm. Zur Leiter gehen, heißt verprügeln.« Ein weiterer Affe wird herausgenommen, ein neuer kommt zur Gruppe. Dasselbe Spiel hier. Auch von dem Affen, der bisher noch nicht nass geworden ist, wird er zurückgezogen und verprügelt. Das Spiel kann ich weitermachen, bis kein einziger Affe mehr im Käfig ist, der jemals nass geworden ist.

Dieses Experiment zeigt: Unternehmenskultur ist nicht nur bewusst, sie ist auch unbewusst. Diese Verhaltensmuster, diese Denkmuster, diese Bewertungsmuster werden teilweise einfach so gelernt und – teilweise – unbewusst überliefert. Vor 20 Jahren hat einmal einer dem Chef widersprochen … und musste gehen.

Unternehmenskultur geschieht oft unbewusst

Denkmuster und Kulturmuster werden oft nicht reflektiert, sondern unbewusst weitergegeben. Es ist auch schwer, sie zu reflektieren, weil man sie sich eben bewusstmachen muss, immer wieder. Unternehmenskultur ist ansteckend. Wenn man neu in ein Unternehmen kommt, findet man viele Dinge sehr eigenartig, die dort gemacht werden. Nach ein bis drei Jahren ist das ganz normal. So ist es eine Chance und eine Gefahr, wenn neue Leute in eine Organisation kommen.

Kultur als co-kreativer Prozess bedeutet auch, dass ich als Berater unmittelbar dazu beitrage.

Unternehmenskultur ist nicht direkt beeinflussbar, sie ist das Ergebnis eines co-kreativen Prozesses. Und ich kann Kultur implizit beobachten, indem ich die tagtägliche Praxis von jedem anfange zu verändern. Das werden in konventionellen Organisationen eher die Führungskräfte sein, die einen höheren Einfluss haben. Je reifer die Organisation und die Menschen in der Organisation sind im Sinne von Ich-Entwicklung, im Sinne von Bewusstseinsstufen, umso mehr wird jeder mehr und mehr dazu beitragen.

Daraus folgt auch, dass die Entwicklungsstufe der Unternehmenskultur nicht einfach der Durchschnitt oder die Summe aller individuellen Entwicklungsstufen ist. Die Beteiligten erzeugen ein oft unbewusstes Feld von Grundprämissen, selbstverständlichen Grundannahmen, geteilten Weltsichten, Komplexitätsstufen und diese wiederum könnten metaphorisch mit Spiral Dynamics eingestuft werden.

Das bildet die tiefen Grundprämissen im Schaubild, die die Menschen in einer Organisation teilen.

In der nächsten Ebene sind die Werte. Das meint den konkreten Umgang mit Strukturen und Methoden, inhaltlichen Werten, Zielen und Philosophien. Auf der obersten Ebene gibt es dann Artefakte, die darauf basieren, wie dort existierende Handlungen, Argumentationsmuster, Interaktionsmuster. (Das wäre im integralen Modell streng genommen im rechten Quadranten. Jedes Modell ist halt NUR ein Modell …)

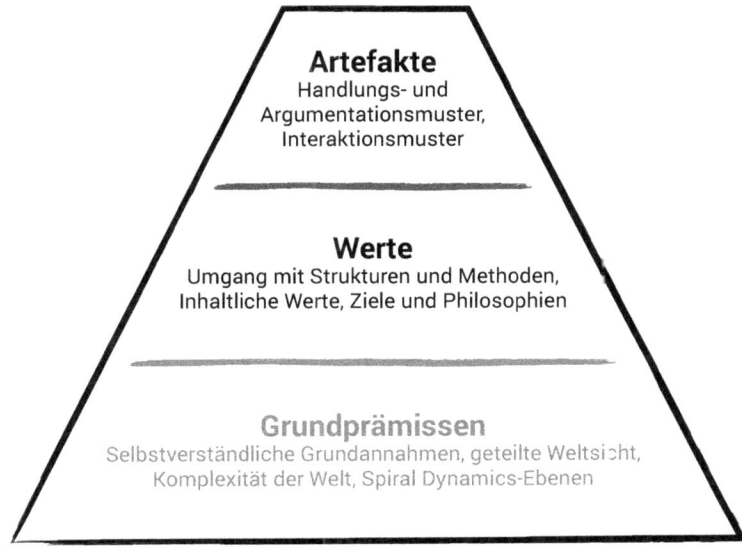

Abb. 2.4: Kulturebenen-Modell in Anlehnung an Schein

Die Perspektive der Veränderungsarten

Es gibt verschiedene Arten der Veränderung, die ich im Sinne einer integralen Organisationsentwicklung kennen und bedienen können muss. Als Erstes kann man zwischen Wandel erster Ordnung und Wandel zweiter Ordnung unterscheiden.

Wandel erster Ordnung behält die zu Grunde liegenden Denkmuster bei. Der Wandel ist beschränkt auf einzelne Dimensionen oder Ebenen der Veränderung. Der Referenzrahmen bleibt erhalten. Es werden Strukturen oder Rollen verändert, allenfalls noch die Ebene der Artefakte in der Organisationskultur.

Wandel zweiter Ordnung ändert die zu Grunde liegenden Denkmuster, die Weltsicht. Der Wandel ist umfassend und beinhaltet Veränderung in der Organisationskultur auf der Ebene der Werte oder der Grundprämissen. Daraus ergeben sich auch in den äußeren Quadranten massive Veränderungen.

Diese Veränderungen erster und zweiter Ordnung können entweder einmalig erfolgen oder sie können kontinuierlich zum Bestandteil der DNS einer Organisation werden. Einmalig bedeutet, die Veränderung erfolgt episodisch, sie geschieht in einer klar umrissenen Periode, sie ist eine Besonderheit, ein Ausnahmefall und hat einen Anfang und ein Ende. Viele Veränderungsmodelle wie Kotters 8 Phasen passen zu dieser Art der Veränderung. Die kontinuierliche Veränderung integriert die Veränderung in den normalen Alltag der Organisation. Veränderung wird also ein weiteres Element im normalen Tagesgeschäft einer Organisation. Veränderung ist damit normal.

Daraus ergibt sich die in Tabelle 2.1 dargestellte Matrix in Anlehnung an Hans-Joachim Gergs *Die Kunst der kontinuierlichen Erneuerung*:

	Episodische Veränderung (Hoher Zeitdruck)	Kontinuierliche Veränderung (Zeit (noch) verfügbar)
Veränderung erster Ordnung	Operatives Krisenmanagement	Optimierung bisheriger Praxis
Veränderung zweiter Ordnung	Radikale Transformation	Kontinuierliche Selbsterneuerung

Tabelle 2.1: Veränderungen erster und zweiter Ordnung

Je nach Organisation, Entwicklungsstand, Zustand und konkreten Anliegen muss integrale Organisationsentwicklung nach immer gleichen Prinzipien jedoch sehr unterschiedlich ausgestaltet werden.

Eine kontinuierliche Veränderung ist für fortgeschrittene postkonventionelle Organisationen das selbstverständliche Ideal. Das ist jedoch wirklich unbequem für die meisten Menschen, denn es gibt nur noch Meta-Prinzipien und Meta-Kriterien, die beständig bleiben, nicht jedoch Strukturen oder konkrete Abläufe.

Dimensionen von Wertproduktion

Jede Organisation muss Werte produzieren. Die Produktion dieser Werte bewirkt Entscheidungen und wie man an bestimmte Themen herangeht. Damit sind sie immer wirksam. Wie die Werterbringung organisiert wird, ist abhängig von der Entwicklungsstufe und vielen anderen Aspekten der Organisation, der Geschichte, der inhaltlichen Kultur etc. Und oft ist es notwendig, diese Werterbringung wieder zur Basis zu machen. So werden sie wieder handlungsleitend. Aber die Fokussierung ausschließlich auf den produzierten Wert ist oft zu einseitig.

Was ist für konventionelle Organisationen relevant, was für postkonventionelle, was ist »gesund«?

Weil ich als Berater und als Organisation der Welt Mehrwert liefern möchte, muss ich mir auch mal die Frage stellen: Wie messen wir diesen Wert? Wie objektiviere ich das? Hierfür gibt es ein äußerst nützliches Modell von Meta Integral Associates mit Namen »Meta Capital«. Dieses verwendet den Begriff »Kapital« für den Wert. Meta Capital beschreibt die Existenz von zehn Kapitalformen und das Kapital Geld ist nur eines davon. Dieses Modell hilft, darüber nachzudenken: Welchen Wert produziere ich eigentlich? Und es ist auch nochmal nützlich zu betrachten, auf welchen Wert welche Organisation eigentlich schaut.

Im Grunde genommen gibt es vier Bereiche oder Felder, in denen Kapital erzeugt werden kann: Profit, Planet, Purpose und People. Hier finden sich auch die Quadranten des integralen Quadrantenmodells wieder. *Profit* wird einmal tatsächlich klassisch gesehen wie auch in dem Sinne, für People, den Menschen, etwas zu erzeugen. Auf der *Purpose*-Ebene geht es darum, für den Nutzen, den Zweck, den Sinn und für den *Planet* wirklich was zu tun. Die zehn Formen von Kapital, die die Meta Integral Associates gefunden haben, sind:

2 Weitere Grundlagen für integrale Organisationsentwicklung

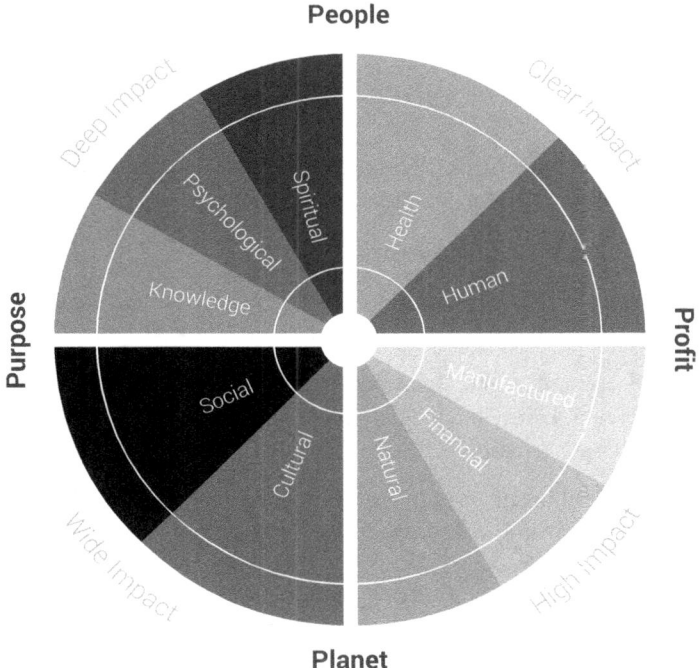

Abb. 2.5: Schaubild der Meta Integral Associates

Manufactured

Das *erarbeitete Kapital* umfasst alles an Besitz und Infrastruktur eines Unternehmens.

Meta-Währung: Besitz in Form von Bestandsgütern.

Mikro-Währungen: Ausstattung, Grundstück, Gebäude, Werkzeuge, Vorräte, Lagerbestand und Infrastruktur.

Wachstum wird erreicht durch Produktion, Forschung & Entwicklung, Instandhaltung.

Wertungen & Beurteilungen: gewerblich Bereitschaft, Abschreibungen, Nutzenanalyse, Risikomanagement, Bewertung der Beschaffungskette.

Financial

Das *finanzielle Kapital* umfasst jegliche bewertete wirtschaftliche Quelle im Sinne von Geld, welches für das Herstellen von Produkten oder Services genutzt wird.

Meta-Währung: Geld.

Mikro-Währungen: Fremdkapital, Aktienkapital, Bargeld, Ersparnisse und Zuschüsse.

Wachstum wird erreicht durch Investitionen, Erwerb und durch den Verkauf von Produkten und Services.

Wertungen & Beurteilungen: Kapitalerträge (ROI), Buchhaltungsberichte, Gewinn- und Verlustrechnungen, KPIs sowie Finanzabschluss.

Natural

Das *natürliche Kapital* umfasst alle Bestände natürlicher Ressourcen oder Umgebungskapital, die heute und zukünftig den Flow nützlicher Güter oder Services bereitstellen.

Meta-Währung: Natürliche Ressourcen.

Mikro-Währungen: Saubere Luft, reines Wasser, gesunder Boden, Biodiversität, Landschaft, Erholung, Wirtschaftsdienste, Abflüsse, natürliche Kreisläufe und vieles mehr.

Wachstum wird erreicht durch Recycling und Wiederverwertung, Umwelt-Audits, Aktivitäten im Freien, Umwelterziehung, Umweltgesetze und -regulatorien, Umweltschutz und Abfallmanagement.

Wertungen & Beurteilungen: Prüfungen der Umwelteinflüsse, Ökologischer Fußabdruck, Abgasemission, Analyse zur Wiederverwertung und Abfallgutachten.

Cultural

Das *kulturelle Kapital* umfasst die internen und externen Prozesse gemeinschaftlicher Meinungsbildung einer Gemeinschaft.

Meta-Währung: Kohärenz.

Mikro-Währungen: Sprache, Künste, ethnische Diversität, Weltsichten, gemeinsame Werte, Tradition, Herkunft sowie vieles mehr.

Wachstum wird erreicht durch kulturellen Austausch, Festivals, Kunstaufführungen und Ausstellungen, Ritual und Storytelling sowie gemeinschaftliche Aktivitäten.

Wertungen & Beurteilungen: Interviews, ethnografische Analyse, Umfragen und geschichtliche Auswertungen.

Social

Das *soziale Kapital* umfasst die Bandbreite und Verschiedenartigkeit sozialer Verbindungen.

Meta-Währung: geschätzte Beziehungen / Partnerschaften.

Mikro-Währungen: Einfluss, Verbindungen, Netzwerke, Reichweite, Marke, Vertrauen, Gruppenmitgliedschaft, gemeinsames Handeln, Reputation und viele andere.

Wachstum wird erreicht durch das Teilen mit anderen und dem Helfen anderer, Aufrichtigkeit und Zuverlässigkeit, Verbindungen mit anderen sowie Kollaboration.

Wertungen & Beurteilungen: 360-Grad-Reviews, Beurteilungen sozialer Einflüsse, Zuordnen von Beziehungen, Netzwerkanalyse, Interviews, Markenbeurteilung, Zustimmungsbereitschaft, Durchführungslizenz sowie Gegenseitigkeitsnormen.

Knowledge

Das *Wissenskapital* umfasst die Menge an Informationen, Wissen, Verstehen sowie die in einem Individuum gefundene Weisheit.

Meta-Währung: Verstehen.

Mikro-Währungen: Kreative Mehrheit, intellektuelles Eigentum, Trainingsmaterialien, Artikel und Bücher, Geistesmodelle, Bezugssysteme, Protokolle und Abläufe, Methodiken, Techniken, Rechte und Lizenzen sowie Copyrights und Patente.

Wachstum wird erreicht durch Erziehung, Gruppentraining und Teamaktivitäten, Studieren und Forschung, Mentoring, Tätigkeitslernen (zum Beispiel Simulationen), Patentanmeldungen, Designlabore, Unterrichten sowie Schreiben zum Mitaufnehmen in die Führungspraxis.

Wertungen & Beurteilungen: Anzahl der Patente, Menge des veröffentlichten Materials, Tests, Klausuren und Zertifizierungen, Innovation, Investitionen in Forschung & Entwicklung, Dienststunden, Mindmaps, Charts sowie Diagramme.

Psychological

Das *psychologische Kapital* umfasst das Vermögen eines Individuums zu denken, zu reflektieren und für den Zugriff auf innere seelische Ressourcen.

Meta-Währung: Seelisches Wohlbefinden.

Mikro-Währungen: Selbstwahrnehmung, emotionale Intelligenz, Resilienz, Hoffnung, Zufriedenheit und weitere mehr.

Wachstum wird erreicht durch Aufzeichnung, Reflexion, Prüfen des Selbst, Therapie & Coaching sowie durch das Lernen mentaler Modelle.

Wertungen & Beurteilungen: Psychometrie, Interviews, Befragungen, Untersuchungen sowie Selbstberichte.

Spiritual

Das *spirituelle Kapital* umfasst das Vermögen eines Individuums, den höchsten Sinn zu suchen, zu finden und den Zugang dorthin zu entdecken.

Meta-Währung: Bestimmung.

Mikro-Währungen: Präsenz, Achtsamkeit, Konzentration sowie Karma.

Wachstum wird erreicht durch Atemarbeit, Meditation, Retreats, Lesen, Zeit allein, Stille, Gebet, Dienen sowie Sprechchor.

Wertungen & Beurteilungen: Selbsterzählungen, Maßstäbe hinsichtlich unterschiedlicher Pfade und Traditionen, positive Lebenseinstellung, Mentor- und Peerbewertungen.

Health

Das *gesundheitliche Kapital* umfasst die Gesamtheit physischer Gesundheit und Wohlbefinden eines Individuums.

Meta-Währung: Physisches Wohlbefinden.

Mikro-Währungen: Blutdruck, BMI, Cholesterinwerte, Schlaf, Bewegung, Energiehaushalt und vieles mehr.

Wachstum wird erreicht durch Bewegung, Stehtische, Gewichtsreduktionen sowie angemessener Schlaf (und Nickerchen).

Wertungen & Beurteilungen: Anzahl der Krankheitstage, Produktivitätsindikatoren, verschiedene Befindlichkeitskennzeichen, KPIs, Analytik sowie Beobachtungstools.

Human

Das *menschliche Kapital* umfasst die Gesamtheit an Erfahrung, Know-how und das Vermögen eines Individuums, spezifische Fähigkeiten einzusetzen.

Meta-Währung: Fähigkeiten & Vermögen.

Mikro-Währungen: Spezifische Fähigkeiten, technisches Wissen, Talent, Kompetenzen, stilles und implizites Wissen und vieles mehr.

Wachstum wird erreicht durch individuelle Trainings, Cross-Trainings, Shadowing, Kurse, Weitergeben von Wissen sowie Talententwicklung.

Wertungen & Beurteilungen: KPIs, Bewerten der Fähigkeiten, Performance Reviews, Beobachtungstools, Umlegungsquote sowie Bewertung der Chancengleichheit.

Meta Capital ist ein spannendes Modell, um einmal für sich zu überlegen: Wozu trage ich bei? Aber auch, um letztendlich einmal Kunden zu sagen: »Schau mal, es gibt ganz viele Kapitalformen, lass uns doch mal auf das eine oder andere schauen. Und so zu neuen Bewertungen von Fortschritt und Entwicklung gelangen.«

Üblicherweise fokussieren konventionelle Organisationen auf die Profit-Bereiche. Mit der Kenntnis von Meta Capital kann ich auch weitere Felder öffnen, die ich dann wiederum bewerten kann. Die einseitige Fokussierung auf Profit und eventuelle rechtliche Erfordernisse kann so geweitet werden. Und ich als Berater kann für mich auch genauer definieren, welche Werte ich durch meine Arbeit mehren möchte und dieses für die Auswahl meiner Kunden nutzen. Häufig können wir Zusammenhänge zwischen Problemen von Kunden und diesen Wertfeldern herstellen. Das ermöglicht noch einmal andere Messkriterien für den Fortschritt bezogen auf einen Veränderungsprozess des Kunden. Wenn man auch noch auf eine Balance dieser Wertfelder mit dem Kunden gemeinsam achten kann, kann so auch ein wesentlicher Beitrag zu einer anderen Wirtschaft und Wirtschaftsethik geleistet werden. Das ist aus meiner Sicht auch Aufgabe von Organisationsentwicklern, aber darüber kann man diskutieren.

Arten integraler Organisationen

Bis hierhin habe ich sehr viele Grundlagen erklärt. Integrale Organisationsentwicklung arbeitet natürlich irgendwie mit allen vier Quadranten, berücksichtigt alle diese Metamodelle des Integralen, hat ein Verständnis von Organisation und Organisationskultur und trägt letztendlich zu mehr Wert bei. Jetzt gibt es integrale Organisationsentwicklung in ganz vielen verschiedenen Kontexten, nämlich in konventionellen Organisationen, in postkonventionellen Organisationen, bei ganz neu gegründeten Organisationen und so weiter und so fort.

Grundsätzlich schlage ich fünf Unterscheidungen vor, wenn wir über integrale Organisationen sprechen. Diesen habe ich einmal Namen gegeben:

Die unbewusste Organisation

In dieser Organisation gibt es eine oder mehrere Unternehmenskulturen. Jede Abteilung kann eine eigene Unternehmenskultur haben. Diese können gut aufeinander und auf das Umfeld abgestimmt sein, was allerdings unbewusst geschehen ist und damit nicht wirklich reproduzierbar, sondern eher ein Ergebnis von Zufall. Die Spannung aufgrund unterschiedlicher Komplexitätsstufen innerhalb und außerhalb des Unternehmens werden nicht wirklich wahrgenommen oder nur unzureichend angegangen. Das entspricht wohl den meisten Organisationen. Das Unternehmen ist vielleicht auch erfolgreich am Markt und wenn es dann knirscht, wundert man sich, woran es denn jetzt gerade liegt.

Die integral-informierte Organisation

In dieser Organisationsform kennen relevante Personen das integrale Modell oder etwas Vergleichbares und beschäftigen sich zumindest mal kognitiv damit. Sie verwenden das Modell in erster Linie analytisch und deskriptiv. Wirklich gelebt und bewusst gestaltet wird die Vielfalt noch nicht. Da gibt es dann ein paar erste Ideen, aber so richtig ins Leben kommt es dort noch nicht. Vereinzelt vielleicht, aber eben noch nicht so ganz.

Die integral-inspirierte Organisation

Eine Übergangsform mit einer Führungsebene, die das integrale Modell kennt und es bei der Auswahl von Führungskräften und Schlüsselpersonen berücksichtigen. Dort wird geschaut, dass die richtigen Leute schon mal an den richtigen Stellen sind. Man führt vielleicht erste Profilings von Ich-Entwicklung oder Wertestufen durch und erkennt, ob die Komplexitätsstufe passt. Man beschäftigt sich damit, wie bestimmte Abteilungen ausgerichtet werden können in Bezug auf Unternehmenskultur und wie das Spannungsfeld unter den Abteilungen aussieht. Hier fängt man an, bewusst zu gestalten.

Die integrale Organisation erster Ordnung

In der integralen Organisation *erster Ordnung* verwenden die Führungskräfte dieses integrale Modell – oder etwas Ähnliches mit diesen Prinzipien dahinter – in der Praxis. Die Mitarbeiter kennen das Modell gegebenenfalls, Organisationsanpassung wird als permanenter Prozess gelebt. Und das ist der spannende Punkt, der wirklich einen Unterschied macht: Man weiß, man muss sich immer wieder verändern, man muss immer wieder genau hinschauen und man schaut auch auf den Kontext. Sind wir gut aneinander angepasst? Passt es zueinander? Verschiedene Typen und Rollen stellen sicher, dass man auch flexibel auf niedrige Stufen übersetzen kann, gerade Richtung Kontext.

Die integrale Organisation zweiter Ordnung

In der integralen Organisation *zweiter Ordnung* sind alle Führungskräfte mindestens bis zur integralen Stufe entwickelt. Hier haben alle Mitarbeiter das integrale Modell irgendwie verstanden und verwenden es auch. Da geht es nun darum, dass es nicht nur etwas theoretisch ist, sondern auch in den Menschen »verkörperlicht«. Natürlich ist das eher Zukunftsvision, wenn man sich die Verteilung von Entwicklungsstufen der Weltbevölkerung anschaut.

Ansätze postkonventioneller Organisationen

Unabhängig von den Arten integraler Organisationen, gibt es Beispiele postkonventioneller Organisationen. Das ist zum Beispiel das, was Frederic Laloux in seinem Buch *Reinventing Organizations* beschreibt, wo es um drei Durchbrüche geht, die passieren müssen, damit man überhaupt von postkonventionellen Organisationen sprechen kann. Diese müssen nicht alle vollumfänglich sein, sie müssen nicht alle durchgängig sein, aber da ist man auf dem Weg, immer postkonventioneller zu werden. Und die drei Schlüsseldurchbrüche gehen in Spiral Dynamics gesprochen von Errungenschaften aus den Werteebenen grün bis hin zu gelb. Ob die Beispiele in Lalouxs Buch wirklich grün/gelb sind oder sehr gesundes und reifes orange, könnte man diskutieren.

Der erste Durchbruch ist das Thema **Selbstführung**. Das heißt, wir kommen weg von klassischen Hierarchien, geben den Leuten mehr Verantwortung, Stichwort Empowerment. Hier kommen wir vielleicht dahin zu sagen: »Führung ist eine Funktion und nicht mehr nur von Führungskräften gemacht.« Auch in postkonventionellen Organisationen brauche ich Führung. Es ist Quatsch, zwanzig Menschen in einen Raum zu stellen und zu hoffen, dass etwas passiert, was sinnstiftend ist.

Wie könnte so etwas funktionieren? Konventionelle Führung ist begrenzt, wie kommt man nun eigentlich in die Richtung miteinander zu führen? Verschiedene Führungspraktiken müssen unterschiedlich aufgesetzt werden. In einer postkonventionellen Organisation muss ich das anders machen, weil nicht mehr der eine Chef entscheidet, was ein erster wichtiger Durchbruch ist. Diese Kriterien sind Entwicklungslinien, die wir uns im Späteren nochmal ein bisschen genauer anschauen, um zu sehen, wie das da eigentlich funktioniert.

Der zweite Durchbruch nach Laloux ist die **Suche nach Ganzheit**, also dass wir als Mensch ganz dabei sind. Das umfasst nicht nur die Ressource Arbeitskraft, die ihre Arbeitsleistung einbringt, sondern auch die Beziehungsgeflechte sogar – an Meta Capital gedacht – bis hin zu spirituellem Wert, dass ich wirklich mit meinem ganzen Dasein bin und dass die Arbeit für mich auch wirklich extrem sinnerfüllend ist. Genau dann bringen Menschen sich vollumfänglich ein.

Der dritte Durchbruch ist **evolutionärer Sinn**. Die eigentliche Idee dahinter ist, zu schauen, was der übergeordnete Sinn dessen ist, was wir eigentlich tun. Und das vielleicht auch einmal weg von Jahresplanung und Budgets hin zu: »Was ist denn jetzt gerade dran und wohin geht es denn?« Tatsächlich ist das auch schwierig zu verstehen, denn mit diesem Gespür akzeptiere ich, dass Zukunft nicht steuerbar ist. In allen konventionellen Organisationen haben wir Planungsprozesse und die wirken nach dem Mechanismus »predict and control« – schaue in die Glaskugel, behaupte, wie die Zukunft wird, beziehe beliebig komplexe Daten aus der Vergangenheit mit ein und projiziere irgendetwas in die Zukunft. Dann kontrolliere, dass es so kommt. Gibt es Planabweichungen, ist die Realität doof und man meint, nachsteuern zu müssen, damit die Realität wieder stimmt. Man kann auch auf die Idee kommen, dass der Plan vielleicht doof war und man möglicherweise mal den Plan anpassen muss.

Aus meiner Sicht ist das meiste, was Laloux beschreibt, schon eine deutlich postkonventionelle Organisation.

> Die permanente Entwicklung als Bestandteil der DNA der Organisation wird oft nicht deutlich.

Es ist also ein existenzieller Bestandteil der Organisation, dass sich Menschen entwickeln müssen. Also habe ich die richtigen Leute in der Organisation?

Was Laloux in *Reinventing Organizations* beschreibt, ist für mich EINE mögliche Form postkonventioneller Organisation. Wir können noch gar nicht sagen, was postkonventionelle Organisation ist, weil wir noch nicht 80 Millionen Menschen in postkonventionellen Organisationen haben arbeiten sehen. Es sind erste Anzeichen zu finden. Bewusstseinsstufen entwickeln sich neu. Wenn erst wenig Prozent in einer gelben Entwicklungsstufe oder darüber hinaus sind, sind die Furchen des Bewusstseins noch nicht so geprägt. Uns fehlt einfach noch eine Datenmenge, um beschreiben zu können, was genau da kennzeichnend ist. (Unabhängig von einer Inhalts-/Strukturverwechslung.) Das ist wieder der ganz große Bogen zurück zur Evolution. Ich mit meinem Bewusstsein, mit meinem Denken, schaffe Bewusstseinsfelder für Leute, die nachkommen. Bisschen esoterisch der Gedanke, ich weiß.

> »Entwickeln müssen« heißt natürlich auch: Das müssen Leute wollen.

Eine andere Variante postkonventioneller Organisationen beschreibt Kegan in seinem Buch *An Everyone Culture*. Er nennt es Deliberately Development Organizations (DDO), also bewusste Entwicklungsorganisationen. In seinem Buch arbeitet er drei wesentliche Dimensionen heraus.

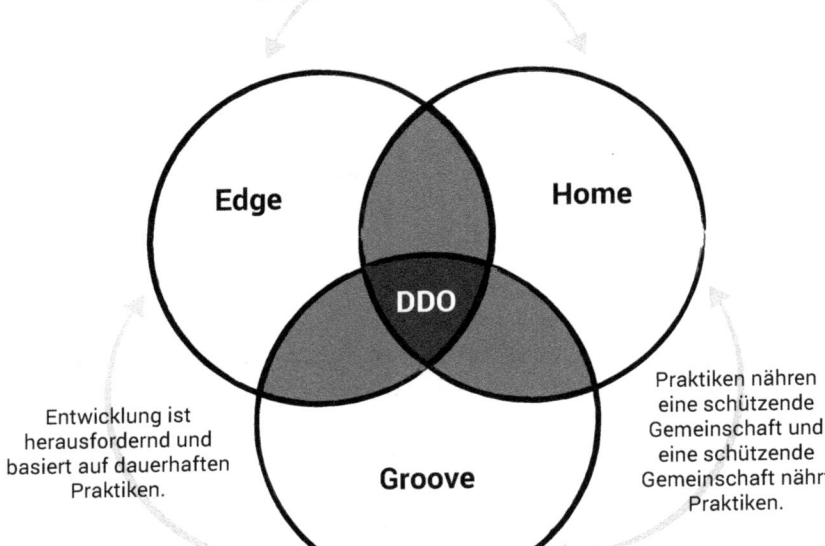

Abb. 2.6: Drei Dimensionen von DDO aus *An Everyone Culture*

Groove – Developmental Practices: Was sind die Praktiken, immer wieder auch mich zu entwickeln, auch Leute immer wieder aus ihrer Komfortzone herauszubringen, immer wieder zu schauen, wo sind die Gaps, wo sind die Abstände zwischen dem, wo ich hin will und dem, wo ich gerade bin? Hier geht es auch darum, dieses positive Spannungsfeld aufzubauen und es dabei nicht zu übertreiben.

Dafür brauche ich ein gutes *Home*, eine gute Sicherheit. *Edge* ist das Fokussieren darauf, immer ein bisschen weiter zu kommen, zu überlegen, wie man an der Spitze bleiben kann – und ein Stückchen weiter kommt. Wenn ich alles zusammenbringe, dann habe ich eine DDO.

Laloux beschreibt drei Durchbrüche inhaltlich und Kegan eher ein Stück weit Rahmenbedingungen, die es braucht oder die ich beachten muss. Und meine These ist, wir können noch nicht endgültig sagen: Eine postkonventionelle Organisation hat genau diese Aufbauorganisation oder hat genau dies oder genau jenes. Postkonventionell heißt gerade, weniger auf ein Ergebnis schauen und mehr auf einen Prozess fokussieren.

Der Schlüsselunterschied für den Beratungsprozess

Und jetzt sind wir bei einem Schlüsselunterschied zwischen Organisationsentwicklung in konventionellen Organisationen und in postkonventionellen Organisationen. Meine These lautet: In einer konventionellen Organisation muss ich, um den Menschen einen Andockpunkt zu ermöglichen, Zielbilder an die Hand geben oder so viel Vertrauen aufbauen, dass sie sich auf einen Prozess einlassen – mit unsicherem Ausgang, der ihnen am Ende bestätigt: Wir haben wieder ein sicheres Zielbild. In einer postkonventionellen Organisation kann ich mich auf einen offenen Prozess von Emergenz einlassen. Da ist es völlig in Ordnung, wenn wir noch nicht wissen, was passiert.

Die Metapher in der konventionellen Organisation ist, wir haben eine Reise und irgendwann sind wir am Ziel. Die Metapher des Postkonventionellen lautet: Es ist ein Tanz und es geht darum, mit dem Rhythmus zu gehen. Das heißt, unabhängig davon, was ich glaube und mit welcher Unsicherheit ich umgehen kann, was braucht denn mein Kunde? Und was brauchen denn die Führungskräfte meines Kunden und was brauchen die Mitarbeiter der Führungskräfte und wie gestalte ich da den Gesamtprozess? Ich bin mir sicher, dazu kann dieses Buch ein paar Ideen geben. Aber es fokussiert am Ende des Tages auch darauf, wie integrationsfähig ich bin, wie flexibel ich bin und was ich unterschiedlich bedienen kann als Berater.

Die Aufgabe des Beraters

Als Berater ist man in einem Spannungsfeld, wo man im Kontakt mit dem Kunden schauen und überlegen muss, was das richtige Vorgehen ist. Was ist hier dran? Worauf lege ich jetzt Wert? Was sind die richtigen Maßnahmen? In welchem Quadranten setze ich an? Und da bin ich klassisch wieder auch bei Anliegenklärung: »Was ist Ihr Problem, woran würden Sie merken, dass das Problem gelöst ist, wie kommen wir da hin?« Und das zu denken vor der Hintergrundfolie des gesamten integralen Models. Das zu denken unter Berücksichtigung all dessen, was in diesem Kapitel gerade geschrieben ist. Ist das Ziel wirklich, eine postkonventionelle Organisation zu haben? Oder geht es gerade darum, dieser Organisation zu helfen, ihr Überleben zu sichern? Oder ganz krass, muss man akzeptieren, dass diese Organisation einfach ihren Zweck überholt hat? Zu überlegen, machen wir den Laden zu oder schauen wir, was wir stattdessen machen können? Was ist es denn gerade, wo wir unterwegs sind, was ist das Anliegen?

Ich bin Organisationsentwickler und führe alle Organisationen in ein Integral hinein. Ja, den Wunsch haben wir wahrscheinlich alle, weil das wirklich Spaß macht. Aber lassen Sie uns schauen, dass es in die Alltagsrealität passt und nicht Träumerei wird.

Als eine Orientierungshilfe können vier prinzipielle Entwicklungsrichtungen dienen: Grow up, Clean up, Wake up und Show up.

Grow up

Heißt, sich in den verschiedenen Entwicklungslinien auf spätere Ebenen entwickeln. Von immer einfacheren Mechanismen hin zu immer komplexeren und immer besser mit Komplexität umgehen zu können. Und das sowohl in der Sicht, die ich auf die Welt einnehme, wie in den Praktiken, in der Struktur, den Prozessen etc., die ich habe. Im Grunde genommen in all den Entwicklungslinien, die wir in den entsprechenden Kapiteln schon benannt haben.

Clean up

Wo habe ich in der Vergangenheit bestimmte Entwicklungsstufen nicht gemacht oder bin drüber hinweggehuddelt? Wo habe ich zum Beispiel saubere Prozesse oder saubere Standardisierungen nicht gemacht? Und das fällt mir jetzt wieder vor die Füße durch geringe Qualität oder, oder, oder. Also manchmal muss ich noch nicht vollständig abgeschlossene Entwicklungsaufgaben von früheren Stufen nachholen, aufräumen eben.

Wake up

Deckt sich ein bisschen mit Grow up. wobei das für mich die Linien sind und das Wake up eher die eigene Bewusstheit und was kann ich eigentlich alles wahrnehmen und von wo aus steuere ich? Etwas zu immer mehr Bewusstheit. Bei Individuen ist das auch zu meditieren, immer mehr Zustände wahrnehmen zu können und im Grunde genommen immer mehr aus dem Ego auszusteigen. In der Organisation ist es im Sinne von Aufwachen, nicht immer nur die Automatismen leben, sondern immer wieder reflektieren, immer wieder hinschauen, ein Mehr an Bewusstheit.

Das hat viel mit der Ich-Entwicklungsstufe zu tun und mit Zuständen. Kann ich mich mal aus dem Stress rausnehmen? Im Stress bin ich in so einem Automatismusmodus und da sollte ich mal aufwachen, den Schritt zurückgehen und schauen, was ich denn hier wirklich tue und klare Entscheidungen treffen.

Show up

Wenn Führung nicht mehr an Führungskräften hängt, dann sicherstellen, dass dennoch Führung erfolgt.

Show up bedeutet letztendlich, wirklich ins Handeln zu kommen und sich in der Welt zu zeigen. Die Organisationsstruktur anpassen, die Prozesse weiterleben, auch sich am Markt mittels Marketing zu zeigen und so weiter und so fort.

Das sind die vier Dimensionen, wo ich bei einem Anliegen meines Kunden immer schauen muss, um was es hier geht. Oder um welche Kombination von Elementen geht es. Muss ich mal die Führungskräfte wachrütteln und sie an ihre Verantwortung erinnern und ihnen eigentlich mal klarmachen, dass sie hier gerade wie betäubt durch die Gegend laufen? Muss ich ihnen aufzeigen, was überhaupt die Schlüsselaufgaben von Führungskräften sind und dass sie die doch bitte wahrnehmen sollen? Diese sind nicht im Tagesgeschäft mitarbeiten, sondern eben Tagesgeschäft managen, Mitarbeiter entwickeln, Organisation entwickeln und sich selbst entwickeln.

Es geht darum, wirklich mit den inneren und äußeren Spannungen zu wachsen: Digitalisierung gestalten, flexibler werden, ganz anders zusammenarbeiten. Das Endergebnis muss immer sein: In der echten Welt hat sich etwas verändert, denn da entsteht der Mehrwert. Dieser muss mess- und erlebbar sein.

3 Voraussetzungen aus Entwicklungsperspektive

Wenn wir über integrale Organisationsentwicklung sprechen, müssen wir mindestens verschiedene Quadranten, Ebenen, Linien, Typen und Zustände berücksichtigen, wie in Kapitel eins vorgestellt. Wir müssen uns über unterschiedliche Entwicklungsstufen gewahr werden und dass Organisationen zwar mehr sind als die Menschen in ihnen, aber die Menschen eine wesentliche Rolle spielen, denn:

- Menschen nehmen auf unterschiedlichen Stufen unterschiedliche Perspektiven ein.
- Menschen besitzen auf unterschiedlichen Stufen grundsätzlich den gleichen Wert, jemand ist nicht besser oder schlechter als jemand anderes.
- Menschen benötigen auf jeder Stufe etwas anderes, um glücklich, erfolgreich und ihre Kreativität einbringend sein zu können.

Wir müssen uns vor allem gewahr sein, dass nicht alle Menschen aus sich selbst heraus ein Interesse an Entwicklung haben. Aber wenn Menschen all das bekommen, was sie benötigen, dann ist die Wahrscheinlichkeit für Entwicklung höher, als wenn sie in bestimmten Aspekten einen Mangel erleben.

Die Idee, alle Menschen bis zu einer bestimmten Entwicklungsstufe zu entwickeln, ist zum einen ethisch fragwürdig. Zum anderen aber, wenn wir uns die Zahlen von Studien anschauen, wie viele Menschen auf welcher Stufe sind, eher unwahrscheinlich. Schon allein aus diesem Grund wird in der Praxis die integrale Organisation erster Ordnung wohl auf lange Zeit das Schlüsselzielmodell von Organisationen sein.

Was sind aber Voraussetzungen – sowohl beim Berater, als auch beim Kunden –, um dieses Zielmodell realistisch zu erreichen? Und was sind die Voraussetzungen in der Organisation, die erfüllt sein müssen, um dieses Zielmodell realistisch erreichen zu können?

Bevor es nun ins Detail gehen kann und wir auf die Ich-Entwicklungsstufen eines Beraters eingehen, steht allem voran ein ganz anderes Thema: der Kunde.

Wer ist eigentlich mein Kunde/Auftraggeber?

Der Kunde ist aus meiner Sicht immer die Organisation, der gegenüber ich mich als Berater verpflichte, etwas Sinnvolles zu tun. Das Problem dabei ist: Was ich als sinnvoll erachte, ist abhängig von meiner Ich-Entwicklungsstufe und vor allen Dingen abhängig von meinen Werten.

Der Auftraggeber als Person

Der Auftraggeber ist für mich der höchste Machthaber – und Macht meint auch Verantwortung. In einer postkonventionellen Organisation sprechen wir dann vielleicht nicht mehr von einer Person, die als Führungskraft die

Die Grenze des Machtbereichs kann der Beginn der Übergriffigkeit sein.

Verantwortung hat, sondern wir klären, wer die relevanten Machthaber sind, bzw. wer das Mandat hat, für den Kunden zu sprechen. Das bedeutet, dass man sich idealerweise nun von dem Gedanken löst, dass der Auftraggeber immer nur zwingend genau eine Person ist. Zwar wird das in den meisten Fällen so sein, doch gilt es hinzuschauen, wo dessen Verantwortungs- und Machtbereich endet bzw. wie die Ausdehnung dessen Verantwortungs- und Machtbereichs geregelt ist, damit ich als Berater festlegen kann, was aus ethischen Gründen die Grenze für meinen Kunden ist, in denen ich überhaupt wirksam werden darf. Natürlich darf ich dafür werben, anders mit mir zusammenzuarbeiten und so vielleicht auch Entwicklungsimpulse außerhalb des Machtbereichs zu geben. Dieses ist für mich ein ethisch wichtiges Thema. Wie oft sind wir gefährdet, anderen gegenüber bestimmen zu können, wie sie oder die Welt sein soll. Damit sollte man grundsätzlich vorsichtig sein. Umso mehr, wenn wir eine entwicklungsorientierte und somit per Definition qualitativ unterscheidende Perspektive einnehmen. Sich durch ein Entwicklungsmodell über jemand anderen zu stellen und dann für denjenigen Entscheidungen zu treffen, ist nicht integral – das ist übergriffig!

Der Auftraggeber als Gruppe

Mein Auftraggeber kann auch eine Gruppe von Personen sein, was dann den Machtbereich und den Entwicklungsbereich, den ich in meiner Verantwortung auch mitübernehmen oder begleiten kann, bestimmt. Konkret bedeutet das: Wenn mein Auftraggeber der Unternehmensinhaber ist, ist mein maximaler Wirkungsbereich das ganze Unternehmen. Ist ein Abteilungs- oder Bereichsleiter mein Auftraggeber markiert dessen Grenze meinen Bereich, in dem ich aktiv werden und wirken kann. Alles außerhalb kann ich natürlich anbieten und verhandeln, doch ist das nicht mein Auftrag.

Als Berater ist es wichtig, nicht nur aus einer Dritten-Person-Perspektive objektiv auf meinen Aufgabenbereich zu schauen – wie es einer späten E6 gelingt. (Die Beschreibung der Stufen folgt gleich.) Aus meiner Sicht benötigt ein Berater die Entwicklungsstufe E8. Denn so nehme ich bei meinem Kunden eine sogenannte reife Vierte-Person-Perspektive ein, in der ich mir darüber klar werde, dass meine Beobachtung durch meine Brille geprägt ist. Ich weiß, dass die Perspektive, die ich einnehme – und das, wo ich herkomme, das, was ich gelernt habe – auch ein wesentlicher Faktor dessen ist, was ich überhaupt sehen kann und was andere sehen können. Ich kann immer wieder den »Schritt raus« machen und wieder den »Schritt rein« gehen. Mit dem »Schritt rein« lasse ich mich voll auf die Annahmen in diesem System ein. Mit dem »Schritt raus« erkenne ich, wie es von außen aussieht.

Worauf muss man beim Kunden achten?

Zuerst müssen wir uns als Berater für integrale Organisationsentwicklung die Frage stellen, ob wir eine Gesamtorganisation betrachten oder nur einen Teilausschnitt der Organisation. Grundsätzlich können wir nur in dem Verantwortungsbereich aktiv werden, für den wir einen Auftrag erhalten haben. Dass wir an den Schnittstellen Impulse setzen können, dass wir überzeugen können, damit auch andere sich verändern, bleibt natürlich als Option erhalten. Aus meiner Sicht wäre es jedoch unethisch, in einem Bereich der Organisation aktiv zu werden, für den ich nicht beauftragt bin. Jemand anderes kann natürlich zu einer anderen Einschätzung und Bewertung der eigenen Ethik kommen.

Ich benötige von dem höchsten Machthaber der Organisationseinheit, in der ich aktiv werde, grundsätzlich ein Einverständnis. Wie auch Laloux in *Reeinventing Organizations* angibt, ist der limitierende Faktor die Bewusstheit von Vorständen bzw. Geschäftsführern und Eigentümern einer Organisation.

<small>Bewusstheit = die Reife einer Person: Ich-Entwicklung, Weltsicht und Werte</small>

Wir fragen uns also: Was ist der Bereich, den ich entwickle, was ist der Bereich, für den ich die Verantwortung habe und wo muss ich die Kopplung an Schnittstellen gut hinbekommen? Ideal ist es natürlich aus Sicht von der Organisationsentwicklung, immer bei dem höchsten Machthaber einzusteigen, den ich haben kann. Dann habe ich die optimale Gestaltung fürs Gesamtsystem. Das Gesamtsystem ist natürlich ein Teilsystem eines größeren Gesamtsystems. Die Frage ist: Wo ist die Grenze meines direkten Einflussbereichs?

Indirekt beeinflussen kann ich alles und immer. Der direkte Einflussbereich ist eine »willkürliche« Grenzziehung. Willkürlich meint hier nicht, worauf ich gerade Lust habe, sondern eine bewusste Entscheidung. Und da ist meine Empfehlung aus ethischen Gründen die Frage nach dem Einflussverantwortungsmachtbereich meines Auftraggebers. Wo ist da die Tür offen? Wenn ich für eine Teamentwicklung in ein Unternehmen gerufen werde, warum soll ich diese nicht auch schon machen? Wenn ich eine Chance habe, mit einem Abteilungsleiter zu sprechen, kann ich eine Abteilungsentwicklung machen. Wenn ich eine Chance habe, zum Bereichsleiter zu kommen und mit dessen Bereich zu arbeiten, mache ich auch das gerne. Wenn ich eine Chance habe, zum Geschäftsbereich zu kommen, wunderbar. Beauftragt mich die Geschäftsleitung, kann ich mit der gesamten Organisation arbeiten.

<small>Dort arbeiten, wo Energie verfügbar ist.</small>

Als Berater muss ich nicht immer nach der Geschäftsleitung greifen wollen, obwohl dort der größte Hebel sitzt, um Organisationsentwicklung zu erreichen. Ich kann auch schon da anfangen, etwas Sinnvolles und Gutes zu tun, wo ich nicht auf die gesamte Organisation wirke. Für mich ist es schön zu erleben, wie unter anderem durch meine Unterstützung was besser geworden ist und in dieser Organisation offensichtlich etwas optimiert wurde, was dazu führt, dass es besser läuft. Vielleicht bekommen andere dann auch eine Idee, sich das genauer anzuschauen, etwas möglicherweise zu übernehmen, weil es in dieser Organisationseinheit schon gut genug gelernt wurde und es im passenden Rahmen sozusagen angemessen ungewöhnlich ist, dass diese das selber adaptieren können. Wunderbar, dann ist das optimale Ziel, sich als Berater überflüssig zu machen, erreicht. Natürlich wird es immer mal wieder einen Blick von außen brauchen, aber die grundsätzlichen Prinzipien und Mechanismen kann man genauso gut selbst lernen.

Angemessen ungewöhnlich

Ein wichtiger Punkt in der integralen Organisationsentwicklung ist die eben erwähnte Aussage »angemessen ungewöhnlich«, die ursprünglich aus der systemischen Beratung kommt. Das bedeutet: Ich muss noch so ähnlich sein, dass ich akzeptiert werde und gleichermaßen bereits so ungewöhnlich sein, dass ich einen Unterschied produzieren kann. Bin ich zu ungewöhnlich, wird es mir nicht mehr gelingen anzudocken und ich werde abgestoßen. Bin ich zu gleich, mache ich keinen Unterschied mehr. Da geht es nicht mehr um Arbeitsweisen, sondern gerade um die Weltsicht. Das bedeutet, dass ich von einer späteren Ich-Entwicklungsstufe möglicherweise übersetzen muss in eine frühere, um dann Schritt für Schritt weiterentwickeln zu können. Bevor ich anfangen kann, Selbstorganisation einzuführen, bedeutet das beispielsweise, dass Menschen erst einmal Regeln und Rollen lernen müssen. Innerhalb dieser müssen sie dann eine gesunde Rebellion lernen, erfahren Reibung und erkennen, dass sie sich so optimieren können. Als Nächstes müssen sie eventuell lernen, in einer zielgerichteten Form darüber zu sprechen, um dann zu lernen, nicht nur Ziele zu berücksichtigen, sondern auch die Bedürfnisse von Menschen. Dann erst kann man dahin schauen, zu echter Selbstorganisation zu kommen, wo sachliche Zwänge, menschliche Bedürfnisse, Ergebnis- und Zielorientierung des Unternehmens sowie Sinn und Zweck auf eine ausgewogene Art und Weise zusammengekoppelt werden.

Egal auf welcher Ebene ich arbeite – auf der Ebene der Gesamtorganisation, auf der Ebene des Bereichs, auf der Ebene des Teams – wichtig ist, dass ich als Berater für meinen Kontext da bin. Und ich muss darauf achten, dass ich an den Schnittstellen diesen Kontext ideal bediene. Egal, was ich selber möchte.

Die Entwicklungsstufe des Auftraggebers

Als Berater muss ich auch immer wieder schauen, was das Gute für den Kunden ist, was für den Kunden überhaupt möglich ist. Gegebenenfalls muss ich meinem Auftraggeber auch sagen, dass bestimmte Dinge nicht oder noch nicht möglich sind. Das kann beispielsweise der Fall sein, wenn mein Auftraggeber auf einer extrem späten Entwicklungsstufe ist, aber die Mitarbeiter nicht, die gesamte Organisation nicht und der Kontext schon mal gar nicht. Hier lauert die Gefahr, alles zu überfordern. Organisationen und Menschen benötigen auch Zeit, damit sie sich verändern und entwickeln können. Und dann ist da noch die Frage, ob ich jemanden dazu zwingen darf, sich zu verändern. Wenn ich den Wert habe, dass jeder selbstorganisiert arbeiten muss – jeder und immer – und diesen Wert somit auf alle übertrage, ist das eine relativ starre Sicht aus einer frühen Ich-Entwicklungsperspektive (spricht zumindest vieles dafür).

Wie passe ich zum Auftraggeber?

Meine eigene Entwicklungsstufe sollte also generell mindestens auf der Ich-Entwicklungsstufe meines Kunden und meines Auftraggebers sein, denn ich muss die Komplexität in deren Welt vollumfänglich überblicken können. Eigentlich sollte der Auftraggeber mindestens die Ich-Entwicklungsstufe des Kunden haben. Es kann natürlich passieren, dass ein Inhaber, der ein Unternehmen einfach geerbt hat und bisher einfach alles aufrechterhalten und bewahrt hat, auf einer früheren Ich-Entwicklungsstufe ist als viele seiner Mitarbeiter. Vielleicht hätte er sogar von sich aus dieses Unternehmen so nie aufbauen können, weil er gar nicht die Kompetenzen hat, die er aus der Ich-Entwicklungsstufe heraus braucht, um die Organisation dahin zu entwickeln. Als Nächstes komme ich als Organisationsentwickler dazu. Wie gut passe ich nun von meiner Ich-Entwicklungsstufe zum Auftraggeber und zum Kontext?

Überblick über die Ich-Entwicklungsstufen

Für die Ich-Entwicklung eines Menschen gibt es verschiedene Modelle, die allesamt sehr ähnliche Stufen beschreiben. Relevante Forscher, mit denen ich mich befasst habe, sind Jane Loevinger, Robert Kegan, Susanne Cook-Greuter, Thomas Binder und Terri O'Fallon. Sie alle beschreiben aufeinander aufbauende Stufen. In den Details der Stufenbeschreibung, Anzahl und Abgrenzung mag es kleinere Unterschiede geben, aber im Kern wird das Ähnliche beschrieben. Eines der Modelle sollte man sich aber mal intensiv anschauen und wirklich lernen, um damit zu arbeiten. Auch wenn es dann egal ist, welches es konkret sein wird. Das Ich – bzw. die Ich-Struktur – ist am ehesten zu verstehen als eine Moderatorvariable, die bestimmt, wie ich mit allem umgehe, was mir begegnet. Die Ich-Struktur ist ein Prozess, ein spezifisches Muster, wie ein Mensch sich selbst, andere und seine Umwelt wahrnimmt und interpretiert. Dieses Muster ist eine Art leerer Container, es beschreibt nur die Struktur, nur die Art und Weise des Umgangs, nicht jedoch den Inhalt.

Viele Entwicklungsmodelle beschreiben, wie sich Inhalte verändern. Spiral Dynamics beschreibt beispielsweise, wie sich die Werte und die Weltsicht über die Zeit hinweg entwickelt haben. Damit wird Struktur und Inhalt etwas vermischt.

Jede neue Stufe ermöglicht einem mehr Bewusstsein und Kontrolle über sich und führt automatisch dazu, dass man weniger von unbewussten Elemente gesteuert wird. Das bedeutet nicht, dass es nicht auf allen Stufen unbewusste Elemente gibt, blinde Flecken oder Schatten – aber es ändert sich die Struktur, wie ich damit umgehe.

Wie bereits in Kapitel 1 beschrieben, entwickeln sich im Schwerpunkt vier Bereiche:

- **Charakter:** Der Umgang mit den eigenen Impulsen und Maßstäben.
- **Interpersoneller Stil:** Die Art und Weise, wie ich mit anderen umgehe und umgehen kann.
- **Bewusstseinsfokus:** Die Frage danach, auf welche Bereiche ich meine Aufmerksamkeit richten und wie viele Aspekte ich in meiner Aufmerksamkeit halten kann.
- **Kognitiver Stil:** Auf welche Art und Weise ich meine Denkstrukturen gestalte.

Terri O'Fallon beispielsweise arbeitet drei verschiedene Fragen heraus, die Parameter der Entwicklung beschreiben und gemeinsam das Ich bilden, den leeren Container, in den dann jeder Inhalt fallen kann. Die Parameter sind der Rang (konkret, subtil, metaware), soziale Ausrichtung (indiviudell oder kollektiv) und der Lernmodus (empfangend, aktiv, reziprok oder interpenetrativ).

Mir ist die Inhaltsleere einer Ich-Entwicklungsstufe besonders wichtig, weil wir ansonsten sehr schnell zu falschen Einschätzungen kommen und dann Menschen überfordern bzw. etwas von ihnen verlangen oder erwarten, was sie noch gar nicht bewältigen können. Um die Inhaltsleere noch einmal etwas klarer darzustellen, möchte ich ein kurzes Beispiel geben. Das Beispiel entstammt Kohlbergs Untersuchungen zu moralischer Entwicklung, kann aber gut die Inhaltsleere verdeutlichen:

Eine Frau ist an einem ganz speziellen Krebstyp erkrankt und liegt im Sterben. Die Ärzte meinen eine Medizin zu kennen, mit der die Frau gerettet werden könnte. Dabei handelt es sich um ein spezielles Medikament, was ein Apotheker in der gleichen Stadt erst vor kurzem entdeckt hat. Die Produktion des Medikaments war zwar schon sehr teuer, aber der Apotheker verlangte noch zehnmal mehr im Verkauf. So kostet das Medikament in der Produktion 2 000 Euro, für eine kleine Dosis verlangt der Apotheker jedoch 20 000 Euro.

Heinz bemüht sich, das Geld aufzubringen und leiht sich bei Freunden und Bekannten Geld zusammen. Er bemüht sogar Spendenaktionen und Behörden, schafft es jedoch nur, 10 000 Euro aufzubringen, also die Hälfte des verlangten Betrags. Heinz geht zu dem Apotheker und erzählt ihm, dass seine Frau im Sterben liegt und bittet ihn, ihm das Medikament zu einem günstigeren Preis zu überlassen oder ihn den Fehlbetrag in Raten abzahlen zu lassen. Der Apotheker geht auf die Bitte jedoch nicht ein und sagt: »Nein, ich habe das Mittel entdeckt und ich will damit viel Geld verdienen.«

Heinz hat nun alle legalen Möglichkeiten erschöpft und überlegt, ob er in die Apotheke einbrechen und das Medikament stehlen soll.

Sollte Heinz das Medikament stehlen?

Auf der inhaltlichen Ebene gibt es nur zwei Antworten, Ja oder Nein. Auf jeder Stufe kann die Antwort Ja sein. Genauso kann die Antwort auf jeder Stufe Nein sein. Spannend ist die Begründung der Antwort, denn dort können die verschiedenen Stufen sichtbar werden.

Für seine Frau	Für das Gesetz	Ich-Entwicklungsstufe
Er sollte es stehlen, da das Recht zu leben Vorrang vor dem Recht auf Besitz haben sollte.	Man sollte sich an Gesetze halten, insofern diese Gesetze die Grundrechte von Personen gegen Übergriffe von anderen schützen.	postkonventionell
Er sollte das stehlen, weil das Unternehmen jegliche Verantwortung anderen gegenüber vermissen lässt.	Er sollte das nicht stehlen, weil das individuelle Eigentumsrecht respektiert werden sollte.	spätkonventionell
Er sollte das stehlen, weil er sich als Ehemann um sie sorgen sollte.	Er sollte das nicht stehlen, weil andere sonst einen schlechten Eindruck von ihm bekommen würden.	frühkonventionell
Er sollte das stehlen, weil er möchte, dass seine Frau am Leben bleibt.	Er sollte es nicht stehlen, weil das zu risikoreich wäre. Wenn er ins Gefängnis käme, würde es ihm nicht helfen.	vorkonventionell

Tabelle 3.1: Heinz' Wahlmöglichkeiten aus Sicht unterschiedlicher Stufen

Spannend ist in dieser Darstellung nicht, welche Entwicklungsstufe sich für oder gegen das Stehlen ausspricht. Viel spanndender sind die Begründungen dahinter. Anhand der Begründung sieht man nämlich, wie groß der Kontext wird, den ich berücksichtige. Dieser wird immer größer und trotzdem kann ich zu einem Ja oder zu einem Nein kommen. Man kann nicht sagen, eine späte Stufe sagt immer Ja oder immer Nein. Zur Entscheidungsfindung werden ganz andere Parameter herangezogen, die unterschiedlich gewichtet werden.

Dieser Darstellung liegt ein häufig gemachtes Missverständnis zugrunde, denn viele machen ein Ja-Nein-Ja daraus: Ja, ich würde es stehlen, denn ich bin wichtiger als das Gesetz. Nein, es darf nicht gestohlen werden, denn man muss sich an Gesetze halten. Ja, ich darf es stehlen, denn Menschen sind wichtiger als Profit. Das ist das Missverständnis von Inhalt, es werden auf Basis von einer möglichen Werteentwicklung Aussagen getroffen. Die Stufe ist aber inhaltsleer. Wie dort nun welche Werte gegeneinander gesichtet werden, ist eine zweite Frage.

Im Folgenden möchte ich gerne die beiden Schlüssellinien »Ich-Struktur« und »Werte« sehr verkürzt beschreiben. (Es lohnt sich, über dieses Kapitel hinaus dieses Thema zu vertiefen.) Für beides beziehe ich mich auf die im Business relevanten Bereiche. Zunächst möchte ich die Entwicklungsstufen kennzeichnen und wie diese aufeinander aufbauen. So reduziere ich mich in diesem Werk auf die Stufen E4, E5, E6, E7 und E8. Danach gehe ich auf das Thema Werte und Spiral Dynamics ein und vervollständige die Matrix. Die vorgestellten Ich-Entwicklungsmodelle gehen alle auf Forschungen von Jane Loevinger zurück.

Stages	Stufen-Bezeichnung		Ebene
	Cook-Greuter	Thomas Binder	
2.0 2.5	Konformistisch, Diplomat	E4, Gemeinschaftsbestimmte Stufe	konventionell
3.0	Selbst-sicher, Experte	E5, Rationalistische Stufe	konventionell
3.5	Selbst-bewusst, Leistungsmensch	E6, Eigenbestimmte Stufe	konventionell
4.0	Pluralistisch, Individualist	E7, Relativierende Stufe	postkonventionell
4.5	Autonom, Synthetiker	E8, Systemische Stufe	postkonventionell

Tabelle 3.2: Ich-Entwicklungsstufen nach Stages, Cook-Greuter und Thomas Binder

E4: Die gemeinschaftsorientierte Stufe

Die Grundmotivation einer Stufe E4 ist »to be part of«, Teil sein von etwas. Das bedeutet, dass für einen Menschen auf dieser Entwicklungsstufe die Bezugsgruppe relevant ist, in der er sich befindet. Und hierbei ist es egal, welche Bezugsgruppe das ist. Wenn die Bezugsgruppe fromme Christen sind, dann ist das eigene Verhalten wie das frommer Christen. Ist die Bezugsgruppe Punks, benimmt sich der Mensch in dieser Bezugsgruppe wie die anderen Punks. Wenn die Bezugsgruppe ein spirituelles Ashram ist, wird auch hier das Verhalten sein wie das der Bezugsgruppe im spirituellen Ashram. Es ist völlig egal, welche Werte in dieser Bezugsgruppe relevant sind, es wird diesen Werten gefolgt. Wenn das Gewalt ist, wird dem Prinzip der Gewalt gefolgt. Wenn es Liebe ist, wird dem Prinzip der Liebe gefolgt. Das ist eine Inhaltsverwechslung. Hier gibt es voll internalisierte Erwartungen, Normen, Werte, Meinungen der sie umgegebenen Kultur- beziehungsweise Bezugsgruppe.

Manchmal wechseln Menschen eine Bezugsgruppe und es scheint, sie hätten sich entwickelt. Mit diesem Wechsel der Bezugsgruppe hat jedoch lediglich ein Inhaltswechsel stattgefunden.

Wenn jemand aus einer stark wettbewerbsorientierten Organisation kommend in eine Organisation wechselt, die Werte von Kommunikation und Zugewandtheit lebt, kann diese Person einfach nur die Werte wechseln. Sie hat sich nicht entwickelt. Sie geht nicht mit anderen liebevoller um, weil sie spürt, dass es den anderen sonst schlecht geht, sondern weil das die Regel ist. Dadurch ist sie im Grunde genommen auch fähig, die Werte der anderen dauerhaft in ihr eigenes Handeln zu integrieren, mit ihnen zu verschmelzen. Sie merkt gar nicht, dass sie die gleichen Gedanken und Gefühle hat wie die anderen. Sie merkt gar nicht, dass sie diese Kultur einfach komplett adaptiert hat, und akzeptiert die Erwartung und Regeln einfach aus sich heraus, nicht nur, weil man ansonsten bestraft wird. Manchmal in ganz frühen Phasen der E4 – wenn man dem Stages-Modell folgt, wäre das eine 2.0 – folgt ein Mensch erst einmal nur den Regeln und macht danach ein eigenes Prinzip aus diesen Regeln.

Weitere Merkmale dieser Entwicklungsstufe sind **hohe Loyalität und Verlässlichkeit** gegenüber der eigenen Gemeinschaft, man hält sich strikt an die Vorgaben der Organisation, in der man arbeitet. Die soziale Welt wird an gut beobachtbaren Merkmalen, Geschlecht, Nationalität und Alter unterschieden. Unterschiede zwischen Gruppen werden tendenziell akzentuiert, individuelle Unterschiede (auch innerhalb der eigenen Gruppe) dagegen weniger. Es herrscht die Sicht: Wir in unserer Firma. Dass es auch in der Firma Unterschiede gibt, wird nicht wirklich gut gesehen. Häufig werden Stereotypen, also sehr einfache, klischeehafte Aussagen gebraucht wie beispielsweise: Vorsicht, Obacht, Achtung! Dieses ist erstmal eine Inhaltsbetrachtung. Spannend ist, wenn man fragt: Warum ist das denn so? Und dann kommt vielleicht ein: »Na, haben wir doch immer so gemacht!« Oder: »So ist das halt!« Oder auch: »Bei uns ist man so.« Hier beginnt es nun, interessant zu werden. Wenn ich in Unternehmen bin, muss ich gelegentlich zwei-, dreimal nachfragen, um zu erkennen: Wo ist jemand?

Die Diagnostik von Ich-Entwicklung ist keine triviale Sache. Auch wenn diese Stufenbeschreibung jetzt trivial erscheinen mag. Als Berater läuft man oft Gefahr, den Inhalt zu »erwischen« und nicht diese Stufe, die Art und Weise, wie Leute ihren Inhalt bilden.

Die **Individualität von Personen wird auf E4 kaum wahrgenommen**. Personen werden eher danach beurteilt, wie sie zu sein haben und es werden Idealisierungen vorgenommen. Die Trennung zwischen der Person und deren Verhalten ist theoretisch möglich, wird aber oft nicht gemacht. Das heißt: Viele Feedbackmechanismen, viele Konfliktlösungsmechanismen greifen hier gar nicht. Eine der wichtigsten Feedbackregeln oder Konfliktregeln ist, die Sache zu trennen – also das Problem von der Person zu trennen. Auf dieser Entwicklungsstufe ist das nur sehr schwer möglich aufgrund der kaum vorhandenen Beachtung des Innenlebens anderer. Ein Mensch auf dieser Entwicklungsstufe kann noch gar nicht spüren, wie sich der andere fühlt. Er kann sich zwar vorstellen, wie er sich fühlen würde, wenn er in der gleichen Situation wäre, allerdings noch in einer sehr frühen Form.

Der **Fokus in der Kommunikation** mit anderen liegt vor allem auf der Verhaltensebene, auf der sachlichen Ebene. Das beinhaltet alles, was man beobachten und anfassen kann. Noch nicht auf der Ebene von Gedanken und Ideen. Bei sozialen Situationen gibt es Regeln, die immer und überall gelten. Es gibt klare Regeln, strikte moralische Standpunkte sowie eigene Prinzipien, die man vertritt. Wenn jemand zu anders ist, ist das überhaupt nicht gut. »Wir sind hier so!«

Eigene Fehler oder Schwächen sind hier ganz schwierig, denn der Mensch ist seine Gedanken, Gefühle und Taten. Das bedeutet, wenn jemand etwas falsch macht, empfindet er sich selbst schnell ebenso als falsch. Mit Fehlerkultur tut man sich hier eher schwer. Auch **Gefühle** werden eher selten offenbart oder eher in seichter Form. Sie werden auch häufig gar nicht so intensiv wahrgenommen. Viele Berater sind gut ausgebildet in psychosozialen Kontexten, viele haben Selbsterfahrung gemacht und haben ihr Innenleben erforscht. Das gilt für die meisten Menschen nicht und das muss man sich als Berater erst einmal klarmachen. Natürlich haben alle Menschen ein Innenleben, jedoch haben diese teilweise keine Begriffe dafür, haben es nie so erforscht und sich nie diese Fragen gestellt. Warum auch?

Meinungsdifferenzen werden häufig übergangen beziehungsweise harmonisiert. Im übertragenen Sinne würde jemand auf E4 sagen: »Wenn wir uns streiten, streiten wir uns ja ruckzuck existenziell. Denn ich bin ja noch meine Themen.« Im Umgang miteinander das Gesicht zu wahren, hat eine hohe Priorität. Persönliches **Feedback** wird eher vermieden, weil es als unangenehm empfunden wird. Kritisches Feedback ist ganz gefährlich, auch nicht vor der Gruppe. Feedback zur eigenen Person wird kaum gewünscht oder eingefordert und wenn überhaupt, dann zu konkretem Verhalten.

Menschen auf dieser Stufe sind absolut in der Lage, im Sinne von Selbstorganisation zu arbeiten und ihre Kreativität einzubringen. Dieser Mensch hat nicht weniger Wert. Eine solche Sichtweise wäre ein großes Missverständnis von Ich-Entwicklung! Auch sie können sich an Regeln halten, brauchen dafür dann einen klaren Regelrahmen. Mit »Da hinten geht's lang, jetzt macht mal!«, sind Menschen auf dieser Entwicklungsstufe jedoch überfordert. Sie brauchen etwas, woran sie sich festhalten können, sie brauchen Orientierung und den Rahmen ihrer Bezugsgruppe.

Menschen in E4 sind meistens sehr loyal, weil sie noch wenig Differenzierungsfähigkeit haben und daher viel Sicherheit brauchen.

Menschen in Veränderungsprozessen in E4 muss man viel Sicherheit geben und ihnen immer wieder erklären, dass sich nicht alles ändert. Dass eigentlich ganz viel gleich bleibt. Nach Stages, Terri O'Fallon, ist das auch noch eine Stufe, die kaum in die Zukunft sehen kann, also eher aus der Vergangenheit heraus lebt. »Warum sollen wir etwas ändern? Das haben wir immer schon so gemacht!« Dieses lässt sich einerseits auf Gewohnheitsmuster zurückführen, die Menschen haben. Das heißt, auch Menschen auf späteren Stufen könnten so etwas sagen, so trivial ist es leider nicht.

Hier ist es jedoch eher typisch, weil man sich gar nicht vorstellen kann, dass die Zukunft anders werden wird.

Unterm Strich steht hier: »**Loyal Teil von etwas sein.**«

E5: Die rationalistische Stufe

Auf der Entwicklungsstufe E5 fängt der Mensch langsam an, sich aus seiner Bezugsgruppe zu lösen. Er ist dort zwar noch relativ instabil, fängt aber an, sich eine eigene Meinung zu erlauben. Eine reine Ich-Position ist noch nicht so stark ausgeprägt, dass er sie einfach vertreten würde. Das heißt, hier braucht er oft noch eine Methode oder einen Experten oder eine besondere Analytik oder auch Zahlen, Daten, Fakten warum das hier wirklich das Richtige ist. Menschen auf E5 wollen kompetent sein, wollen das Richtige tun. Diese Stufe heißt auch manchmal »Experte«. Hier sind die Leute vertreten, die extrem genau Berechnungen ausführen, die analysieren, wie man analysiert, wie man analysiert. Die eine Methodik nehmen und bis zum Ende durchführen. Menschen hier sind sehr inspiriert und freuen sich über ihre interessanten Gedanken. Sie können diese jedoch noch schlecht priorisieren. Das sind die Menschen, die noch ein Feature einbringen wollen und noch eine Funktion reinbringen müssen und es noch besser machen wollen. Und dabei verlieren sie manchmal das übergeordnete Ziel aus den Augen.

Die Methodik ist sozusagen der Krückstock, mit dem ich mir eine eigene Meinung erlaube, die anders ist als die meiner Bezugsgruppe.

Menschen auf E5 **sind auf dem Weg, sich von Erwartung und Meinung der sie umgebenden Bezugsgruppe zu lösen.** Im Zweifelsfall fallen sie jedoch wieder zurück. Sie haben noch kein volles Ich ausgeprägt. Allerdings erkennen sie so langsam, was sie selbst ausmacht und können es zu Beginn dieser Stufe von den Ansprüchen der anderen an sich leichter trennen. Bei ihnen liegt nun eine häufige Betonung darauf, was sie von den anderen abhebt, gleichzeitig möchten sie weiter dazu gehören. Sie haben eine Tendenz, Personen abzuwerten, die einer früheren Logik folgen. Aussagen, die hier oft fallen, sind: »Dann begründen wir das mal.« »Ach, das ist einfach nur so, schau mal hier meine schöne Datentabelle an!« Handlungsleitung ist aber noch immer die Orientierung an bestimmten Standards, Denkrichtungen, Methoden. **Nicht mehr die Bezugsgruppe, sondern die Methodik wird wichtig.**

Die **Entscheidungsfindung** ist hier ganz häufig rein rationale Analyse der Situation mit klar definierten Standards und Regeln. Ein normierter Entscheidungsprozess. »Welche Kriterien führen zu dieser Entscheidung, wie gewichten wir die zueinander und wie messen wir das?« Mit der Idee, alles wäre objektivierbar. Natürlich ist eine Analyse absolut sinnvoll und wichtig. Also nur intuitiv durch die Gegend zu springen, ist auch kein Kennzeichen einer späten Entwicklungsstufe. Für die meisten Analysen, die durchgeführt werden, kommen die Daten nun mal logischerweise aus der Vergangenheit. Und es hilft, diese eine Information mit zur Verfügung zu nehmen, jedoch sollte sie nicht die einzige sein. Schattierung und Abstufung gehen häufig verloren, denn auf dieser Entwicklungsstufe ist der Mensch in klar definierten Standards und

Regeln unterwegs: »Die ISO 90002 definiert das so, Qualitätsrichtlinie, wir haben die Regeln definiert, jetzt ist der Prozess aufgeschrieben, jetzt machen wir das einfach so. Ich habe es doch aufgeschrieben, warum macht man das denn nicht einfach so?«

Es besteht eine **Motivation, Dingen auf den Grund zu gehen**. Der Mensch erlebt sich als objektiv und rational, sucht weniger Anregung von außen und schaut ein bisschen genauer nach – innerhalb eines Systems und da genau ins Detail. Ein System hat Vorrang. Doch Vorsicht: Das muss nicht immer der Verstand sein. Das kann genauso das Gefühl, Intuition oder auch die wissenschaftliche Methode XY sein. Oder auch die Systemik, die dann immer bei allem angewandt wird. Allerdings nicht auf sich selbst, das kann diese Stufe noch nicht.

Der **Fokus** liegt auf dem Erfüllen von Aufgaben nach eigenen Standards und dem Setzen eigener Ziele, eher kurz- bis mittelfristig. Es gibt eine enge Fokussierung auf diese Aufgaben mit der Gefahr, den Kontext aus den Augen zu verlieren. E5 als Projektleiter ist ein bisschen gefährlich, weil dieser unter Umständen darauf achten wird, dass die immer bessere Software entwickelt, ein immer besseres Produkt mit immer mehr Funktionen gebaut wird. Gleichzeitig verliert er jedoch die Perspektive, dass zu einem bestimmten Zeitpunkt etwas geliefert werden muss, weil ansonsten ein anderer Marktbegleiter schneller sein wird.

Damit einhergehend verliert sich E5 häufig in Einzelaspekten, **komplexe Problemstellungen werden eher isoliert angegangen**. Das bedeutet, er sieht nicht das Ganze, sondern nur die Einzelteile. Vergleichen kann man das gut mit dem Bauen mit Legobausteinen. Es ist eher eine Effizienzorientierung: Der Mensch möchte kompetent und effizient sein und das, was er macht, bestmöglich tun.

Hier ist der Beginn, das sich **der Blick aus der eigenen Umgebung herausbewegt** und eine eigene Sicht eingenommen wird. Normen und Regeln der umgebenden Kultur werden zunehmend relativiert. Auch wird hier nun damit begonnen, übergeordnete Kategorien zu bilden, der Einzelfall wird noch nicht richtig untersucht. Erste individuelle Unterschiede werden wahrgenommen und auch die inneren Kriterien wie zum Beispiel Einstellungen, Fähigkeiten etc. werden erkannt. Aus dem »wir sind alle gleich und je nachdem, wie lange man dabei ist, steigt man auf« wird eine Kompetenzorientierung. Eigenschaften werden benannt und beziehen sich nun überwiegend auf das soziale Miteinander. Auch Tugenden, Beziehungen werden etwas differenzierter gesehen – nicht nur Verhalten, sondern auch Gefühle, Einstellungen, Eigenschaften. **Hier fängt der Mensch an, sein subjektives Innenleben wirklich zu entdecken.** Hier kommt sozusagen die Dritte-Person-Perspektive mit hinein. Der Mensch kann auf einmal beobachten, was er auf einer frühen Form tut. Er kann beobachten, was er denkt. **Es beginnt die Fähigkeit zur Reflexion**, ohne dass ich als Berater anleiten muss. Das heißt, der Mensch kann anfangen, darüber nachzudenken, was er eigentlich tut. Feedback wird hier ab und zu angenommen, ist aber noch keine Selbstverständlichkeit. Das Annehmen von Feedback ist häufig daran geknüpft, ob der andere wirklich Experte für das ist, was

Das subjektive Innenleben: Was sind meine Gedanken und meine Gefühle? Wie kann ich mir dessen bewusst werden?

er tut. Warum sollte er sonst Feedback geben können? Der muss ja eigentlich besser darin sein. Dieses ist für Berater manchmal recht schwierig, denn wenn ich als Berater wenig Feldkompetenz habe, wie komme ich dann als Experte an und für was? Damit muss ich lernen umzugehen. »Wie kann ich diese Menschen in ihrem Expertentum abholen?« ist eine Schlüsselfrage, die sich anders herum genauso Führungskräfte beantworten müssen. Es ist eine etwas kritischere Haltung als auf der Stufe E4, denn hier möchte der Mensch lernen, er möchte kompetent werden. Dafür nimmt er zur Not auch mal Feedback an, obwohl ihm das nicht gerade leichtfällt. Für einen Berater bedeutet das wiederum: Vorsichtig sein mit Feedback zu Verhaltensweisen, also zur Person. Das ist auf dieser Stufe immer noch gefährlich, denn der Beratene möchte sich immer noch selbst schützen. Unter Druck kann es passieren, dass E5 zurückfällt auf die beziehungsorientierte Sicht E4 »ich bin meine Bezugsgruppe«.

Unterm Strich steht hier: »**Ganz rational wird hier nach Standards gearbeitet.**«

E6: Die eigenbestimmte Stufe

Auf dieser Stufe hat der Mensch ein voll ausgeprägtes Ich. Er ist sein eigener Maßstab. Die Grundmotivation dieser Stufe ist »to be effective«, die eigenen Ziele erreichen. Allerdings ist es eine ganz andere Baustelle, was der Inhalt der eigenen Effektivität, was der Inhalt der eigenen Ziele ist. Dieses ist nicht immer Geld verdienen. Auf dieser Stufe kann man auch die beste Mutter oder der beste Vater werden. Oder man könnt der sein, der am meisten Natur gerettet hat. Der Mensch auf E6 lebt in einem Mechanismus von »Ich will irgendwie besonders effektiv sein, ich will meine Ziele gut erreichen«, hat ein strategisches Element und ist sich seiner eigenen Gedanken und Gefühle bewusst. Er kann selbstständig sagen: »Aha, ich will in fünf Jahren X, Y, Z erreichen – was sind denn die Teilziele, die ich erreichen muss, welche Fähigkeiten brauche ich denn, um diese Teilziele zu erreichen?« Und diese Ziele werden geplant.

Aufgrund der **ausgeprägten Identität** hat sich der Mensch hier von Ansichten, die von anderen vermittelt werden, weitestgehend gelöst. Er hat diese nicht mehr unbewusst internalisiert. Natürlich ist jemand auf E6 Opfer seiner eigenen Kultur und dem, was er erlebt und was ihn geprägt hat. Allerdings hat er jetzt eine eigene Meinung. Und da macht er das, was ER für richtig hält, wie auch immer ER dazu gekommen ist – auch wenn ein Großteil der Leute das anders sieht. Hier kann er eine eigene Position einnehmen, kann auf seine Gefühle und seine Beziehungen schauen, kann langfristig Ziele setzen und erreichen.

Er hat ein sogenanntes **Executive Ego** und kann verschiedene Anteile von sich gegeneinander aussteuern, Prioritäten setzen, Bedürfnisse zurückstellen, um irgendetwas zu erreichen. Schuldgefühle werden vor allem wahrgenommen, wenn man seinen eigenen Standards nicht genügt. Hier gibt es keine Bezugsgruppe mehr, sondern die eigenen Standards. Es gibt zunehmend weniger Stereotypisierung, wodurch der Mensch fähig ist, Alternativen zu integrieren, die in der Führungsstufe noch als entgegengesetzte Pole wahrgenommen werden.

Er fängt an, einen größeren zeitlichen und sozialen Kontext zu sehen. Fünf Jahre, zehn Jahre, Gesamtmarkt, Weltmarkt. Er erkennt immer mehr Wahlmöglichkeiten und erkennt zunehmend mehr selbstgesetzte Begrenzungen (selbstgesetzt, im Sinne von unbewusst selbstgesetzt). Er erlebt sich dadurch auch zunehmend als Gestalter seines eigenen Schicksals, was manchmal dazu führt, ein hohes persönliches Verantwortungsgefühl zu haben, was manchmal einfach gnadenlos übertrieben wird und damit auch übergriffig und überverantwortlich wird für andere Leute.

Diese Stufe **liebt es, Probleme zu lösen**. Gerne auch komplexere Probleme. Die Stufe E6 ist durchaus kognitiv in der Lage, mit so ziemlich jeglicher Komplexität umzugehen. Und eine E6 wirkt häufig postkonventionell, wenn sie postkonventionelle Werte vertritt. Aber sie sagt immer noch »ICH mache« etwas. »Ich führe jetzt Selbstorganisation ein.« Wenn die Werte wirklich passen, dann kann die Person unter Umständen auch loslassen.

Im Hinblick auf Selbstorganisation und postkonventionelle Organisationsgestaltung, ist meiner Ansicht nach eine E6 mit späten Werten durchaus in der Lage, so weit loszulassen, **dass wirklich Selbstorganisation entsteht**. Weil der Sinn auch für individuelle Unterschiede und Verstehensstandpunkte anderer Konzeption von Gegenseitigkeit hier anfängt. Gibst du mir, gebe ich dir. Komplexität wird akzeptiert und nicht mehr auf wenige Aspekte eingedampft. Das Interesse an Details geht zurück, es herrscht ein zunehmendes Fragen nach dem Sinn. Es geht nicht mehr nur darum, »mache ich es richtig?«, sondern vielmehr: »Ist das wirklich das, was ich will?« **Hier beginnt der Mensch, persönliches Feedback offen zu begrüßen**, weil er es als eine Chance sieht, sich selbst zu verbessern und zu lernen.

Der Mensch auf dieser Stufe erlebt eine zentrale Begrenzung, denn er kann beispielsweise Rückmeldungen nur schwer annehmen, die grundsätzliche Ansichten, Ziele und so weiter hinterfragen. Wenn es sein Ziel ist, der beste Berater am Markt zu sein oder der teuerste, der größte oder der mit den meisten Mandaten, reagiert er empfindlich bei der möglichen Frage von außen nach dem »Wozu eigentlich?«. Trotz eigener Identität und möglichen wechselnden Zielen ist dieses identitätsstiftend. Aufgrund eines meist hohen Bewusstseins ihrer selbst, hat E6 die Tendenz, ihre eigene Weltsicht nicht mehr zu hinterfragen. »Ich weiß, was ich bin und kann. Ich habe auch schon eine Coaching-Ausbildung gemacht, ich habe mich echt reflektiert.«

Diese Entwicklungsstufe sagt sich: »Ich setze mir selbst meine Ziele und die erreiche ich auch. Was auch immer mein Ziel ist.« Aus diesem Grund **wirkt eine E6 manchmal sehr postkonventionell**. Und manchmal sehr reif. Vor allen Dingen dann, wenn sie solche Werte leben will, wo post-konventionelle Organisationen hinwollen.

E6 glaubt noch daran, dass es eine objektive Wahrheit gibt nach dem Motto »genau so ist es«. Ein Mensch auf dieser Entwicklungsstufe ist sich kognitiv möglicherweise über die Konstruktionsmechanismen bewusst, versteht jedoch noch lange nicht, wie er selbst konzeptualisiert, sich konstruiert und sich selbst immer wieder seine Weltsicht bestätigt. Jetzt beginnt er damit, in den postkonventionellen Bereich zu gehen.

Im westlichen Kulturkreis ist die E6 sozusagen das, wo wir hinentwickelt werden. Zu einem Menschen nämlich, der sich selbst seiner eigenen Gedanken, Gefühle und Wünsche bewusst ist, sich Ziele setzt und auf den Weg macht, diese selbstständig zu erreichen. Dazu kooperiert er auch mit anderen. Aber letztendlich geht es ihm immer um SEINE Ziele. Kooperative Zielsetzung muss er erst noch intensiv lernen, genauso wie ein zeitweiliges Zurücknehmen. Weil eine E6 dieses alles gut lernen kann, verwechselt man sie manchmal auch mit Postkonventionellen. Diese Stufe ist noch eine sehr individuelle Stufe.

Unterm Strich steht hier: »**Mit ausgeprägter Identität zum Ziel.**«

E7: Die relativierende Stufe

Auf Stufe E7 beginnt der Mensch, noch differenzierter hinzuschauen und auch die eigene Wahrheit zu hinterfragen. Dabei stellt er fest, dass er geprägt ist von seiner Familie, seiner Kultur und anderen Faktoren – und dass genau das zu den aktuellen Werten, Zielen, Akzeptanzen, Toleranzen, Abneigungen etc. geführt hat, die ihn jetzt prägen. Andersartigkeit bekommt einen neuen Stellenwert, unterschiedliche Ideen werden angenommen und alle sind gleich wert. Auf E7 gibt es eine pluralistische Sicht auf die Dinge, »deins« und »meins« ist gleich viel wert. (Und ein bisschen finde ich meins ja noch richtiger.)

Hier wird damit begonnen, eine **Kultur des Nicht-Bewertens** einzuführen. Eigene Maßstäbe werden leichter zurückgestellt. In Beziehungen zu anderen wird mehr und mehr auf deren Selbstbestimmung geachtet. Das auf E6 noch vorhandene Verantwortungsgefühl – welches leicht zu einer Überverantwortung werden kann – geht hier ein wenig zurück. Typisch sind Aussagen wie: »Du gehst deinen Weg und dieser ist anders als meiner. Meiner ist zwar besser, aber das ist schon okay.«

Auf E6 dient der Einbezug von anderen eher meinen Zielen, als dass der Einbezug von anderen ein echtes intrinsisches Bedürfnis ist.

Der Mensch auf dieser Entwicklungsstufe befindet sich in einer Art **Übergangsstufe**, in der er auch noch schnell in das eigene Urteil zurückfallen kann. Genauso wie E5 der erste Schritt auf der »Reise der Freiheit von den anderen« ist, also ganz zu sich selbst, ist E7 der erste Schritt der »Reise zur Freiheit von mir selbst« und den eigenen Prägungen. Allerdings besteht noch die Frage, was dann Sicherheit gibt. Die Standpunkte anderer zu verstehen und einzubeziehen ist weniger eine Technik, als dass man hier andere mit einbeziehen möchte, weil die Menschen als wichtig erachtet werden und es wichtig ist, diese dabei zu haben. Und nicht nur, weil ein Ziel erreicht werden soll.

E7 **sieht viel komplexer** soziale, finanzielle, emotionale und strukturelle Zusammenhänge und Abhängigkeitsverhältnisse. Der Mensch auf dieser Stufe unterscheidet nun mehr zwischen dem äußeren Erscheinen einer Person oder einer Situation und dessen innerem Sein. Menschen verhalten sich je nach Kontext sehr unterschiedlich, was auf dieser Stufe nun gesehen wird. Es wird erkannt, dass sich ein Mitarbeiter in einem Projekt ganz anders verhält als in einem anderen. In einem ist er möglicherweise extrem motiviert und geht aktiv nach vorne, wogegen er in einem anderen Projekt sehr demotiviert ist und viel lästert. Vielleicht liegt dieses nicht nur an dem Mitarbeiter, vielleicht liegt es auch am Kontext. Erklärungen für Geschehnisse erfolgen auf E7 zunehmend vor dem Hintergrund der dahinterliegender Eigenschaften, der Kultur, der Vorgeschichte und der Kommunikationsmuster. Hier wird sich der Mensch also immer bewusster über Multikulturalität. Gedankeninhalte kreisen weniger nur um die eigene Person, die eigene Bezugsgruppe rückt immer mehr in den Blick. Terri O'Fallon würde sagen »das subjektive Wir bildet sich aus«, wo man anfängt, die Gedanken und Gefühle des anderen wirklich zu sehen – und nicht nur seine Verhaltensweisen.

E7 können in zunehmendem Maße **Paradoxien integrieren**, allerdings werden diese noch oft als prinzipiell unauflösbar verstanden und hängen in einem Zwischenstadium zwischen einem als stabil erlebtem Weltbild und einem Verständnis von vielfältigen Möglichkeiten, Unterschieden und Zwischentönen. Hier herrscht **Pluralismus**. Alles ist gleich viel wert, jede Theorie ist gleich viel wert.

Das Priorisieren fällt auf dieser Stufe allerdings noch schwer. Das wird dadurch verstärkt, dass noch keine den eigenen Relativismus integrierenden Prinzipien entwickelt wurden. Und es besteht die Gefahr, dass es zu einem destruktivem Relativismus kommt, der alles gleichberechtigt nebeneinander gelten lässt. Und darin ist auch die Gefahr, von anderen als wenig vorhersehbar oder wankelmütig empfunden zu werden. Darum muss man als Berater vielleicht auch einmal länger nachdenken, zehn Fragen mehr stellen. In klassischen Organisationen ist das einfach hinderlich, nervig und völlig unentschlossen. Oder übertrieben emotional.

> E7 sind Menschen, die Kontexte mit eindenken, Gefühle mit bedenken und die Komplexität und Auswirkungen einer Situation sehen.

Hier geht es um das Fertigstellen, um Ziele – und diese möglichst schnell erreichen. Gleichzeitig gibt es auch den Blick darauf, ob die Ziele auch wirklich die richtigen sind. Aus diesem Grund dauern Dinge manchmal ein bisschen länger. Es herrscht die Absicht, mehr Informationen gewinnen zu wollen, also liegt nahe, dafür mehr Leute zu fragen und einzubeziehen. Nicht einfach nur – wie auf Stufe E6 – weil ich ein besseres Ziel haben will, sondern weil es mir wirklich wichtig ist, Menschen mitzunehmen.

Unterm Strich steht hier: »**Ist flexibel und kann sich an jeden Kontext anpassen.**«

E8: Die systemische Stufe

E8 ist keine Übergangsstufe mehr, sondern die voll ausgebildete postkonventionelle Handlungslogik. Der Mensch auf dieser Stufe ist in der Lage, sich von den personenumgebenen Werten, Strukturen und Regeln zu lösen. Das heißt: Er ist sich darüber bewusst, was ihn überhaupt dazu veranlasst hat, so zu denken, wie er denkt.

Natürlicherweise gibt es in jeder Stufe eine Bandbreite an Entwicklungen – nicht jeder kann das gleich gut – aber hier kommt die **Bewusstheit**: »Ich komme aus Deutschland, das ist ein westlicher Kulturkreis! Damit habe ich schon eine Sprache gelernt, die von Anfang an eine Subjekt-und-Objekt-Trennung hat. Andere Sprachen haben das gar nicht. Das heißt, das grundsätzliche Denken in ›es gibt ein Subjekt, etwas, das etwas tut und ein Objekt, mit dem etwas getan wird‹ ist in unserer Sprache schon drin. Dieses hat jeder, der unsere Sprache lernt – die ganzen westlichen Sprachen lernt – einfach so mit der Muttermilch aufgesogen.«

Das macht was mit dem Denken, denn ein so sozialisierter Mensch kann sich gar nicht vorstellen, wie es ist, wenn er nicht unterscheiden würde zwischen Subjekt und Objekt. Und manche asiatische Sprache würde die Formulierung »es regnet« gar nicht nachvollziehen können, denn in deren Sprache hieße es einfach nur »regnen«. Wer ist denn ES? Was regnet denn da? Was soll denn das sein? Sich auch über so tiefliegende Einflüsse auf sich selbst bewusst zu sein und diese mit zu betrachten ist einer Person in E8 möglich.

Auf der Stufe E8 wird **Individualität als etwas sehr Spannendes empfunden**: »Du machst das auf eine ganz andere Weise als ich und das ist wunderbar! Das sind verschiedene Arten des In-der-Welt-Seins!« Jedoch nicht mehr im Sinne von Pluralismus, nebeneinander stehend. Der Mensch hier kann anfangen, stärker in den Austausch zu gehen und dort auf Basis von Prinzipien wieder Bewertungen reinbringen. Und er kann mit dem anderen über seine Prinzipien sprechen. Vielleicht einigen sich die beiden sogar auf bestimmte Prinzipien.

Unterschiedliche Herangehensweisen werden als vielfältige Möglichkeit gesehen, der zunehmend empfundenen Komplexität gerecht zu werden: »Wir müssen nicht alle agil unterwegs sein. Wir können klassisches und agiles Projektmanagement wunderbar miteinander kombinieren. Wir können in unserem kleinen Team in einer absolut kooperativen Art und Weise zusammenarbeiten, uns aber in einer Art und Weise an den Kontext koppeln, die sehr hierarchisch ist. Es muss nicht mehr so sein, dass das, was ich für richtig halte, für alle richtig ist. Es muss nicht mehr alles über einen Kamm geschoren werden.«

Der Mensch auf dieser Stufe hat eine **hohe Toleranz für Mehrdeutigkeit und Komplexität** und ist nicht mehr versucht, ein für sich rational erscheinendes Gebilde zurechtzustutzen. Er erkennt, dass es Dinge gibt, die er nicht versteht und dass das auch okay so ist. Er sieht Gegensätze und versucht zunehmend, zu integrieren. Es wird nicht einfach wegdefiniert: Du hast die und die Ziele, ich habe die und die Ziele. Jetzt nimm einfach meine und gut ist!

Ganz viele Techniken und Methoden, die auf der Stufe E8 entwickelt wurden, tröpfeln natürlich in die früheren Entwicklungsstufen durch und werden dort wiederverwendet. Was jedoch ist die »Hintergrundfolie«, unter der sie verwendet werden? Auf diese Frage werde ich im späteren Verlauf noch einmal zurückkommen.

Der Mensch auf E8 fängt an, sich **Metakriterien** zu bilden wie beispielsweise Gerechtigkeit, Wertschätzung oder Kooperation. Oder es geht ihm um seine übergeordneten persönlichen Prinzipien und er möchte zu mehr Liebe, mehr Erkenntnis und mehr Ordnung beitragen und formuiert damit sein Metaprinzip. Er schaut dann darauf, was von den vielen Dingen, die hier getan werden, dazu möglicherweise beitragen könnte. Auf diese Weise kann er diesen Relativismus, der eventuell auf der vorherigen Stufe entstanden ist, auch wieder anders integrieren. Hier kann er sagen: »Wir haben hier fünf verschiedene Wege es zu tun, aber aufgrund der Metakriterien bin ich in der Lage, anderes zu tun. Und nicht, weil ich durch eine durchgeführte Analyse 720 Studien erforscht habe, in denen das häufig gut funktioniert hat.« Der Mensch auf dieser Stufe kann einen ganz anderen Kontext sehen, in dem er sich gerade befindet. Er kann sich auf die Zukunft beziehen und überlegen, was in diesem Kontext passieren könnte. Das schließt auch das **Sehen eines hohen Zeitrahmens** mit ein, indem er sich bewusst ist, die Früchte seines Tuns vielleicht gar nicht mehr sehen zu können. Wo er auf der Stufe E6 einen Fünf-Jahres-Plan hat, macht er sich dann Gedanken darüber, wie in einer Gesamtgesellschaft eine Organisation konzipiert sein müsste, damit es langfristig für alle Menschen gut wird. Er stellt sich die Frage, ob es mit Selbstorganisation funktionieren würde, ob es wirklich genau das Richtige für alle sein wird, ob man sich wirklich immer weiterentwickeln sollte – zu noch höheren Werten kommen sollte.

Oder ist es nicht sinnvoller, Menschen dort an der Stelle, wo sie sind, glücklich werden zu lassen? Und den Kontext in der Organisation so anzupassen, dass jemand auf der Stufe E4 gute Regeln hat, jemand auf der Stufe E5 gut optimieren kann, jemand auf der Stufe E6 gut auf Zielorientierung und Strategie achtet und jemand auf der Stufe E7 dafür sorgt, dass alle gut abgeholt werden?

In Bezug auf sich selbst ist der Mensch auf E8 in zunehmendem Maße fähig, widersprüchliche Anteile der eigenen Person unter einen Hut zu bringen. Er hat ein ganz **komplexe Wahrnehmungung** und berücksichtigt dabei die unterschiedlichsten Aspekte, Zirkularität, strukturelle Muster und Einfluss früherer Ereignisse. ER hat eine voll umfassende systemische Sichtweise, wo er sich klar wird, dass er selber Teil davon ist. Nicht nur rein theoretisch – was schon in allen systematischen Büchern geschrieben steht und es waren Leute auf E8, die das entwickelt haben –, sondern wirklich auch im Konkreten zu sehen: »Was mache ICH als Berater, als Führungskraft, als Mitarbeiter eigentlich für einen Unterschied? Und wie wirkt das auf mich zurück? Und wie beeinflusse ich meinen Kontext und wie beeinflusst der Kontext mich?«

> Auf der einen Seite mag ich es, mit dem Motorrad durch die Gegend zu fahren, aber ich weiß auch, aus Umweltschutzsicht ist das total dämlich. Wie kriege ich das denn unter einen Hut?

Er ist sich darüber bewusst, dass er jeden Tag Unternehmenskultur mitentwickelt, und das nicht nur, weil er es in einem Buch über Organisationsentwicklung gelesen hat, sondern weil er selbst darauf gekommen ist.

Ebenso hat er eine andere Art, mit anderen in Austausch zu gehen und zu sehen, dass vielleicht auch komplexe Sichtweisen nicht unbedingt besser sind. Es gibt noch andere Dinge rundherum sowie die Bewusstheit, auch weitere Dinge wie eigene Annahmen, Werte, Ziele zu hinterfragen und dort einfach nochmals genauer nachzuschauen.

Unterm Strich steht hier: »**To be the most one can be.**«

Das Ganze führt auf E8 manchmal zu der exzessiven Idee, dass man sich dauernd in spätere Entwicklungsstufen entwickeln sollte, weil man dort mit einer höheren Komplexität umgehen muss. Das führt manchmal zur allgemeinen Annahme, dass jede Organisation endlos komplex sein sollte, oder jede Organisation dazu dienen muss, dass Menschen sich selber weiterentwickeln.

Die in Kapitel 1 aufgeführte Idee entwicklungsorientierter Organisationen steckt dort ein bisschen mit drin. Ein Berater muss sich daher auch die Frage stellen, ob das für jeden wirklich richtig ist. Daher gibt es auf dieser Stufe auch die Gefahr, andere zu überfordern, die eigene Handlungslogik auf sie zu übertragen. Dieser Gefahr müssen wir uns als Berater ebenso bewusst sein, wenn wir Organisationsentwicklung machen. Nicht jeder will sich permanent weiterentwickeln. Nicht jeder will jedes Mal, wenn er mal »sauer geworden« ist, nachschauen, was das mit ihm und seiner Geschichte zu tun hat und was möglicherweise in der Kindheit falsch gelaufen ist, dass er sich damit heute noch triggern lässt?

Überblick der Werteentwicklung

Die zweite wesentliche Entwicklungslinie, die man sich hinsichtlich Organisationsentwicklung und der individuellen Person anschauen muss, ist die der Werte. Spiral Dynamics dient uns hier als Maßstab. Tabelle 3.3 bietet nochmals eine Übersicht der der wichtigsten Werte pro Farbe, für die diese Farbe steht.

Ebenenfarbe	Merkmale	Wichtigste Werte
Purpur	Verwandtschaft, Schutz & Geborgenheit	Sicherheit, Zugehörigkeit, Tradition, Heimat, Rituale, Gehorsam, Respekt von Tabus, Opferbereitschaft, Bindung, Gastfreundschaft, Einklang
Rot	Macht, Willenskraft & Leidenschaft	Handeln, Streben nach Macht, Dominanz, Durchsetzungsvermögen, Unabhängigkeit, Stärke, Ansehen, Ehre, persönlicher Erfolg
Blau	Ordnung, Stabilität & Moral	Pflichtbewusstheit, Disziplin, Regeln & Gesetze, Qualität, Pflicht, Loyalität, Wahrheit, Kontrolle, Gerechtigkeit, Zuverlässigkeit, Rang
Orange	Selbstentfaltung, erfolgsgetrieben & Rationalität	Zielstrebigkeit, Wohlstand, Status, Leistung, Karriereorientierung, Produktivität, Wettbewerb, Gewinn- und Prozessorientierung, Wertschöpfung
Grün	Gefühle, Harmonie & Gemeinschaftssinn	Sensibilität, Beziehungen, Zusammenarbeit, Konsens, Dialog, Fairness, Anpassung, Toleranz, Verantwortung für den anderen
Gelb	Synergie, systemisch & Integrität	Wissen mehren, Kompetenz, Flexibilität, Weiterentwicklung, Individualität, Selbstreflexion, Multiperspektivität, Vision, Autonomie, Vernetzung

Tabelle 3.3: Übersicht über die Wertesysteme nach Spiral Dynamics

Nun muss man berücksichtigen: Spiral Dynamics ist ein Entwicklungsmodell, welches auch zeigt, wie sich Werte entwickeln. Aus meiner Sicht unterteilt es jedoch oft nicht eindeutig zwischen der reinen Struktur – so wie die Ich-Entwicklung das tut – und dem Inhalt. Dennoch ist es quasi die Linie der Werte, die sich genauso entwickelt und mit der man sehen kann, welche Werte sich aus welcher Entwicklungsstufe (die hier in Farben dargestellt werden) bei einer Person ausprägen.

Zusammenspiel Ich-Entwicklung und Werte

Mit jeder fortschreitenden Ich-Entwicklungsstufe wird die Kapazität dessen, was ich alles berücksichtigen kann, weiter bzw. größer. Ich kann eine immer größere Komplexität hineindenken und immer mehr berücksichtigen – und zwar sowohl an äußeren Kontexten und Bedingungen als auch an inneren. So sehe ich meine Kollegen, meine Abteilung, das Unternehmen, den gesamten Markt und den internationalen Markt von außen wie auch von innen, mit allen Prinzipien. Irgendwann nehme ich nicht nur meine Handlungen wahr, sondern auch meine Gedanken und Gefühle sowie die Gedanken und Gefühle der anderen und wir können uns darüber austauschen. Bis hin zu einem echten Wir-Raum, der daraus entstanden ist. Was die inhaltlichen Werte sind, die mir wichtig sind, ist eine andere Frage.

In einer Extremform, wie in der Abbildung 3.1 dargestellt, könnte trotz steigender Ich-Entwicklungsstufe, durch den Kreis symbolisiert, die Werteverteilung (durch Balken dargestellt) eher Richtung frühere Stufen gehen.

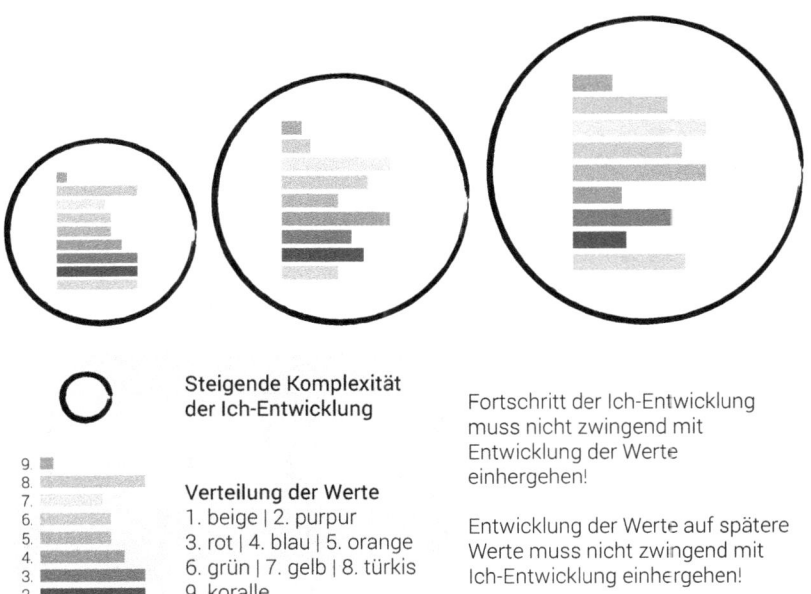

Abb. 3.1: Größer werdende Komplexität der Ich-Entwicklung

Im Folgenden möchte ich gerne darauf schauen, was beispielsweise passiert, wenn ein bestimmtes Werteprofil eine Person auf der Entwicklungsstufe E4 hat und wie sich das auswirken könnte, wenn das gleiche Werteprofil zu einer Person der Entwicklungsstufe E6 gehört.

Um das zu tun, schauen wir uns zuallererst das Werteprofil der Person an. Dieses kann man sehr schön mit dem Analysetool »Value Match« von Spiral Dynamics machen. Grundsätzlich ist bei allen Spiral-Dynamics-Tools, die ich kenne, eine Selbsteinschätzung nach einer Vorgabe zu machen. Diese kann per Multiple-Choice, Schieberegler, Zahlen etc. entsprechend vorgegeben sein. Damit wird in die Analyse jedoch immer etwas an Material hineingegeben und die Person gibt an, was sie davon hält. Damit ist das Vorgehen hier anders als bei der Analyse der Ich-Entwicklung.

Die Verfahren zur Analyse der Ich-Entwicklungen sind immer projektive Testverfahren. Projektiv bedeutet: Jemand muss selbst einen Inhalt erzeugen, der dann ausgewertet wird. Aus diesem Grund ist es auch nicht möglich, ein brauchbares Modell für echte Entwicklung einer Person zu automatisieren. Eine Auswertung zur Ich-Entwicklung kann keinem bestimmten Algorithmus folgen. Spiral Dynamics hat inhaltliche Werte und wenn ich das Modell kenne, könnte ich jeder Zeit quasi vorher bestimmen, welche Werte ich im Ergebnis heraus haben will.

Schauen wir uns nun die Werteverteilung des hier abgebildeten Gruppenprofils genauer an und gehen davon aus, dass jeder sein Profil mit den Werten angekreuzt hat, die ihm wichtig sind (Abbildung 3.2).

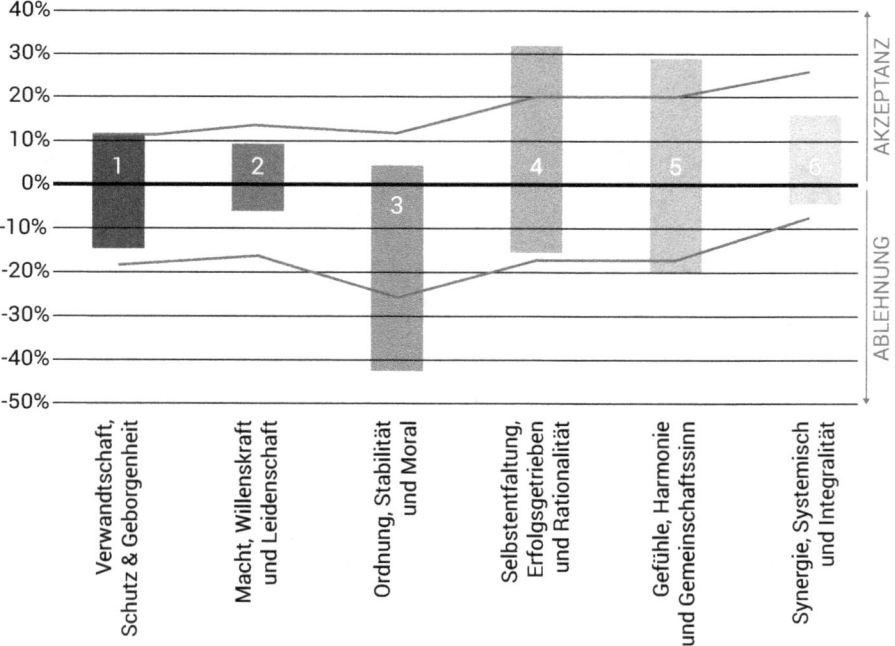

1. purpur | 2. rot | 3. blau | 4. orange | 5. grün | 6. gelb

Abb. 3.2: Valuematch

Was wir hier sehen, ist eine grundsätzliche Wertverteilung. Was sich hier außerdem zeigt, ist, wo bestimmte Werte akzeptiert oder abgelehnt werden. Dadurch bekommt man eine Sicht auf die Perspektive der betreffenden Person. In der Grafik ist gut sichtbar, dass die am meisten akzeptierte Werte auf Grün sind. Das heißt, dass in diesem Team Gefühle Harmonie und Gemeinschaftssinn besonders wichtig sind. Die zweithöchste Ausprägung ist Gelb, wo es um Synergie, Systeme und das Zusammenführen von Dingen geht. Die dritthöchste Ausprägung liegt auf Orange, wo es darum geht, sich selbst zu entwickeln, wo man erfolgsgetrieben ist und rational im Sinne von effektiv, im Sinne von die Ziele erreichen. Diese drei sind in der abgebildeten Grafik der Abbildung 3.2 die am meisten ausgeprägten Werte.

Weniger ausgeprägt sind in diesem Team die Themen Verwandtschaft, Schutz und Geborgenheit sowie Sicherheit. Noch weniger ausgeprägt ist Macht, Willenskraft und Leidenschaft und Ordnung sowie Stabilität und Moral. Beim Blick auf die Ablehnungen verhält sich die Abbildung ähnlich. So kann es passieren, dass zum Beispiel wirklich einmal schnelle Machtentfaltung oder kurzfristig Entscheidungen treffen hier zu kurz kommen. Dass eher wenig Wert gelegt wird auf Ordnung, Stabilität und Moral. Wenn es also darum geht, mal schnell eine Entscheidung zu treffen oder sich sehr deutlich an Standards zu halten, wird dieses Team das eher weniger tun. Während es allerdings darauf achten wird, seine eigenen Gefühle zu berücksichtigen und möglichst viele Perspektiven einzunehmen, um letztendlich Erfolg zu haben.

Trifft dieses Profil auf eine E4 – und E4 orientiert sich an den Regeln der Umgebung – muss man sich die Frage stellen, was dann in dieser Situation beispielsweise Synergie für diese Person bedeutet, was für sie Gefühle, Harmonie, Selbstentfaltung bedeuten. Dieses ist an die jeweiligen Werte gekoppelt, die im Bezugssystem, also in der Peer-Gruppe gelten. Nehmen wir an, die Peer-Gruppe ist die Organisation – ein Großkonzern –, der sehr bürokratisch unterwegs ist, wo es ganz klar darum geht: Wir haben eine hohe Stabilität, wir folgen Regeln, wir folgen Gesetzen. Trifft nun als Nächstes dieses Profil darauf, dann ist die systemische Betrachtungsweise einer E4 sehr genau, sich an die Systeme zu halten, die ihre Organisation vorgibt. Im Grünen wird dort versucht, Harmonie beizubehalten, man ist höchstwahrscheinlich wenig konfrontativ unterwegs. Möchte aber im Sinne von orangenen Werten, aber zumindest die Prozesse, die da sind, möglichst stark und schnell effektiv durcharbeiten.

Diese Person wird keine neuen Mechanismen schaffen. Sie wird sich zwar einigermaßen an die Rahmenbedingungen halten, allerdings wird sie innerhalb der Rahmenbedingungen nicht dafür sorgen, dass neue Standards entstehen. Sie wird wahrscheinlich eher nochmals mit ihrer Bezugsgruppe sprechen wollen.

Eine E6 hat sich selbst zum Maßstab, nicht die Regeln der Bezugsgruppe. Das bedeutet, eine E6 wird ihr Augenmerk darauf richten, wie sie ihren persönlichen Erfolg steigern kann. Wie sie ihre eigenen Ziele durchsetzen kann, indem sie Systeme und Prozesse nutzte, viel mit den Leuten unterwegs ist und die Menschen dazu bringt, ihre Ziele zu verfolgen? Durchaus auch so, dass es diesen ebenso gut geht. Hier herrschen grüne Werte. Ebenso auch nochmal Orange, wo sich die Person die Frage stellt, wie sie es möglichst schnell, effizient und effektiv hinbekommt, ihre Ziele zu erreichen. Das bedeutet, dass jemand auf Orange mit diesem Profil wahrscheinlich sehr freundlich zu seiner Umgebung sein wird, selbst gesetzte Ziele schnell erreicht, sehr aktiv ist und sich auch mal über Regeln des Systems hinwegsetzt.

Jemand auf der Stufe E4 wird an dieser Stelle sehr effektiv und effizient die Regeln befolgen und innerhalb der Regeln auf das Protokoll verweisen. Gleichzeitig wird er jedoch nicht in der Lage sein, selbst Ziele zu setzen, strategisch einen Plan aufzusetzen oder das Ganze in Teilziele herunterzubrechen. Obwohl hier orange Werte gelebt werden, obwohl hier grün und damit Kooperation gelebt wird, wird das nicht funktionieren. Jemand auf der Stufe E6 kann mit Blick auf die nächsten Jahre definieren, was dafür zu tun sein wird, um beispielsweise ein Marktfeld zu erreichen. Dieser weiß, dass er dafür ein Produkt entwickeln muss, genauso wie das entsprechende Marketing. Es ist ihm bewusst, dass er dafür auch spezielle Fähigkeiten braucht und in welchen Schritten er das Ziel angehen muss.

Eine E4 wird sich das Regelwerk zurate ziehen und nachschlagen, was darin gesagt wird – und dem dort dargestellten Prozess eins zu eins folgen. Bekommt eine E4 den Auftrag, ein neues Prozesshandbuch zu entwickeln, wird sie damit maßlos überfordert sein, weil sie nicht weiß, wie sie das tun soll. Sie wird sich in Details verzetteln. Jemand auf E6 wird sich freuen und wenig Vorgaben haben wollen. Jemand auf E5 wird möglicherweise danach Ausschau halten, was das Standardwerk ist und welche Literatur es gibt, um ein Prozesshandbuch zu entwickeln. Jemand auf E7 wird sich möglicherweise fragen, wie er aus anderen Feldern lernen kann, um das Entwickeln eines neuen Prozesshandbuchs so geschickt wie möglich anzugehen. Er wird überlegen, wo er das oder etwas Ähnliches so schon einmal erlebt hat und was es in einem anderen Sektor eventuell schon an Vorgaben gibt, die er übernehmen könnte. Während eine E6 diese auch noch übernehmen würde, fängt eine E7 an, darüber stärker nachzudenken, was darin ein möglicher Unterschied bei sich im Unternehmen im Vergleich zu anderen sein könnte. Das heißt: E7 möchte jetzt auf irgendeine Weise »agil« einführen und schauen, ob das wirklich agil ist, was sie hier brauchen. Eine E4 wird sich das Handbuch von »agil« nehmen, um es eins zu eins genau so umzusetzen. Eine E6 wäre zumindest schon einmal in der Lage zu prüfen, ob die einzelnen Praktiken in diesem Werk auch für ihr Unternehmen wirklich sinnvoll anwendbar sind. Allerdings wird diese Entwicklungsstufe schauen, wie sie hier schnellstmöglich zu ihren Zielen kommt. E7 und E8 würden sich Fragen stellen wie: Ist es hier wirklich agil? Welche Form von agil? Brauchen wir wirklich einen Scrum? Wollen wir lieber einen Kanban? Was wollen wir denn genau? Gleichzeitig haben diese Entwicklungsstufen ein Augenmerk darauf, was denn genau hier zu ihrer Kultur passt und wo sie selbst eigentlich herkommen.

Wird ein Handbuch bei E4 eingeführt und vorgestellt, besteht dort die Erwartung, dass sich alle daran halten. Führt eine E6 ein Handbuch ein, wird sie darauf hinweisen, dass sie den dort beschriebenen Ablauf als sinnvoll erachtet, jedoch auch noch mit anderen Leuten darüber reden wird. Einer E7 ist klar, dass sie die Menschen mitnehmen muss und wird möglicherweise sogar ganz lange mit ihnen reden, bis auch wirklich alle einverstanden sind – beispielsweise jetzt Scrum oder agil einzuführen. Eine E8 wird Ausschau danach halten, wen sie überzeugen muss, wem sie es einfach definieren kann, wie sie möglicherweise auch ein bisschen ausprobieren kann, was bei ihr der richtige Weg ist, sich dorthin auf den Weg begeben und auf ihm lernen.

Je nachdem, mit wem man arbeitet, steht die Frage danach aus, wie es dort funktioniert. Eine E6 wird davon ausgehen: »So wie ich das für richtig halte, ist das für alle richtig.« Eine E7 kann vielleicht schon in eine Differenzierung gehen. Eine E8 sollte auf jeden Fall verstanden haben, wie viel Sicherheit sie den Menschen bei ihrem Ausprobieren geben muss, wenn sie das jetzt experimentell in einem Teilbereich gemeinsam mit ihnen einführen möchte. Sie sollte sich sicher darüber sein, wie eng sie das begleiten muss, wie viel sie selber hineingeben muss und inwieweit sie die Menschen »laufen lassen« kann. Eine E7 wird höchstwahrscheinlich sehr viel »laufen lassen«, weil aus ihrer Sicht jeder selbst seinen Weg finden muss. Eine E6 wird permanent wieder hineinsteuern, wo klar sein muss, dass daraus keine Selbststeuerung werden kann.

So kann sich die Ich-Entwicklungsstufe – sowohl beim Kunden als auch beim Berater – ganz erheblich auswirken.

Im nächsten Kapitel möchte ich die Möglichkeiten integraler Organisationen beleuchten, die ich bereits in Kapitel 1 kurz angeschnitten habe. Um dahingehend aufzuführen, was benötigt wird, sowohl in der Organisation als auch aufseiten des Beraters, um integrale Organisationsentwicklung vernünftig einzuführen.

Zukunftsvision

In Kapitel 1 und 2 bin ich auf die verschiedenen Möglichkeiten integraler Organisationen eingegangen, habe etwas über *Reinventing Organizations* gesagt und habe auch die entwicklungsorientierten Organisationen wie Kegan sie beschreibt in *An Everyone Culture* aufgegriffen. In diesem Abschnitt geht es nun überwiegend um den Berater und dessen Voraussetzungen, um integrale Organisationsentwicklung überhaupt betreiben zu können. Hier möchte ich Fragen beantworten wie beispielsweise: Welche Entwicklungsstufen brauche ich als Berater wofür und mit welchen Werten?

Ein Berater für integrale Organisationsentwicklung sollte immer MINDESTENS auf der Stufe sein, auf der sich Auftraggeber und Kunde befinden – besser sogar auf einer späteren Ich-Entwicklungsstufe. Nur dann hat er auch die Fähigkeit, wirklich das ganze System und die verschiedenen Entwicklungsstufen vollumfänglich zu betrachten und damit umgehen zu können. Und das nicht nur aus kognitivem Verständnis heraus. Aus vollumfänglicher eigener Perspektive gesehen, brauche ich als Berater die Entwicklungsstufe E8, um es wirklich in voller Bandbreite leben zu können.

Wer dieses Buch gelesen hat, und glaubt, E8 verstanden zu haben, ist damit noch nicht selbst E8. Auch dann nicht, wenn sich das möglicherweise alles bekannt anhört. Es gehört einfach ein bisschen mehr dazu. Idealerweise sollen Sie am Ende des Buchs angelangt sein und erkannt haben, dass Ihre Sicht nicht die einzig gültige ist. Dennoch müssen Sie in der Lage sein, verschiedene Sichtweisen priorisieren zu können. Sie müssen sich darüber im Klaren sein, wie Sie zu Ihrer Sichtweise gekommen sind, wie jemand anderes zu seiner Sichtweise gekommen ist und wie alle in dieser Gesamtheit damit umgehen können.

Als Berater muss ich als Nächstes dazu neigen zu sagen: Ich bin bereit, Menschen so sein zu lassen, wie sie sind. Die nächste Überlegung sollte dahin gehen, wie ich ein System schaffen kann, in dem der Mensch – so wie er gerade ist – auch wirklich glücklich sein kann. In diesem Idealfall kann ich dann alles machen, was der Kunde will, sofern ich ethisch dazu beitragen möchte.

Mit Blick auf *Reinventing Organizations* und den dort vorgestellten drei Durchbrüchen »Selbstführung«, »Ganzheit« und »Sinn« sagt Laloux, dass die Voraussetzung ist, dass jemand dort selbst als Auftraggeber die Werte auch vollumfänglich vertritt. Dieser muss im Grunde genommen mindestens mal die Werte vertreten, die in etwa bei Gelb angesiedelt sind. Genauso müsste er MINDESTENS die Entwicklungsstufe E6 haben – besser E7 –, damit er nicht Gefahr läuft, seine Variante allen aufdrücken zu wollen. Das bedeutet aber auch, dass man sich fragen muss, ob man dazu überhaupt in der Lage ist, Selbstführung so zu gestalten, dass auch Personen auf der Stufe E4 diese Selbstführung bedienen können. Was nämlich darauf hinauslaufen würde, dass Prozesse gebaut werden müssen, die so robust sind, dass man sich nur an sie halten muss, damit Selbstführung passiert. Gibt es genug Mitarbeiter auf späteren Stufen, damit das Unternehmen trotzdem noch an den Markt angepasst ist und nicht nur einfach eine alte Tradition lebt?

Für eine vollumfängliche nach *Reinventing Organizations* laufende Organisation, die wirklich alle drei Kriterien erfüllt, braucht man einen Menschen, der mindestens auf der Stufe E6 ist oder später. Wenn ich Leute auf früheren Stufen integrieren möchte, muss ich mir als Berater überlegen, wie ich Prozesse und Rahmenbedingungen gestalten muss, damit sich dort auch Personen auf früheren Stufen mit ihrem Sein wohlfühlen können. Natürlich kann ich als Berater darauf bestehen, dass diese woanders hingehen sollen. Allerdings sollte man sich schon Frage stellen, was wir gesamtgesellschaftlich wollen. Sicherlich kann ich aus einer Gesamtgesellschaft sagen, ich schaffe Organisationen, in denen Menschen auf späten Entwicklungsstufen ihr Zuhause finden. Dann sollte ich jedoch gesamtgesellschaftlich auch darauf achten, dass ich Organisationen habe, wo sich Menschen auf früheren Stufen zu Hause fühlen.

So sollte sich der Geschäftsführer die Frage stellen, ob er seine eigene Organisation so aufbauen will, dass dort Menschen aller Entwicklungsstufen ein Zuhause finden. In der

Tat ist das eine nicht triviale Frage. Je später dessen Ich-Entwicklungsstufe ist, umso eher ist er dazu geeignet, auch eine Organisation zu schaffen, in der jeder ein Zuhause finden kann.

Reinventing Organizations beschreibt an vielen Stellen Prozesse und Regeln, an die man sich nur halten muss. Und wenn man dann eine genügend sinnvolle Durchmischung hat, findet dort auch jeder seinen Platz.

Ich möchte hier übrigens nicht missverstanden werden: Natürlich sind Menschen auf der Stufe E4 genauso wertvoll wie jemand auf der Stufe E6 oder auf der Stufe E8. Auch sie haben eine Kreativität und ihren göttlichen Funken miteinzubringen. Sie brauchen nur etwas anderes, um sich auch wirklich wohlzufühlen. Sie brauchen einen sicheren Rahmen und vielleicht nicht so etwas, wo sie dauernd zum Brainstorming gezwungen werden oder in aller epischer Breite ihr Innenleben ausbreiten müssen und andauernd Feedback dafür bekommen, wie sie sind. Oder wenn sie Feedback bekommen, dann eher sehr spezifisches und konkretes. Die DDOs (Deliberately Development Organizations), die Kegan beschreibt, bedingen mit Sicherheit auch eine Stufe E6, denn Entwicklung ist zwingend mit drinnen. Und in dem Augenblick, wo jemand aufgrund seiner Fähigkeiten bereit ist, einen Posten vollumfänglich auszufüllen, soll er den nächsten bekommen. Das ist praktisch unmöglich für jemanden, der nicht permanent lernen und sich nicht stetig optimieren möchte. Und E4 strebt vor allen Dingen an, Teil von etwas zu sein. E5 strebt danach, in seiner Art und Weise der Effizienteste zu sein und E6 versucht, die Ziele zu erreichen.

Das bedeutet: Um eine permanente Entwicklungsperspektive in ein Unternehmen zu bekommen, braucht man eine E6. Diesen ersten Gedanken möchte ich gerne zur Diskussion geben, denn darüber sollte jeder einmal selbst drüber nachdenken. Natürlich ist das auch stereotypisch und es muss im Einzelfall geprüft werden.

Wenn wir also in Richtung *Reinventing Organizations* und von den drei Durchbrüchen ausgehend an das Thema **Selbstführung** denken, braucht man im Grunde genommen so etwas, wo man selbst eigene Ziele setzen und Strategien auch anwenden kann. Oder zumindest einen Prozess, der das sicherstellt. Und das benötigt eine Entwicklungsstufe von E6.

Eine **Ganzheit**, wo Unterschiedlichkeit auch akzeptiert wird, benötigt eine E7 – oder zumindest eine Art und Weise, dass frühere Stufen damit umgehen können.

Jeder braucht selbstverständlich auch einen **Sinn**, also können das alle Stufen. Einen Sinn, der aber eben auch auf seine Art und Weise interpretiert wird.

Das heißt: Für eine Organisation nach *Reinventing-Organizations*-Prinzipien brauche ich als Berater auf der Seite meines Auftraggebers eine Stufe von E6, mit Werten, die in den Bereichen Grün und Gelb liegen. Und als Berater ist das Ganze stark davon abhängig, wie unterschiedlich die Organisation ist. Sind dort bereits viele Menschen auf späten Stufen? Mit Hinblick auf den prozentualen Anteil dieser Stufe auf die Gesamtbevölkerung, zählt die E6 schon zu einer relativ späten Stufe. Dann genügt es vielleicht, wenn ich als Berater auch auf einer E6 oder E7 bin. Sobald das aber weiter auseinandergeht, sollte ich schon E8 sein, um die volle Komplexität sehen zu können. Wenn ich über die bewussten Entwicklungsorganisationen nachdenke, wie Kegan sie beschreibt, dann brauche ich da innerhalb der Organisation eigentlich Personen, die E6 oder später sind. Das bedeutet, dass mir auf Seite des Auftraggebers eine E6 mit Werten von Orange, Grün und Gelb genügt.

Wenn wir über die integrale Organisation erster Ordnung nachdenken, so sprechen wir da über eine Organisation, die wirklich in der Lage ist, jeden auf der Stufe sein zu lassen, wo er ist. Hier schafft die Organisation Abteilungen, wo Menschen genauso sein können, wie sie sind. Hierfür muss ich auf den unterschiedlichsten Stufen das Maximale an Anpassung herstellen. Dann benötige ich im Grunde genommen sowohl auf der Seite des Auftraggebers als auch auf der Seite des Beraters eine E8, um wirklich mit der Flexibilität umgehen zu können. Genauso benötige ich unbedingt eine Wertemischung, die möglichst gleichförmig ist, wo entsprechend wenig Werte abgelehnt und alle Werte gut integriert werden können. Das ist mit Sicherheit die größte Herausforderung schlechthin.

Dieses wäre das ideale Zielmodell, auf das wir am meisten hinarbeiten müssen, wenn jeder in einer Gesellschaft seinen Platz haben sollte. Wo kann so eine Reise hingehen? Wenn wir also an eine Entwicklung in Richtung postkonventioneller Organisation denken, stellen wir ganz schnell fest, dass es im Grunde genommen sehr späte Entwicklungsstufen und sehr gut passende Werte braucht.

Nichtsdestotrotz können Ideen in diesem Buch gerne jederzeit zu jeder Veränderung beitragen. Und ich selbst halte es für sehr sinnvoll, dass man erst einmal eine Gesundheit innerhalb einer Organisation, erst einmal eine Balance schafft und dafür sorgt, dass die verschiedenen Entwicklungslinien aufeinander so abgestimmt sind, dass schon alleine innerhalb der Organisation wenig Spannung entsteht. Uns reichen schon die Spannungen, die von draußen kommen.

Ich wäre übrigens ein großer Fan davon, wenn wir mehr Organisationen schaffen, in der jeder irgendwie ein Zuhause findet.

4 Ein mögliches Vorgehen

Einführung

In diesem Kapitel gebe ich einen groben Überblick über das Vorgehen in einer integralen Organisationsentwicklung. Zumindest einen möglichen Ansatz, wäre ja absurd zu behaupten, es wäre nichts anderes möglich.

Auf Basis der integralen Landkarte sind wir uns ja besonders der Herausforderung bewusst, dass die Erklärungsmodelle und die Weltsicht stark von der Entwicklungsstufe abhängen. Es gibt dabei die Unterscheidung der in der Organisation akzeptierten Erklärmuster, die im Wesentlichen von der Unternehmenskultur und deren Komplexitätsstufe abhängen und der individuellen Erklärmuster, die die jeweilige Person mir als Berater gegenüber für gültig hält.

Dann habe ich selbst aufgrund meiner Entwicklungsstufe und meines Hintergrundes ebenfalls noch weitere Erklärmodelle. Hier muss ich besonders darauf achten, die verschiedenen Erklärmuster stufenadäquat miteinander zu verkoppeln.

So trifft man gerade in frühen konventionellen Organisationen häufig auf die Idee, man hätte irgendeine Chance von Kontrolle und wäre auch in der Lage, durch ausreichend Analyse des Problems und exakter Planung die Zukunft zu gestalten. Das hieße, man müsste sich nur das Ziel überlegen, könnte von diesem aus dann die einzelnen Schritte herunterbrechen und wäre glücklich. In fortgeschrittenen konventionellen Organisationen ist die Idee ergänzt um das gelegentliche Prüfen an Meilensteinen, damit man nachsteuern kann.

Dazu kommt, dass man in konventionellen Organisationen häufig eher in den objektiven Quadranten unterwegs ist – also stark auf Prozess-, Rollen- und Kennzahlenebene. Das Verständnis für Gruppenprozesse und Kultur ist zwar möglicherweise gelernt (im Sinne von: Das habe ich als einen Wert irgendwie verstanden), allerdings ist man noch sehr stark in einer eher Ich-orientierten Perspektive. Das ganze »Gruppen« und »in einer Gruppe wirken« und »als Gruppe wirken« ist in den meisten konventionellen Organisationen noch gar nicht so stark ausgeprägt. Insbesondere die Tatsache, wie schwierig es ist, dass eine Gruppe wirklich miteinander wirkt und Menschen das gleiche Verständnis eines Ziels oder einer Aktion haben, wird übersehen.

In sehr reifen konventionellen und postkonventionellen Organisationen (oder wenn vereinzelte Leute viel darüber gehört haben und vielleicht sogar die passende Entwicklungsstufe ausgeprägt haben) kommen dann Themen wie Agilität, Co-Kreation oder Emergenz hinzu. Übrigens, hört man bei einem Kunden vom »Audit der Einhaltung der Scrum-Regeln«, ist eine späte Entwicklungsstufe eher unwahrscheinlich, obwohl schon eine agile Methode verwendet wird.

Es ist also schon eine kleine Herausforderung, weil ich als Berater mit dem integralen Hintergrund mehr Komplexität hineinbringe, die ganzen sozialen Interaktionen noch einmal stärker in den Fokus rücken möchte und damit die Gefahr besteht, dass ich die Menschen auch ein Stück weit überfordere, weil es im wahrsten Sinne des Wortes »over their head« ist.[5] Ich muss mir als Berater auf der einen Seite über die Relativität meiner Sicht, auf der anderen Seite aber der vermutlich höheren Komplexität und somit einer notwendigen Übersetzungsleistung bewusst sein.

Jetzt ist natürlich die Frage, wie ich diese weitere Perspektive in einer Art und Weise in den Prozess einsteuere, dass der Kunde sie auch verstoffwechseln kann. Und wie ich nicht nur mit den einzelnen Personen arbeite, sondern auch mit dem Gesamtsystem, sodass ich auch wirklich die Muster der Organisation verändere.

Wie kann ich also über die zu verändernden Muster eine Klarheit bekommen, ohne den Kunden mit der Reflektion auf dieser Ebene zu überfordern oder diese Perspektive in seiner Weltsicht unsinnig oder esoterisch erscheinen zu lassen? Und wie gehe ich mit der Konfrontation um, dass ich als Außenstehender relativ leicht dysfunktionale Muster sehen kann, während jemand, der Teil des Systems ist, sie manchmal nicht mehr wahrnehmen kann?

Übersetzung in verschiedene Entwicklungsstufen ist ein wesentlicher Erfolgsfaktor. Die Herausforderung ist, dass ich mit einer postkonventionellen Sichtweise im Allgemeinen eine größere Menge an Komplexität habe, die ich sehe und diese kundensystemadäquat anbieten muss, sodass sie dort verstoffwechselt werden kann. Und da gilt es dann häufig auch, einfach einmal Wissen zu vermitteln oder einen Bedeutungsrahmen zu schaffen, der es ermöglicht, dass Menschen sich auf etwas einlassen, was für sie eher unkonventionell ist. Aber das ist ein Verhandlungsprozess, ein gemeinsamer Wirklichkeitskonstruktionsprozess (siehe auch der Methodenteil).

Hier darf jetzt nicht der Eindruck entstehen, in einer konventionellen Organisation trifft man auch nur auf Personen in konventionellen oder frühen Entwicklungsstufen. Das ist natürlich nicht so. Wie eingangs erwähnt, muss ich als Berater genau hinschauen, wen ich eigentlich gegenübersitzen habe und mein Erklärmodell dementsprechend anpassen. Und muss dabei auch noch darauf achten, dass trotz Unterschiedlichkeit in Erklärung und Formulierungen meine Botschaften kohärent bleiben und ich nicht noch mehr Missverständnisse produziere.

Die größte Herausforderung ist, alle gebotenen Möglichkeiten zu nutzen. Auch in einer konventionellen Organisation zu nutzen und die Bewusstheit über die Komplexität und die Nichtbeherrschbarkeit der Zukunft so zurückzuspielen, dass sie in ein Weltbild passt, was relativ linear-kausal und relativ planerisch ist. Und das dennoch natürlich immer auf Augenhöhe zu tun, weil – wenn man ganz ehrlich ist – man nicht weiß, ob nicht linear-kausales Planen doch genau das Richtige ist und genau so die Welt funktioniert.

---

5 *Over our heads* ist ein Buch von Kegan, wo er Entwicklung beschreibt. Deswegen ist diese Formulierung auch durchaus nicht verkehrt zu verwenden.

4 Ein mögliches Vorgehen

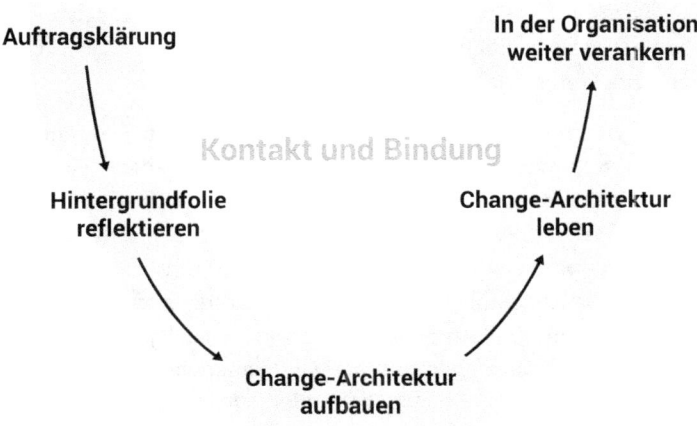

Abb. 4.1: Phasen der Vorgehensweise

In Anlehnung an *Theory-U* von Otto Scharmer empfehle ich die in der Abbildung 4.1 gezeigten Phasen in der Vorgehensweise. Dabei ist zu beachten, dass das U keinen linearen Prozess darstellt, der einmalig durchlaufen wird. Es handelt sich vielmehr um ein Feld mit unterschiedlichen Qualitäten und Fokussierungen der Aufmerksamkeit, die ich hier darstelle.

Kontakt und Bindung

Zu Beginn findet irgendwie ein erster Kontakt mit dem Kunden statt. Vielleicht erfolgt dieser Kontakt auf eine Empfehlung hin, man ist selbst aktiv in die Kaltakquise gegangen oder irgendeine der vielen anderen Möglichkeiten hat dazu geführt, dass man miteinander spricht.

In dieser Phase geht es erst einmal um den Aufbau von Bindung. Kontakt und Bindung stellen einen Rahmen dar und sind daher immer wieder aufzubauen, aufrechtzuerhalten, wie in dem Schaubild verdeutlicht. Wichtig ist, ein wirkliches Interesse von mir an dem Kunden entstehen zu lassen, von dem Kunden an mir und von uns beiden an der Themenstellung.

Gerade in konventionellen Organisationen erwartet man von einem Berater oft auch eine Art inhaltliche Expertenfunktion.

Dazu gehört auch die Etablierung eines gemeinsamen Wir-Raumes. Grundsätzlich empfiehlt sich die Anwendung des von Beck und Cowan in *Spiral Dynamics* entworfenen Prinzips des dreibeinigen Hockers. Die »drei Beine« stehen für Höflichkeit, Offenheit und Autokratie.

Mit **Autokratie** ist eben die bewusste eigene Aktivität und Selbstbestimmtheit sowie Selbstherrschaft gemeint. Aus diesem dritten Bein heraus biete ich als Berater auch Erklärmodelle wie die individuelle Wirklichkeitskonstruktion an, um in dieser ersten Phase bereits eine gute Basis für die weitere Zusammenarbeit aufzubauen. Eventuell ist hier auch die eigene Rollenklärung bereits wichtig. Da gilt es dann wiederum, stufenadäquat zwischen Experte, Begleiter und Raumhalter eine für den Kunden verstehbare Rolle zu skizzieren. Ebenso die Rolle des Kunden und dessen Verantwortung für die Entwicklung könnte hier bereits einzubringen sein.

Eine weitere Idee, deren Einführung schon zu so einem frühen Zeitpunkt sehr wertvoll sein kann, ist die Nutzung von Intuition oder Bauchgefühl, die in vielen Kontexten häufig leider eher abgewertet wird. Ein mögliches Erklärmodell zur Akzeptanzsteigerung könnte sein: »Wissen Sie, Bauchgefühl ist mir ganz wichtig, denn Bauchgefühl ist sozusagen die Körperreaktion, dass man irgendwo genau hinschauen muss. Es reicht nur nicht, mit dem Bauchgefühl zu arbeiten, ich muss mir auch Gedanken darüber machen, was es mir sagen will.« An dieser Stelle kann ich auch jemandem eine Brücke bauen, der Bauchgefühl bislang abgelehnt hat. Und jemandem, der bislang nur intuitiv geführt hat, eine Ergänzung anbieten. Es genügt jedoch nicht, einfach nur intuitiv unterwegs zu sein, es braucht die Kombination, auch bewusst darüber nachzudenken. Allerdings ist ein Bauchgefühl ein Hinweis darauf, dass hier irgendetwas nicht stimmt oder dass man irgendwo genauer hinschauen muss. Es ist ein ganz natürlicher Prozess, wenn man weiß, dass das menschliche Gehirn in der bewussten Verarbeitung viel weniger Informationen verarbeiten kann als es aufnimmt. Mit Hinblick darauf, dass unser Körper voller Nervenzellen ist, kann man davon ausgehen, dass der Körper im Grunde genommen viel schlauer ist als unser bewusstes Denken. Und wenn man diesen Rahmen einmal ein wenig erläutert hat – dazu kann man auch notwendigerweise wissenschaftliche Studien über das enterogastische System, also dieses zweite Gehirn, was quasi im Bauchraum sitzt und die gleichen Nervenzellen hat wie das Gehirn, heranziehen –, kann man dieses Thema sogar plausibilisieren und schafft so einen gemeinsamen Raum, in dem bereits mehr Informationen einfließen können als vorher. Das ist dann noch nicht in der ganzen Organisation angekommen, aber ein Schritt in die richtige Richtung.

In ähnlicher Form kann man in späteren Gesprächen auch Elemente des Presencing wie Otto Scharmer es in der *Theory-U* nennt, einführen. Ebenso wie Stille oder Meditation.

Höflichkeit meint den grundsätzlichen Umgang und den Ton, mit dem wir in einem solchen Gespräch miteinander umgehen.

Offenheit möchte ich hier besonders mit dem Zuhören auf mehreren Ebenen in Verbindung bringen. Nicht nur ein Hören von den eigenen Gewohnheiten her, sondern das wirkliche Zuhören, im Sinne von sowohl Fakten hören, als auch die emotionale Stimmung erfassen und gegebenenfalls zurückspiegeln. Und darüber hinaus geht es um ein »in der Tiefe hören« und das wahrnehmen, was sozusagen als Hintergrundfolie dahinterliegt – an tieferen Überzeugungen sowie auch, welche Wünsche und Sehnsüchte bereits im Raum mitschwingen.

In diesem ersten Gespräch geht es also, neben der Inhaltsebene, um ein sehr genaues Zuhören darauf, wie die Muster sind, die das jetzige System gebildet hat und wo man als Berater zur Unterstützung geholt wird: Was sind die Erklärmodelle? Warum ist etwas so, wie es ist, und wo muss man hin? Welche Quadranten werden besonders stark fokussiert, welche sind unterrepräsentiert? Wie viele und welche Perspektiven werden einbezogen? Was sind Aspekte, die eher zur Historie gehören? Was sind Aspekte, die heute eher in den Punkt von »da will ich weg von«, ins Leiden, gehören? Was sind Dinge, die eher Zielvorstellungen sind und was sind vielleicht schon Dinge, die man damit erreichen möchte?

Auftragsklärung

In der Auftragsklärung versuchen wir genauer herauszufinden, wozu wir als Berater eigentlich da sein sollen. In den seltensten Fällen höre ich hier schon Dinge, die gut laufen. Ab und zu höre ich schon einmal Bedenken darüber, was in der Zukunft schlecht sein könnte oder wovor man eigentlich Angst hat. Wenn ich als Berater sehr bewusst zuhöre und einfach das gedanklich oder sogar auf Papier schon einmal in die Struktur der Veränderungslandkarte einsortiere, habe ich eine wunderbare erste Basis für das Zurückspiegeln meines Verständnisses – und in der Folge im Abgleichen des Verständnisses.

Ich verbinde das Zurückspiegeln gerne mit der Einführung der Veränderungslandkarte auf einem Flipchart oder einer Metaplanwand.

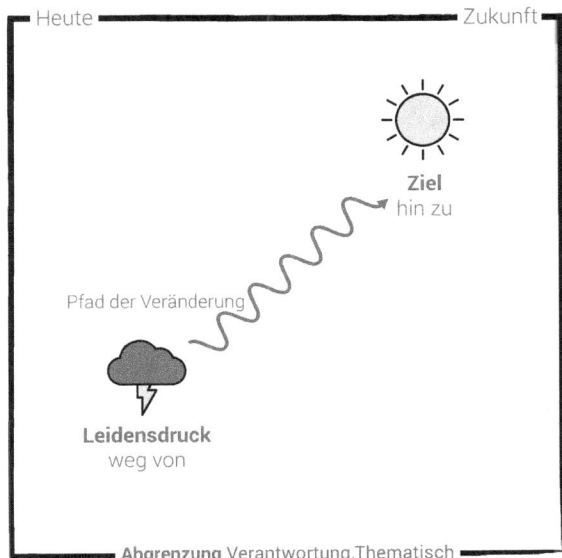

Abb. 4.2: Veränderungslandkarte Auftragsklärung erste Ebene

Die erste Ebene der Auftragsklärung erfolgt dann, indem ich auf einem Chart links unten ein Minuszeichen aufmale und mit ein paar Stichpunkten visualisiere, wie ich verstanden habe, was heute schlecht ist. Diese kann der Kunde gerne noch beliebig ergänzen.

Als Nächstes male ich rechts oben das Plus und beginne, die Zielvorstellung herauszuarbeiten. Hier kann ich schon erfragen, was für den Kunden messbarer Fortschritt ist. Woran er beispielsweise merken würde, dass es hier besser geworden ist. Ob dieses dann schon der Zielzustand ist oder man sich noch auf dem Weg dorthin befindet, hängt ein bisschen vom Kunden ab und wie konkret er das braucht. Ist er möglicherweise erst in einer Art Visionsmodus oder geht es da um die nächsten Schritte? Damit spiegele ich schon einmal dem Kunden zurück, dass ich grundsätzlich verstanden habe, worum es ihm geht. Und ich kann dies nebenbei als eine Variante vorstellen, mit Wirklichkeitskonstruktion umzugehen.

In der zweiten Ebene der Auftragsklärung erweitern wir die Perspektiven deutlich, indem wir dem Kunden bewusstmachen, dass es heute Dinge gibt, die gut sind und dass Menschen auch Sorgen vor dem Kommenden haben (dürfen?). Dafür zeichne ich ein Plus auf der linken oberen Seite des Flipcharts. Dort sammle ich direkt erste Gedanken des Kunden zu allem, was heute gut läuft und bewahrenswert ist. Auf diese Weise mache ich damit schon einmal einen ganz wesentlichen Unterschied, weil der Kunde möglicherweise das erste Mal darüber nachdenkt, was bereits gut läuft und was überhaupt die Grundlage für einen Veränderungsprozess ist.

Im nächsten Schritt folgt ein Minus auf der unteren rechten Seite, wo ich nun die Sorgen und Risiken sammle. Darunter können selbstverständlich auch die Sorgen und Risiken fallen, die die unterschiedlichen Stakeholder, unterschiedliche Personen innerhalb des Unternehmens, sehen. Für einen Veränderungsprozess sind besonders die Perspektiven von Mitarbeitern sehr wertvoll. (In manchen Organisationen ist das tatsächlich notwendig zu erwähnen. Auch, dass damit nicht nur der Betriebsrat gemeint ist.) Genauso kann ich hier erneut auf die Wirklichkeitskonstruktion hinweisen, dass jeder sozusagen seine eigene Wirklichkeit konstruiert, dass manche Schlüsselpersonen viel mehr und andere Informationen haben als Mitarbeiter. Mitarbeiter haben eine andere Perspektive und damit auch häufig ganz andere Befürchtungen. Auf diese Weise kann ich als Berater mit dem Kunden bereits eine erste Idee einer solchen Veränderungslandkarte anfangen zu gestalten und schon viele Ideen einstreuen, die so möglicherweise noch nicht ganz üblich sind.

Eine mögliche Idee ist die Wirklichkeitskonstruktion: Jeder hat eine andere Perspektive und ich muss mich darüber austauschen, um die Perspektive des anderen zu erfahren. Menschen tun nun einmal dann Dinge, wenn sie für sie selber sinnvoll sind und Menschen erachten sehr unterschiedliche Dinge als sinnvoll und es gibt sehr unterschiedliche Zugangsweisen zu Sinnvollem.

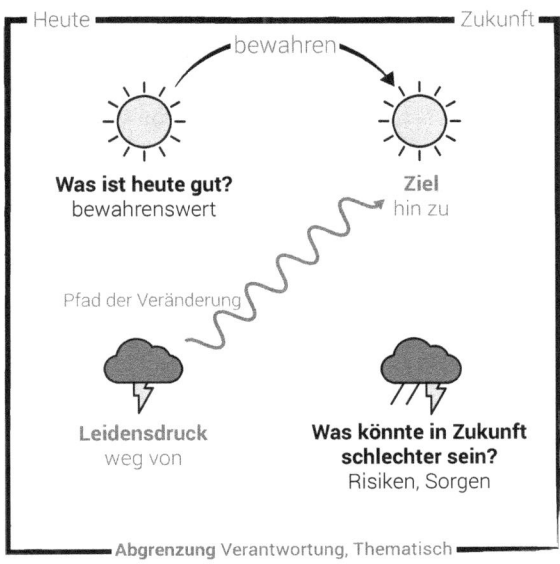

Abb. 4.3: Veränderungslandkarte Auftragsklärung zweite Ebene

Zu diesem Zeitpunkt habe ich noch nicht die gesamte Veränderungslandkarte (siehe auch Abbildung 4.3) betrachtet, kann aber bereits mit den vier angeschnittenen Feldern relativ viele Ideen einstreuen und sehr viele Informationen bekommen.

Die Unterscheidung in diese Felder bei der Auftragsklärung liefert bereits ganz wichtige Informationen. Denn hier zeigen sich sehr oft nicht nur die oberflächlichen Themen, sondern die Themen hinter den Themen, die Muster sowie die die Ausgangssituation stabilisierenden Elemente. Das ist sozusagen der Teil, wo ich anfange, in Kontakt zu gehen. Wo ich wirklich versuche, die Welt meines Kunden zu verstehen. Zu verstehen, was die oberflächlichen Themen und was möglicherweise auch Musteraspekte sind. Ob ich hier bereits Musteraspekte ansprechen kann oder nicht, ist eine Frage von Offenheit und wen ich im Raum habe. Ich empfehle hier immer schon einmal, erste Versuche zu starten, denn je nachdem wie gut das angenommen oder abgelehnt wird, bekomme ich natürlich viele Informationen darüber, wie groß meine Chance ist, hier überhaupt sinnvoll zu wirken.

Der nächste Schritt beschreibt die wellenförmige Linie vom Minus des Heute links unten ausgehend zum Plus nach rechts oben. Diese Linie ist ganz bewusst wellenförmig: Ich muss gemeinsam mit dem Kunden einen Weg finden, den dieser geht, der in seiner individuellen Ausgangssituation gut funktioniert und sich unterwegs vielleicht auch noch ändert. Ergänzend einen Bogen von oben links nach oben rechts, dem Plus von heute zum Plus der Zukunft. Letztendlich ist es schön, wenn wir hier bereits zu einer ersten Skizze eines groben Vorgehensentwurfs gelangen, auch, wenn die Reflexion der Hintergrundfolie noch nicht erfolgt ist, die kann ja bei manchen Kunden sogar Teil des Prozesses unter hoher Beteiligung des Kunden sein.

Das Ziel der Arbeit mit der Veränderungslandkarte ist neben Informationsgewinn auch der Abgleich von Hypothesen und die Vertiefung von Bindung.

Es dient ebenso der Vertiefung der Bindung, diese Veränderungslandkarte erst initial zu füllen und dann gemeinsam zu vervollständigen. Der Kunde erwartet implizit eine Expertenberatung oder ein Gefühl von Verstanden werden. Beides kann mit der Erstellung der Veränderungslandkarte erreicht werden: Es wird Verständnis aufgebaut, erste Ideen eingebracht und geschaut, wie diese aufgenommen werden, damit beide gut prüfen können, ob sie miteinander arbeiten möchten. Dafür empfiehlt es sich, wirklich mit dem Arbeiten zu beginnen. Andernfalls redet man abstrakt über irgendwelche Ideen und Modelle. Das bringt alles nur relativ wenig. Es ist zwar nett, doch um ein wirkliches Gefühl dafür zu bekommen, wie man zusammenarbeitet, muss man auch zusammenarbeiten.

Nebenbei erhalte ich auf diese Weise bereits eine Struktur für ein Angebot, denn die wellenförmige Linie bedeutet im Grunde genommen nämlich, welche Schritte gemacht werden, welche Interventionen eingesetzt werden müssen, damit sich der Kunde in die gewünschte Richtung verändern kann. Die Wellenform beinhaltet auch schon die Idee, dass es kein gradliniger Weg von A nach B ist, sondern dass unterwegs immer wieder auf Basis von Feedback nachgesteuert werden muss.

Im Idealfall kann ich jetzt noch mit dem Kunden gemeinsam über drei weitere Aspekte nachdenken. Damit kommen wir zur **dritten Ebene** der Auftragsklärung: die Historie, die künftige Aufgabe und die Abgrenzung.

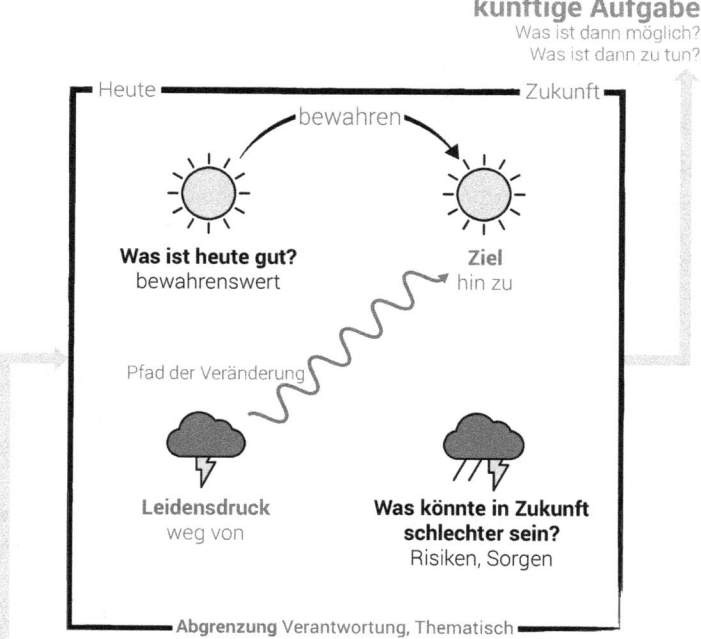

Abb. 4.4: Veränderungslandkarte Auftragsklärung dritte Ebene

Der Blick in die Historie ist aus mehreren Gründen sinnvoll. Zum einen sollte es der Würdigung des Erreichten dienen. Im Allgemeinen sind die Probleme von heute die Lösungen von gestern. (Übrigens werden die Lösungen von heute wohl die Probleme von morgen werden!) Das, was in der Organisation geschehen ist, hat ja zu einem bestimmten Zeitpunkt für bestimmte Personen einen Sinn ergeben. Es geht also nicht darum, dass die Vergangenheit schlecht oder falsch war, sondern darum, dass man auf der Basis der Vergangenheit jetzt neue Schritte gehen kann.

Vermeiden Sie das »Das Bessere ist der Feind des Guten«-Muster. Feinde bekämpft man. Wenn man das Bessere als Feind definiert, produziert das unbewusst eine unnötige Hürde. Besser ist das »Unsere Vergangenheit hat uns überhaupt erst in die Lage versetzt, heute neue Lösungen zu finden«-Muster.

Darüber hinaus erhalte ich oftmals Hinweise und kulturimmanente Erklärmodelle für Zusammenhänge in der Organisation. Hier ist ein reichhaltiger Fundus für das Erkennen von Unternehmenskultur. Welche Geschichten werden dort erzählt? Worauf wird fokussiert? Was sind auch eventuell die Veränderungen, die sich beispielsweise im Marktumfeld ergeben haben? Hat es schon viele Veränderungsinitiativen gegeben und wie erfolgreich waren diese? Oder haben Mitarbeiter bereits den Versandungseffekt einer Veränderung als Normalzustand erlebt?

Bei der künftigen Aufgabe gilt es herauszufinden, was nach dem Erreichen der Veränderung möglich ist oder welche Aufgabe sich dann stellt. Dieses Feld kann anziehend und stärkend wirken, kann aber auch Quelle von Sorgen oder Widerständen sein. Wenn man erfolgreicher ist und wächst, muss man sich ja vielleicht auch neuen Herausforderungen stellen. Das ist ja (unbewusst) oft auch wenig anziehend.

Wiederum erhält man hier viele Ideen und Informationen zur Kultur, dem Umgang mit Herausforderungen und der Beschäftigung mit der Zukunft. Wie leicht fällt es den Personen in der Auftragsklärung, sich mit der Zukunft zu beschäftigen und auf welche Art und Weise erfolgt dies? Dieses ermöglicht wiederum Rückschlüsse auf die Werte, die Weltsicht und die Ich-Entwicklungsstufe.

Als Letztes ist es noch sinnvoll, die Abgrenzung der Veränderungslandkarte zu diskutieren. Was darf nicht passieren? Worauf muss geachtet werden? Wer ist von der Veränderung betroffen, mit wem kann man direkt arbeiten, wer ist vielleicht indirekt betroffen?

Und wo wollen wir die Grenzen auch organisatorisch ziehen? Grenzen sind nicht einfach da, sie müssen entschieden werden. Sind beispielsweise externe Mitarbeiter mit in den Veränderungsprozess einzubinden und wie? Wie steht es mit Partnerunternehmen oder Zulieferern? Oder gar mit dem Kunden?

Die Veränderungslandkarte als zentrales Mittel der Auftragsklärung zu nutzen, ermöglicht mir, relativ schnell dahin zu kommen, ein Bild der Situation zu gewinnen, zurückzuspiegeln, abzugleichen und das Bild dann gemeinsam weiterzuentwickeln. Und das ist ein Stück weit schon ein Modellprozess, weil ich als Berater dort trotz meines vielen Wissens mit einer Haltung von Nichtwissen hineingehe und ähnlich wie ein Anthropologe schaue, wie diese Organisation ist, was dort funktioniert, was dort nicht funktioniert. Und mir auch klarmache – auch wenn ich der Meinung bin, naja, so wie die arbeiten, kann man gar nicht arbeiten –, die sind schon sehr viele Jahre am Markt und ziemlich erfolgreich.

Was machen die Leute in diesem Unternehmen richtig? Es muss einiges sein, sonst gäbe es die Organisation ja nicht mehr. Also muss ich grundsätzlich mit meinen eigenen Vorurteilen und meiner Sicht, wie man in der heutigen Zeit arbeiten müsste, ein bisschen vorsichtig umgehen und mir einfach klarmachen: Ich weiß überhaupt nichts über dieses System! Egal, wie viel Marktkenntnis ich habe, egal, wie viel Erfahrung ich in Organisationsentwicklung habe, muss ich erst einmal akzeptieren, dass ich nichts über diese Organisation weiß – dann zuhören, verstehen und respektieren. Ich weiß noch nicht, was hier funktioniert.

Und, im Sinne von positiver Autokratie, bringe ich mein Wissen und meine Ideen bereits in den Prozess ein und kann diese dialogisch prüfen. Und so in einen gemeinsamen Aushandlungsprozess von Wirklichkeit gehen.

Der Berater muss auch eine klare Entscheidung zu diesem Kunden treffen! Spätestens jetzt sollte ich als Berater auch entscheiden, ob ich zu diesem Kunden und diesem Vorhaben wirklich Ja sagen kann und daran mitwirken möchte. (Vielleicht muss diese Frage sogar mal in einer Supervision thematisiert werden …) Dieses ist ein ganz wesentlicher Punkt. Habe ich beispielsweise Schwierigkeiten, weil unsere Wertemodelle zu unterschiedlich sind, muss ich mich fragen, wie offen ich da bin, auch mit von mir sehr abweichenden Weltsichten umzugehen. Oder bin ich kompetent, mit diesem Kunden zu arbeiten? Oder wen muss ich eventuell noch einbinden, um ein kompetentes Team für diese Aufgabenstellung zu haben?

Die Frage, ob ich mir vorstellen kann, mit diesem Kunden zu arbeiten, ist eine der Schlüsselfragen, die ich mir als Berater stellen muss – unabhängig davon, dass sich der Kunde beantworten muss, ob er sich vorstellen könnte, mit mir zu arbeiten.

Damit habe ich eine erste Grundlage für die gemeinsame Arbeit. Übrigens spielt es keine Rolle, ob ich interner oder externer Organisationsentwickler bin – über den Inhalt muss ich mit meinem potenziellen Kunden sprechen und eine gemeinsame Basis aufbauen. Als Externer muss ich vielleicht noch über den Preis sprechen und ein Angebot formulieren. Das Angebot selbst kann sogar bereits eine Intervention sein. Doch sollte der Fokus sein, über den Inhalt im Dialog zu bleiben. Das ist der kritische Punkt. Der Rest sind nur wichtige Formalia.

Wann ist ein Projekt abgeschlossen?

Im Sinne der integralen Organisationsentwicklung ist eine Entwicklung niemals abgeschlossen. Und dennoch ist es im Sinne der Vermeidung von Abhängigkeiten und dem Feiern von Zwischenschritten sinnvoll, ein Projekt auch wirklich zu einem Abschluss zu bringen. Also müssen bereits in der Auftragsklärung Kriterien definiert werden, nach deren Erfüllung der Auftrag als abgeschlossen gilt.

In der Auftragsklärung kann man beispielsweise anhand einer Definition von Messkriterien festlegen, wann ein Auftrag beendet ist. Eine Möglichkeit dafür kann auf Basis von Ten Capitals sein. Eine andere Möglichkeit kann auf Basis ganz pragmatischer Fragen sein wie beispielsweise: »Woran werden Sie merken, dass das Ziel erreicht ist?« Aus meiner Sicht ist es eine Frage von Mut und Demut in der Auftragsklärung. Und tatsächlich auch von gemeinsamer Wirklichkeitskonstruktion. Ich frage mich als Berater also immer, was das ist, was ich mir mit meinem Kunden als Auftrag vornehme. Es gibt tatsächlich Aufträge, die auf der Makroebene nie abgeschlossen sind. Allerdings muss man sich da als Berater fragen, wenn man so lange dabei ist, ob man nicht mehr ausreichend weit draußen sein kann.

Sollte mein Auftrag ein Metaauftrag sein, der heißt: »Unterstütze die Entwicklung unserer Organisation«, ist das etwas, was ich nicht weiter ausdefiniere. Ich muss mich allerdings fragen, ob mein Auftraggeber überhaupt ermessen kann, was das bedeutet. Hilfreich kann dabei sein – unabhängig von der dahinterliegenden Metaebene –, konkrete Aufträge daraus zu generieren und die Metaebene dahinter nur für mich präsent zu haben. Selbst da muss ich darauf schauen, was der psychologische Auftrag ist, den ich annehme bzw. der psychologische Vertrag, den ich schließe. Oder was die Business Verträge sind, die ich schließe. Auch das kann sich noch einmal unterscheiden. Dann muss ich natürlich grundsätzlich aufpassen, dass ich mich aus Abhängigkeitsverhältnissen heraushalte. Also dass ich mich weder vom Kunden abhängig mache, der mich schließlich bezahlt, noch den Kunden von mir abhängig mache, dass dieser auch ohne mich nach wie vor handlungs- und entwicklungsfähig ist und sich auch so erlebt.

Wann ein Auftrag abgeschlossen ist, ist auch eine **Frage der Interventionsplanung**. Ich kann nicht mit Sicherheit sagen, ob es notwendiger ist, in einer integralen Organisationsentwicklung den Auftrag gut zu klären, oder ob es einfach nur ein Grad von Professionalität ist, den ich grundsätzlich erwarte, viele aber leider nicht erfüllen.

Hintergrundfolie reflektieren

Im Sinne integraler Organisationsentwicklung muss ich mir als Berater die Hintergrundfolien erschließen, auf denen die Phänomene der Organisation sichtbar werden (idealerweise auch dem Kunden). Dazu gehört auch, auf die Hintergrundfolie der Ebenen und Linien zu schauen und das in Bezug zum Auftrag zu setzen. Ob es bereits in der Auftragsklärung gelingt, Fragen in diese Richtung zu stellen, oder ob das später die ersten Schritte sind, wenn der Beratungsauftrag wirklich begonnen hat, ist davon abhängig, wie offen der Kunde ist und wie viel Einblick ich als Berater schon bekommen habe. Ob ich die Einstufung mit dem Kunden gemeinsam mache oder mit benannten Schlüsselpersonen oder für mich im Hintergrund, es lohnt sich auf jeden Fall, **wesentliche Linien** zu betrachten.

Ist der Kunde in der Lage, Entwicklungslinien konstruktiv und nicht als Abwertungsmechanismus zu nutzen?

Die Kombination aus Führungsstil, Vision, Kernwerten und Arbeitsklima ergibt ein Stück weit die vorherrschende Weltsicht in einer Organisation im Sinne einer Ebene. Das ist ja in etwa die Ebene im Sinne von Spiral Dynamics, jedoch empfehle ich im

Allgemeinen die Liniendifferenzierung, um ein genaueren Eindruck zu bekommen und um eine exakte Hintergrundfolie zu haben.

Außerdem ist es sinnvoll – wenn ich wirklich einmal den Schritt zurück mache –, auf der einen Seite das Marktumfeld des Kunden zu kennen, in dem er sich bewegt und ebenso darauf zu schauen, welche Produkte oder Services der Kunde erbringt und damit die Komplexitätsstufe zu ergründen, die ich in einer Skala eintragen kann, die beispielsweise die Spiral-Dynamics-Farben enthält. Dieses definiert relativ viel an Komplexitätsanforderungen von außen, mit denen ich umgehen muss.

Die aus meiner Sicht wichtigsten Linien für einen Berater im Überblick:

Führungsstil

Ein großes Thema in Organisationen ist der Führungsstil. Hier geht es nicht darum, immer die späteste Stufe des Führungsstils anzuwenden, sondern die, die zum Mitarbeiter passt. Also geht es hier eher darum, welche Führungsstile sich die Führungskraft zu eigen gemacht hat und flexibel zücken kann.

Organisationsstruktur

Außen-nach-innen-Orientierung bedeutet dezentrale Organisation.

Wie komplex oder flach ist die Organisationsstruktur? Oder ist das Unternehmen bereits in so einer Außen-nach-innen-Orientierung, wo möglichst viel Macht und Entscheidungsfähigkeit dahin verteilt wird, wo die Entscheidungen schnell getroffen werden müssen? Ist die Organisation funktional oder wertschöpfungsorientiert? Gibt es eine Matrixorganisation und wie wird mit den Konflikten darin umgegangen?

Prozesse

Wie ist das Unternehmen mit seinen Prozessen aufgestellt? Hat es noch chaotische Prozesse oder ist es bereits sehr durchstrukturiert oder sogar in der permanenten Optimierung? Welche Komplexität haben Produkte und Services und damit natürlich auch der umgebende Markt? In Kapitel eins habe ich dieses in sich verschachtelte Quadranten-Modell abgebildet, was sich hier ein Stück weit wiederfindet.

Controlling

Controlling ist eine noch sehr stark steuernde Linie. Hier kann ich als Berater schauen, wie die Ziele und Prozesse aussehen. Wie erfolgt Budgetplanung und -Controlling? Wie genau kennen die Verantwortlichen ihre Budgetsituation? Welche weiteren Kennzahlen fließen in das Controlling hinein? Wie erfolgen Produktentwicklungen? Gibt es Design-to-Cost? Arbeitet man schon mit flexiblen Zielen?

Einen Blick auf den unteren linken Quadranten zu werfen, ist eher schwierig, denn was dort passiert, bekomme ich eher intuitiv mit, denn dieses ist das wirklich gelebte Bild und nicht das, was auf den Hochglanzbroschüren geschrieben steht.

Linie / Einstufung	purpur	rot	blau	orange (früh)	orange (spät)	grün	gelb
Führungsstil	Kurzfristige Aktionen	Command and control	Gibt angemessene Anweisungen	Gibt methodisch korrekte Anweisungen	Motiviert mit Zielen und Verantwortung	Inspiriert und bindet andere ein, Empowerment	Gibt Raum und bringt sich situationsbedingt ein, Selbstmanagement
Organisationsstruktur	Unstrukturiert	Autokratisch, Arbeitsteilung	Formale Rollen, Hierarchie	Formale Rollen, flache Hierarchien, beginnende Matrix	Matrixorganisation	Netzwerkorganisation	Gestaltet einen Raum
Prozesse	Keine, Einzelfälle, jeder Vorfall wie beim ersten Mal	Behelfsmäßig, notdürftig	Standardisierte Prozesse	Standardisierte Prozesse, erste Prozessoptimierung	Flexible Prozesse mit Ergebnisorientierung	Cross-organisationale Prozesse mit Kulturfokus	Freie, disziplinübergreifende Prozessnetzwerke
Informationsfluss	Ungeplant	Ungeplant und direkt	Arbeitsgruppe, Meetings	Meetings, Arbeitsgruppe, Expertennetzwerke	Meetings, strategische Informationsverteilung	Informelle und formelle Kommunikation, Austauschplattformen, Transparenz	Freies Netzwerken, Peer-Consulting
Ressourceneffizienz	Keine	Schnelles Liefern ohne Blick auf Kosten	Befolgen von Gesetzen und Regeln	Befolgen von Regeln und Methoden	Kosteneffizienz und (Material-) Alternativen	Nachhaltige Ressourcenverwendung	Intelligente Systeme
Bezahlung	Ohne rechtliche Grundlage	Ohne rechtliche Grundlage	Gemäß Tarif	Gemäß Tarif, nach Expertise	Ergebnisorientiert	Beteiligungsorientiert	Möglichkeitenorientiert
Produkte & Service	Produkte, die gerade aus dem eigenen Verständnis passen	Produkte um jeden Preis	Kopierte, standardisierte, etablierte Produkte	Optimierte, standardisierte Produkte	Marktgetriebene Produkte, Trendprodukte	Nachhaltige, sinnvolle Produkte	Moralisch einwandfreie disruptive Innovationen

Tabelle 4.1: Linien in Relation zu Komplexitätsstufen nach Spiral Dynamics

Linie / Einstufung	purpur	rot	blau	orange (früh)	orange (spät)	grün	gelb
Controlling	Kontobewegung	Kontobewegung	Kostenstellen, Kostenträger, Budgetvorgaben	Kostenstellen, Kostenträger, Budgetvorgaben	Kostenstellen, Kostenträger, Budgetplanung und -gestaltung	Flexible Kosten- und Umsatzmodelle, erste CSR-Ansätze	Zusätzlich zu Finanzkennzahlen werden Nachhaltigkeits- und Ökokennzahlen erfasst. Vollausgeprägte CSR, Meta-Capital
Stakeholderbeziehung	Unterwürfig	Radikal	Hierarchisch	Hierarchisch bis methodisch	Nutzenorientiert, strategisch	Basierend auf Partnerschaft	Co-kreativ
Werteorientierung	Aufträge durch »Familienbande«	Aufträge durch Macht, Manipulation und Verführung	Regeln, Vorsicht und Gehorsam	Vorsicht, Richtigkeit, Methodik	Ergebnisse, alles ist möglich	Vision, idealistisch, Kultur über Strategie	Übergreifendes Big Picture
Vision & Kennwerte	Nicht formuliert	Nicht formuliert	Das »Richtige« von oben, Langzeitperspektive	Von oben formuliert oder von Marktforschung gestützt	Von oben und unten formulierte Vision	Mittel für Entscheidungsfindung	Evolutionärer Sinn und Werte
Arbeitsklima	Harmoniesüchtig	Streitlustig oder harmoniesüchtig	Erlebte Kooperation und Koexistenz	Koexistenz, Kooperation auf Basis Expertise	Pragmatisch und ergebnisorientiert	Freundlich und community-orientiert	Offen und kreativ
Loyalität	Gegenüber einzelnen Personen des täglichen Kontakts	Gegenüber dem Chef	Gegenüber dem Team, der Abteilung	Gegenüber dem Team, der Abteilung, der Methode	Gegenüber der Organisation	Gegenüber den Gruppenidealen, geteilten Werten	Öko-zentrischen Werten

Tabelle 4.1: (Fortsetzung)

Was sind **Vision und Kernwerte**, denen dort wirklich nachgefolgt wird? Wie ist das Arbeitsklima? Aus dieser Gesamtschau ergibt sich bereits schon, in welcher vorherrschenden Welt diese Organisation und die Organisationskultur ungefähr liegt.

Die Linien helfen mir dabei herauszufinden, wo der Kunde ungefähr in seiner Gesamtentwicklung liegt und ob sich die Linien möglicherweise stark widersprechen. Von der individuellen Seite aus gesehen, gestaltet sich das eher schwierig, weil ich mir immer die einzelnen Personen anschauen muss: Passen die Expertisen und die Skills der Mitarbeiter eigentlich zu dem, was das Umfeld gerade fordert? Wie ist der Führungsstil und wie ist dieser gelebt? Welche Bandbreite »können« die Führungskräfte da eigentlich? Um dann sowohl bei den Führungskräften wie auch bei den Mitarbeitern auf deren ungefähre Ich-Entwicklungsstufe zu schauen, um herauszufinden, ob diese zur Position passt und welche Werte da überhaupt vertreten werden.

Das ist für mich eine Hintergrundfolie, in der Dysbalancen sichtbar werden. Habe ich beispielsweise starke Dysbalancen und sehe, dass die Organisationsstruktur oder die Prozesse noch gar nicht die Reife haben, die jedoch gebraucht werden, um den Auftrag erfüllen zu können, müssen zuallererst Grundlagen geschaffen werden.

Für mich als Berater ist es außerordentlich wichtig, grob einzusortieren, ob es starke Dysbalancen gibt oder ob ich direkt mit dem Auftrag beginnen kann. Unter Umständen muss ich den Kunden dahingehend beraten oder begleiten, dass dieser die Abhängigkeiten erkennt. Wenn der Kunde in seiner Produktentwicklung schneller werden möchte, muss man auch einmal schauen: Was sind das für Produkte? Funktioniert das überhaupt? Wo müsste ich vielleicht auch Kundennähe herstellen? Wie ändern sich die Anforderungen am Markt? Ist das gefühlte Problem überhaupt das richtige Problem? Genauso wie die spannende Frage: Hat der Kunde möglicherweise Budget-Prozesse, Controlling-Prozesse, die ihn eher daran hindern? Wenn er ein großes Innovationsprojekt machen möchte und ganz enge Preistaktungen daran hat, dann wird es mit der ausgreifenden Kreativität auch ein bisschen schwierig sein, einfach einmal etwas auszuprobieren. Gibt es in der Vision mit den Kernwerten auch einen Raum für Experimentierfelder? Ist es erlaubt zu scheitern? Hier geht es also um solche Aspekte, die nicht unbedingt den Reifegrad oder den Komplexitätsgrad der Organisationskultur ansprechen, sondern eher den Typ der Kultur: Sind Fehler erlaubt oder werden Fehler immer abgelehnt?

Je später die Entwicklungsstufe, desto flexibler geht man üblicherweise mit Fehlern um. Aber das ist keine Eins-zu-eins-Beziehung.

Hier geht es mir nicht darum, ein ausgefeiltes Linienmodell zu haben, vielmehr lade ich jeden Berater selbst ein, für sich wichtige Linien zu definieren und auf seinen eigenen Hintergrund zu schauen, wo er möglicherweise eine Expertise hat, mit der sich genauer hinzuschauen lohnt.

Natürlich kann man die Linien in der Auftragsklärung bereits mitdenken und in dieser Richtung Fragen stellen. Vieles jedoch entdeckt man erst während der Arbeit. So mache ich mir als Berater immer wieder diese Linien klar und schaue, wie meine Eingangshypothese ist. Schließlich sind es ja nur Hypothesen. Ich teste das nicht wirklich, mache ja jetzt keine Riesenevaluation. Obwohl ich das könnte, aber dann habe ich so eine ewige Analyse-Paralyse und weiß hinterher ganz genau, auf welcher Linie die Leute wo stehen.

Im Grunde genommen könnte ich so etwas komplett über die Organisation schütten und versuchen, all das mit Fragebögen und so weiter zu erfassen. Das wäre jetzt ein sehr Experten-E5-lastiger Ansatz, an Organisationsentwicklung heranzugehen, den ich in den wenigsten Fällen für sinnvoll halte. Und zwar aus folgendem Grund: Damit stelle ich so viele Fragen und löse so viele Denkprozesse bei Menschen aus, weil jede Frage dafür sorgt, dass ein Mensch sich eine Frage stellt, und womöglich gibt er sich Antworten. Diese sind nicht immer die Antworten, die ich haben möchte. Leider gehen viele Berater jedoch genau so vor. Sie glauben, Menschen hätten eine Information und diese müsse nur abgeholt werden. Jede Frage initiiert jedoch einen Bewusstwerdungsprozess. Je nach Entwicklungsstufe ist dieser mal mehr oder mal weniger intensiv und hat entsprechend mal mehr oder weniger Folgen. Aber eigentlich mache ich gerade den richtig guten Leuten klar, dass sie einmal darüber reflektieren sollten, in was für einem Unternehmen sie eigentlich sind und ob sie das wirklich wollen. Und dann sind wir bei einer Frage der Bindung.

Auch die Reflexion über Interaktionsmuster, Organisationskultur, Betonung von Quadranten, Grundannahmen, aktuellen Systemdynamiken, vorherrschenden Typen und Ähnliches ist hier ein wesentliches Thema.[6]

Die zehn Systemdynamiken

Ergänzend zu der Betrachtung der Linien bietet sich Günther Mohrs Modell der zehn Systemdynamiken als ein weiterer Eckpfeiler der Hintergrundfolie an.

Um die Komplexität und mit ihr die Dynamik eines Unternehmens als System zu erfassen und darauf Einfluss nehmen zu können, hilft es, diese zu kategorisieren. So gibt es nach Günther Mohr für das System Organisation die folgenden vier Kategorien:

- Systemstruktur,
- Systemprozesse,
- Systembalancen,
- Systempulsation.

Es sind deshalb Dynamiken, weil ein Unternehmen stetigen Veränderungen unterliegt und darüber hinaus deren Auswirkungen in Relation gesetzt wird zu dem, was bisher immer war, was vorbei ist und was einem Idealzustand entspricht. Die vier Kategorien wiederum sind im Einzelnen in die zehn Systemdynamiken untergliedert.

Systemstruktur – mit den Dynamiken Aufmerksamkeit, Rollen und Systembeziehungen

In der Systemstruktur wirken strukturelle Bedingungen und die grundlegende Dimension der *Aufmerksamkeit*: Wohin wird die Aufmerksamkeit gerichtet? Mit den sich

---

6 Beispielsweise Günther Mohrs hervorragende Beschreibung der zehn Systemdynamiken

immer wieder ändernden priorisierten Themen ändert sich auch die Aufmerksamkeit zu diesen hin. Mit dieser Aufmerksamkeit entwickelt sich eine Wirklichkeitskonstruktion, die zieldienlich oder nicht zieldienlich, im Konsens oder chaotisch, eindeutig oder unklar sein kann. Genauso erhält das Management seine Aufmerksamkeit. Ein Spannungsverhältnis besteht zwischen den Vorgaben zur Unternehmensidentität und der tatsächlich gelebten Kultur. Wo auch immer die Aufmerksamkeit aktuell in einem Unternehmen sitzt, wird auch die größte Investition getätigt.

In den *Rollen* wird äußerlich die Struktur eines Unternehmens deutlich. Diese werden von Personen besetzt und entsprechend durch diese Person – mit all ihrem Wissen, Können sowie ihrer Persönlichkeit – gelebt. Auf der anderen Seite liegt es genauso an der Verbundenheit der Person mit ihrer Rolle, wie sie diese für das Unternehmen ausfüllt.

Ebenso gehören *Beziehungsstrukturen* zum System, welche zuallererst auch auf Ebene der Rollen entstehen, gleichermaßen jedoch auch auf der Persönlichkeiten-Ebene wichtig sind. Hier liegt es wieder an der Organisation, wie stark die Rollen- oder die Persönlichkeitsebene diese Beziehung prägt.

Systemprozesse – mit den Dynamiken Kommunikation, Problemlösung und Erfolg

Die drei grundlegenden Prozesse *Kommunikation*, Problemlösung und Erfolg müssen in einem Unternehmen funktionieren. Was auch immer sich verändert oder welche Beziehungen entstehen, sind Folge von Kommunikation und werden von ihr gestaltet. Kommunikation ist somit absolut essenziell für ein Unternehmen.

Weiter haben Unternehmen und Organisationen die Herausforderung, auftretende *Probleme lösen* zu müssen. Diese sind zum einen, Lösungen für die Probleme des Markts und damit des Kunden zu finden. Zum anderen müssen sie interne Probleme wie beispielsweise bei der Entscheidungsfindung oder bei Konflikten lösen. So hat jedes Unternehmen andere Herangehensweisen und Muster für die Problemlösung.

Genauso benötigt jedes Unternehmen Erfolge, denn jeder Zielprozess bedarf auch eines Erfolgsprozesses. Wer Erfolg hat, hat gleichermaßen Motivation und Power in seinem Denken und Handeln.

Systembalancen – mit den Dynamiken Gleichgewicht und Rekursivität

Ein lebendes System ist gekennzeichnet von einem Streben nach Struktur und Ordnung, Sicherheit sowie Überleben. Unternehmerische Systeme leben als wesentliches Entwicklungsprinzip von *Gleichgewicht* und Rekursivität, dem Wiederholen von Mustern auf den Ebenen der Organisation. Doch sagt diese Tatsache nichts über die Qualität des Gleichgewichts. Im Grunde genommen mögen Menschen keine Veränderung, sondern wünschen sich nach einem Veränderungsprozess wieder ihr Gleichgewicht und die damit erhoffte Ruhe zurück.

In der Systemdynamik *Rekursivität* wird darauf geschaut, inwiefern Systeme unterschiedlicher Ebenen ähnliche Strukturen und Prinzipien zeigen. Im Allgemeinen ist es gut, wenn viele Aspekte rekursiv sind, denn sie deuten auf eine hohe Kohärenz in dem System hin. Somit können Steuerungsimpulse an allen Stellen in gleichartiger Weise gesetzt werden, auch von außen wird die Organisation dann häufig sehr verlässlich erlebt, da auch an den Schnittstellen sich die Art und Weise der Kommunikation ähnelt. In einem integralen Sinne gilt es hier aber genau zu prüfen, ob nicht gerade eine geringe Rekursivität nützlich wäre.

Systempulsation – mit den Dynamiken äußere Pulsation und innere Pulsation

Unter Pulsation versteht man das sich stetige Verändern der inneren und äußeren Grenzlinien eines Systems. Für das Ziehen *äußerer Grenzlinien* gibt es viele Möglichkeiten. Aktuell geht die Tendenz zu flexiblen Grenzen. Dabei ist jedes Unternehmen unterschiedlich offen dafür, wie es sein Innen und Außen in Beziehung zueinander stellt.

Grenzen werden immer entschieden, sie entstehen nicht einfach so ...

Innere Grenzlinien liegen zwischen Bereichen, Abteilungen und Gruppen, die sogenannte Subsysteme darstellen und haben in ihrer Dynamik Folgen für diese. Stehen beispielsweise große Umstrukturierungen an oder gibt es eine strategische Neuorientierung in der Positionierung des Unternehmens, entstehen daraus wiederum Subgruppen.

Mithilfe der Betrachtung von Systemdynamiken können Organisationssysteme diagnostiziert und entsprechend interveniert werden. Es hat sich gezeigt, dass man bereits mit Eingriffen in nur zwei Dynamiken eine Organisation maßgeblich beeinflussen kann. Der Grund dafür liegt in der Bindung der Dynamiken untereinander. Die Arbeit mit Systemdynamiken unterstützt demnach die Analyse eines Unternehmens in seiner aktuellen Situation, zeigt die unterschiedlichen Sicht- und Handlungsweisen auf, macht Konfliktursachen deutlich und hebt hervor, wie individuell eingegriffen werden kann.

Change-Architektur aufbauen

Letztendlich kann ich eine Organisation nicht von außen entwickeln, denn das ist etwas, was von innen heraus geschehen muss. So ist das immer wieder dieses Spannungsfeld zwischen Mut, selbst Impulse hineinzugeben und wirklich etwas voranzubringen sowie Demut, dass man ja eigentlich doch nichts wirklich beeinflussen kann.

Wichtig ist jetzt natürlich dafür zu sorgen, dass in dem Kundensystem selbst irgendwie dieser Prozess weitergeht und der Kunde nicht nur von mir als Berater abhängig ist. Das heißt, ich muss dem Entwicklungsimpuls in der Organisation auch einen Ort oder eine Struktur geben. Dieser Ort oder diese Struktur ist aus meiner Sicht die **Change-Architektur**, die ich aufsetzen muss.

4 Ein mögliches Vorgehen

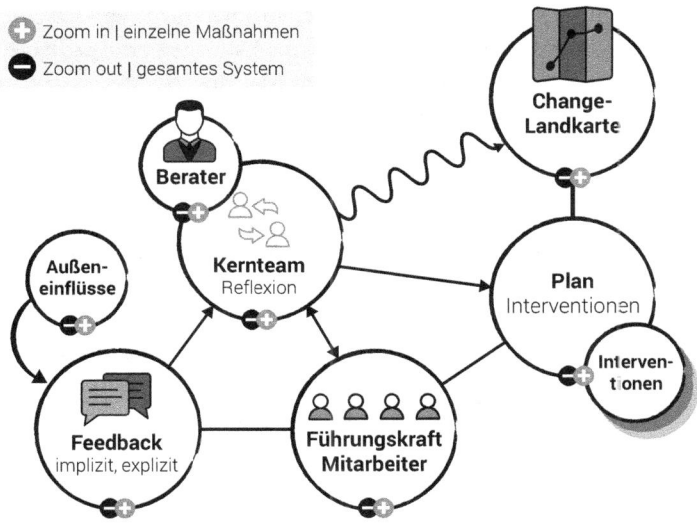

Abb. 4.5: Change-Architektur

Ein Schlüsselelement in dieser Change-Architektur ist, ein **Kernteam** zu implementieren, was in der Organisation auch eine Einheit bzw. ein Feld ist, an dem besonders reflektiert wird, an dem die Einflüsse geprüft werden und wo dieses Veränderungsvorhaben immer wieder aktualisiert wird.

Um dieses Kernteam zusammenstellen zu können, wäre es natürlich gut, möglichst reife Personen in der Organisation zu suchen. Ganz häufig sind reife Personen in einer Organisation zusätzlich besonders gut vernetzt. Also sollten diese schon Schlüsselpersonen sein. Häufig sind das Führungskräfte und andere Schlüsselpersonen, die im Unternehmen tätig sind. Das Kernteam sollte eine Größe von üblicherweise nicht mehr als sechs Personen haben, sodass in diesem Rahmen noch gute Diskussionen möglich sind. Eine ideale Größenordnung ist vier bis sechs Personen.

Selten kann man in postkonventionellen Organisationen die Architektur so aufsetzen, dass dies über die ganze Organisation verteilt erfolgt und kein explizites Team notwendig ist.

Das Kernteam muss gut vernetzt werden mit **Führungskräften und Mitarbeitern**. Die Interventionen und deren Ergebnisse müssen in den Alltag integriert werden, damit wirkliche Veränderungen geschehen können. Daher ist die Kopplung an die Alltagsarbeit und die Mitarbeiter so wesentlich. Ein Veränderungsprozess, der hinter verschlossenen Türen stattfindet, wird höchstwahrscheinlich nicht wirklich eine Veränderung bringen. Das Kernteam soll aber auch die Führungsmechanismen der Organisation nicht unterlaufen. Ansonsten kann schnell ein Muster entstehen, dass die Führung einer ihrer Schlüsselaufgaben nicht mehr nachkommt. Daher braucht es eine sehr gute Kopplung an die Führungsmechanismen. Ob das im Sinne von Steuerkreisen, Hearing und Sounding Boards oder über höhere Integrationsmechanismen erfolgt, ist stark abhängig von den gültigen Hintergrundfolien der Organisation. Hier gilt wieder das Prinzip »angemessen ungewöhnlich«!

Kopplung an Führung UND die Alltagsarbeit, wie auch immer die geregelt ist.

Ebenso muss sichergestellt werden, dass es Mechanismen für **Feedback** zum Veränderungsprozess gibt. Dazu muss eine Kombination aus formellem Feedback, beispielsweise über Retrospektiven, Großgruppenveranstaltungen oder Befragungen und informellem Feedback über die soziale Struktur sichergestellt werden. Gerade die Frage nach dem informellen Feedback ist bei Organisationen, in denen Menschen noch stark selbstschützendes Verhalten zeigen, ein kritischer Erfolgsfaktor. Auf der einen Seite muss das Feedback aufgenommen werden und in den Veränderungsprozess einfließen. Auf der anderen Seite muss die Vertraulichkeit und der Schutz gegenüber den Feedbackgebenden sichergestellt werden. Je offener eine Organisation ist, umso leichter ist das Feedback zu gewinnen. Hier weise ich auch explizit darauf hin, die Außenwelt der Organisation nicht zu vernachlässigen. Es kann sich dabei um **Außeneinflüsse** handeln, wie die Veränderung von Marktbedürfnissen und -bedingungen, aber insbesondere auch um Rückmeldung von Kunden, Partnern und Marktbegleitern.

Die **Veränderungslandkarte** ist ein zentrales Element. Die regelmäßige Reflexion, Überarbeitung und Kommunikation sind weitere kritische Erfolgsfaktoren. Die Veränderungslandkarte ermöglicht mir immer wieder die Orientierung, um eine konsistente Geschichte zu erzählen. Dabei kann es sinnvoll sein, verschiedene Detaillierungsstufen der Landkarte auszudifferenzieren, wobei auf die Konsistenz und Kohärenz der Veränderungslandkarten zu achten ist. Es braucht immer eine jederzeit kommunizierbare Überblicksdarstellung.

Aus der Veränderungslandkarte gilt es dann unter Berücksichtigung der Hintergrundfolien einen Überblick und **Plan für Interventionen** zu entwickeln. (Dazu bietet sich auch Fleximity als Werkzeug an, um den Kunden selbst Interventionen entwickeln zu lassen. Mehr dazu im Werkzeugteil.) Dabei geht es um die inhaltlichen und zeitlichen Zusammenhänge verschiedener Einzelinterventionen. Hier muss insbesondere darauf geachtet werden, dass sich die Interventionen in den Quadranten und Linien gegenseitig unterstützen und nicht behindern. Wenn man beispielsweise stärker Teamarbeit und kollegiale Unterstützung in einer konventionellen Organisation vorantreiben will, muss man sich auch die bestehenden Anreizsysteme anschauen. Wenn dort beispielsweise individuelle Zielvereinbarungen getroffen werden, ist das ein Widerspruch innerhalb der Veränderungsmaßnahme.

Konsistenz in allen Quadranten ist das wesentliche Thema! Ebenso müssen die Führungsbotschaften geprüft werden. Wenn beispielsweise der Wandel von einem stark konkurrierenden Marktverhalten zu einem kooperierenden Marktverhalten erfolgen soll, reicht es nicht aus, Partnerverträge mit Wettbewerbern zu schließen. Wenn in der Vergangenheit Erfolge gefeiert wurden, wenn die eigenen Marktanteile wachsen und die der Wettbewerber schrumpfen, ist die Wahrscheinlichkeit hoch, dass diese Prägung noch weiterläuft und ähnliche Botschaften oder Beobachtungsmechanismen noch genutzt werden. Das widerspricht aber gänzlich dem kooperativen Ansatz, hier ist also auch in der Führung auf eine Konsistenz der täglichen Botschaften und den Veränderungszielen zu achten.

Der zeitliche Ablauf von Interventionen muss hier auch reflektiert werden. Welche Geschwindigkeit von Veränderungsinterventionen verträgt die Organisation? Wie schnell erhalten wir Feedback und können dieses dann auch in die Veränderungsmaßnahmen einfließen lassen? Wie können wir den Spagat zwischen Stabilität und Veränderung in dieser Organisationskultur herstellen? Vielleicht sogar: Wie gelingt es uns, die kontinuierliche Veränderungsarbeit zur Stabilität werden zu lassen?

Und dann gibt es noch die einzelnen **Interventionen**. Diese sind auf der Detailebene jeweils auszugestalten. Für jede Intervention sollte im Prinzip ein kleiner U-Prozess durchlaufen werden, der im Umfang ja auch spezifisch angepasst werden kann, je nachdem, ob es sich eher um informations- und erkenntnissteigernde oder eine verändernde Intervention handelt.

Ein Kennzeichen einer postkonventionellen Entwicklungsstufe ist die Fähigkeit, immer wieder zwischen dem Gesamtbild, dem **Zoom-out,** und dem Detail, dem **Zoom-in,** zu wechseln und dabei zu beachten, wie sich das gesamte System und man selbst sich auch verändert. Dabei kann der Zoom-in auf eine konkrete Intervention, einen Organisationsteil, eine Person oder Ähnliches erfolgen. Hier schaue ich mir sozusagen ein Puzzlestück sehr genau an. Der Zoom-out berücksichtigt immer die Zusammenhänge. Hier sehe ich also, wie die vielen Puzzlestücke zusammenhängen und sich gegenseitig beeinflussen. In der Change-Architektur ist das eine Schlüsselaufgabe des Kernteams und des Beraters: Herauszoomen – kohärenzhaltend die Maßnahmen aufeinander abzustimmen – und hineinzoomen – immer wieder wahrnehmen, was wirklich in der Organisation passiert, was im Detail notwendig ist.

Genau diese Zoom-in- und Zoom-out-Reflektion, dieses »Sich klarmachen«, was wir tun müssen und in welcher Reihenfolge, ist das, was den Mehrwert bringt.

Vertiefung Kernteam

Das Kernteam – also der Ort, an dem sich ein Entwicklungsimpuls als Erstes in der Organisation manifestiert – ist schon sehr spannend in seiner Zusammensetzung: Es müssen idealerweise Personen sein, die eine gewisse Macht im Sinne von »sie haben eine Wirkung in der Organisation und werden gehört« haben. In konventionellen Organisationen sind dieses meistens Führungskräfte und Schlüsselpersonen.

Doch ist hier Vorsicht geboten: Manche Führungskräfte und Schlüsselpersonen haben aufgrund von Machtspielen Macht. Also muss ich als Berater sehr gut abwägen, wer wirklich der Richtige ist.

> Es geht um soziale Beeinflusser und nicht um formelle Würdenträger.

Grundsätzlich sollte ich als Berater mit meinem Auftraggeber gemeinsam schauen, wen er auch für geeignet hält. Man muss im Grunde genommen auch ein Stück weit mit den Leuten arbeiten, die man bekommt, doch kann man durchaus Kriterien angeben, die erfüllt sein müssen. Diese sind beispielsweise:

- sind gut vernetzt,
- gehören zu den Meinungsbildnern,

- finden Gehör in der Organisation,
- können mit möglichst hoher Komplexität umgehen,
- haben eine möglichst hohe Ambiguitätstoleranz,
- besitzen hohe kommunikative Fähigkeiten,
- haben eine hohe Reflexionsfähigkeit.

Zwar habe ich als Berater in den seltensten Fällen die Möglichkeit, ein komplettes Wunschteam zusammenzustellen, doch kann ich darauf achten, dass darin Personen sind, die auf der einen Seite die Kultur ihrer Organisation nicht komplett ablehnen, aber auf der anderen Seite auch offen sind für neue Ansätze. Man muss aufpassen, dass man nicht nur hohe Führungskräfte im Kernteam hat, denn es muss natürlich eine gewisse Bodenhaftung haben. Wenn man ein Kernteam hat, wo nur Manager höherer Ebenen drin sind, muss man überlegen, ob man als verlängerten Arm des Kernteams noch so etwas wie ein Sounding Board einführt, was dann aus eher operativ arbeitenden Personen besteht. Menschen, die das Feedback aus der Organisation auch in das Kernteam bringen können. Dieses wäre sozusagen eine Erweiterung des Kernteams, um sicherzustellen, dass man möglichst viele Perspektiven aus der Organisation mit abgreift. Auch wenn es noch so unverständlich klingen mag, können in diesem erweiterten Kernteam gerne auch Querulanten mit hinein. Denn jeder Querulant, der sich über etwas beschwert, hat ja interessante Informationen. Er sieht etwas, was die Organisation so nicht sieht. Manche Querulanten sind auch einfach nur quer. Aber die Grundhaltung zu sagen: »Okay, von denen nehme ich bewusst welche mit rein« ist natürlich schon nützlich. Weil das einfach eine andere Sichtweise ist und nochmal andere Informationen reinbringt.

Ich brauche eher rebellische als überangepasste Typen, um an mehr Informationen zu kommen. Der Grund: Überangepasste werden sich immer anpassen, es gibt keine gute Mehrinformation an dieser Stelle. Mein Job als Berater ist es dann, all das kommende Feedback auf irgendeine Art auch annehmbar zu machen und zwar so, dass das Feedback nicht abgewertet wird im Sinne von »Ja, das kommt ja wieder von XY, das ist ja eh immer Blödsinn«, sondern wirklich zu schauen: »Ja, abgesehen davon, dass die Art und Weise und die Form vielleicht völlig unangebracht ist, lasst es uns doch mal auspacken und gucken, was könnte denn da noch drinstecken für uns.«

Rahmen geben

Was für das Kernteam natürlich ganz besonders wichtig ist: diesem auch einen Rahmen zu geben. Üblicherweise werden Kernteams schnell verwechselt mit irgendwelchen Steuerungskreisen oder Ähnlichem. Der Fokus liegt dann darauf, irgendetwas zu entscheiden und irgendetwas zu machen. Hier muss ich einen Wechsel herbeiführen mit der ersten Aufgabe, zu reflektieren, in einen Zustand zu gehen, wo man erst einmal offen ist. Das heißt, hier sollte man sich relativ früh klarmachen: Das Ergebnis ist ERST einmal, dass Erkenntnisse gesammelt und in der Schwebe gehalten werden. Erst in einem zweiten Schritt ist es dann vielleicht eine Anpassungsfrage.

In den meisten konventionellen Organisationen wird der Fokus darauf gelegt, wie schnell man entscheidet und ob Entscheider in das Kernteam hinein müssen und Ähnliches, darum geht es jedoch nicht primär. Der Schwerpunkt ist, einen sicheren Rahmen zu schaffen. Wo man einen Reflexionsraum hat, wo die Erkenntnisse, die in der Organisation entstehen, einen Platz haben. Wo sie einmal »destilliert« werden, bevor daraus eine Entscheidung wird. Wo man vielleicht einmal einen Sachverhalt aus fünf unterschiedlichen Perspektiven anschaut und nicht möglichst schnell eine Entscheidung trifft. Für mich als Berater ist es eine spannende Frage, was für einen Rahmen wir hier in diesem Kernteam schaffen.

Geeignete Methoden

Und wie greife ich auch ein und mit welchen Methoden arbeite ich da? Ich empfehle beispielsweise, PowerPoint grundsätzlich zu verbieten. Viel besser eignen sich Moderationskarten, die einfach auf den Tisch gelegt werden statt sie an eine Metaplanwand zu pinnen. Der Vorteil dabei ist, dass auf dem Tisch oder auch Boden Perspektiven hin- und hergeschoben werden können. Alleine schon einen Wechsel von PowerPoint auf Moderationskarten und das Legen von Moderationskarten auf den Tisch oder auf den Boden hat manchmal einen riesigen Effekt.

Tische raus aus dem Raum! Einen Stuhlkreis machen und anleiten, schließlich geht es in diesem Moment ja darum, dass möglichst ganzheitlich Information aus der Organisation gesammelt werden. Auf diese Weise haben die Beteiligten die Möglichkeit, auch die Körpersprache der anderen zu sehen. So haben wir einen Sinnzusammenhang hergestellt, es plausibel dargestellt und einen Rahmen geschaffen. Das ist ganz wichtig bei einer konventionellen Organisation. Und es wird mich freuen, von Teilnehmern zu hören, dass es vielleicht genau diese Brücke braucht – auch wenn es auf den ersten Blick absurd erscheinen mag.

Wichtig ist, mir hier als Berater klarzumachen, dass es vielleicht noch etwas mehr und »anders« ist, denn in der konventionellen Organisation wird noch stark an einem Konzept festgehalten, wie es zu sein hat. Aus diesem Grund ist der Berater wie eine Blase an das Kernteam mit angeschlossen (siehe auch das Schaubild in Abbildung 4.5: Change Architektur).

Als Berater muss ich auch immer schauen, was die Dynamik in meinem Kernteam ist, welche Muster ich da sehe und wie diese zur Organisation passen. Und wie ich dort vielleicht auch Muster verändern kann. So ist es auch spannend, die Entwicklung des Kernteams über die Zeit zu sehen und zu überlegen, mit welcher Reflexionshöhe oder -tiefe ich überhaupt anfange. Fange ich damit an, dass ich Kärtchen schreiben lasse? Fange ich damit an, die Perspektive »von« einzunehmen, einen Perspektivwechsel zu machen? Unterstütze ich den Perspektivwechsel dadurch, dass ich frage: »Wie würde denn so jemand auf seinem Stuhl sitzen?« Ich nehme dann also noch mehr Körperintervention mit hinzu, um die Reflexionsfähigkeit zu steigern. Sobald das in diesem Umfeld normal geworden ist, kann ich möglicherweise bereits den nächsten

Schritt gehen und fragen: »Wo würde dieser denn hier im Raum stehen, in welcher Distanz zur Organisation, in welcher Distanz zum Thema?« Und schon kann ich so etwas wie eine Aufstellungsarbeit verwenden, ohne dass ich es so nenne.

Als Berater darf ich nicht nur auf den Inhalt schauen, sondern muss die Dynamik im Blick haben. Wie interagieren die Leute miteinander? Worauf lassen sie sich ein, worauf lassen sie sich nicht ein? Was wird gut angenommen, was eher schlecht? Und ich muss mir immer klarmachen, dass mein Change-Kernteam der Organisation wahrscheinlich deutlich voraus ist. Das bedeutet, dass die Dinge, die ich im Kernteam mache und dort normal sind, noch lange nicht in einem normalen Workshop normal sind.

In diesem Change-Kernteam würde ich nämlich nicht nur den Plan der Intervention reflektieren, sondern auch noch einmal jede Intervention für sich. Und jede Intervention hat auch wieder eine Art kleine Auftragsklärung. Das Change-Kernteam schaut also genau drüber, ob diese Zielstellung in das Gesamtkonstrukt passt. Somit ist es sozusagen der Teil in der Organisation, der den meisten Überblick in dem Moment hat.

Und darüber hinaus ist das Kernteam Keimzelle einer Wunschkultur. Dafür sollte ich als Berater auch angemessene Unterschiede in der üblichen Art und Weise zu arbeiten einführen. Hier gilt es, vorsichtig neue Muster zu etablieren, die sich dann ausbreiten können. Dabei ist auf die Besonderheit von Kultur zu achten: Wenn etwas zu ungewöhnlich ist, kann es abgestoßen werden. Das muss ich als Berater mit im Blick haben und auf die Kopplung und den Übergang von einer bestehenden Kultur und einer Wunschkultur achten. Und ich muss bedenken: Kultur ist das Ergebnis aller am Prozess Beteiligten. Wo genau liegen meine Einflussmöglichkeiten?

In reifen Kernteams – unabhängig davon, ob die Personen im Kernteam sehr reif sind, die gesamte Organisation sehr reif ist oder ob über die Zeit Reife entwickelt wurde – kann sich der Berater immer mehr und mehr zurückziehen und immer mehr zu einem Supervisor und Spiegel von außen werden. Das ideale Ziel ist, dass sich der Berater weitestgehend überflüssig macht, indem intern die Entwicklung erfolgt.

Vertiefung individuelle Intervention

Jede Intervention benötigt eine sehr bewusste Gestaltung. Während auf der Planebene nur eine grobe Übersicht der Abhängigkeiten und Zusammenhänge der Interventionen erkennbar ist, geht es nun darum, jede Intervention im Detail auszuarbeiten. Das sollte mit einem zeitlich sinnvollen Vorlauf vor der eigentlichen Intervention erfolgen, denn die Vorbereitung der Intervention benötigt Zeit und ist häufig schon Bestandteil der Intervention. Auch bei Standardinterventionen, also von der Organisation und vom Berater schon oft durchgeführte und beherrschte Interventionen, ist eine gute Vorbereitung unerlässlich. Wenn Detailinterventionen zu früh geplant werden, ist die Gefahr, an einer Idee anzuhaften, die eigentlich aufgrund des Feedbacks und der Entwicklungen der Organisation nicht mehr angemessen ist.

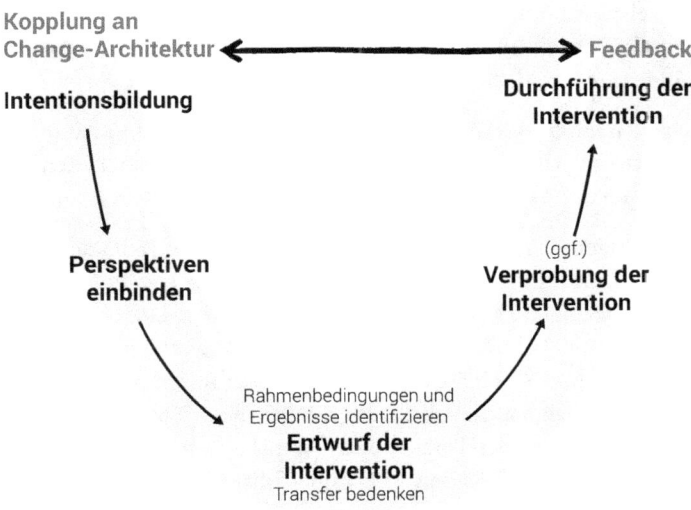

Abb. 4.6: Ablauf eines U-Prozesses

Die Intensität und der Aufwand sind natürlich stark von der eigentlichen Intervention abhängig. Idealerweise durchläuft man jedes Mal einen kleinen U-Prozess, der sich nur in der Intensität bzw. dem Zeitbedarf unterscheidet.

Es beginnt mit der Ableitung und **Kopplung an die Change-Architektur**. Die Intervention muss in sich schlüssig sein, also Aspekte aller Quadranten in die gleiche Richtung fokussieren, die Intervention ist der Entwicklungsebene und der Unternehmenskultur angepasst. Darüber hinaus muss sie aber in den inhaltlichen und zeitlichen Kontext der anderen Interventionen passen.

Als Nächstes erfolgt die bewusste **Intentionsbildung**. Im übergeordneten Plan sollten die Ziele jeder Intervention ja bereits vermerkt werden. Unabhängig davon ist eine sehr bewusste Ausrichtung notwendig. Das kann je nach Organisation und Intervention eine konkrete Zielformulierung sein oder auch eine etwas abstraktere Absicht. Diese gibt nun Orientierung für die weitere Ausgestaltung. Sollte sich durch die Ausarbeitung der Intervention an der Intention etwas ändern, so ist wiederum die Rückkopplung an die Change-Architektur notwendig.

Mit der Intention kann man nun weitere **Perspektiven einbinden** und Ideen sammeln. Das sollte mindestens im Kernteam stattfinden. Oft ist es hier aber sinnvoll, betroffene Menschen in der Organisation anzusprechen und deren Sichtweisen und Ideen auf Basis der Intention der Intervention zu erhalten. Dabei ist es insbesondere wichtig, sowohl Sorgen und Risiken, als auch Wünsche und Hoffnungen zu berücksichtigen.

Manches Mal erhält man hier auch konkretisierende Ideen. Beispielsweise wenn eine Kulturdiagnose erfolgen soll. Welche Bedenken gibt es dort? Ist eine inhaltliche Analyse mit einem Kulturfragebogen sinnvoll oder lieber eine Werteebenen-bezogene Analyse, beispielsweise mit Valuematch? Welche Ideen haben die Betroffenen, welchen Nutzen können sie bereits erkennen? Hier wird bereits die Vorbereitung der eigentlichen Intervention zur Intervention!

Jetzt zeigt sich auch, ob die gewählte Intention auch von einem breiteren Kreis aufgenommen wird. Ebenso erhält man viele Informationen zu Abhängigkeiten oder erwarteten Auswirkungen auf Arbeitsalltag, Kultur, Struktur und andere Interventionen.

Dann erfolgt der eigentliche **Entwurf der Intervention**. Auf Basis der gesammelten Informationen werden nun die konkreten Ergebnisse festgelegt, auf die man abzielt, ebenso wie die zur Verfügung stehenden Rahmenbedingungen, wie beispielsweise Zeiten und Verfügbarkeiten bei Workshops oder finanzielle Mittel und Auswertungsbedarfe bei Fragebögen und Ähnlichem. Ob man bei den Rahmenbedingungen frei ist oder Vorgaben zu erfüllen hat, ist dann maßgeblich für den Entwurf der Intervention. Ganz wichtig ist es hier auch, den Fokus auf den Transfer zu legen. Wie genau sollen die Ergebnisse dieser Intervention in den Alltag überführt werden? Wie erfolgt das Einsammeln von Rückmeldungen, die Verstetigung der Ergebnisse in der Organisation und somit auch die Rückkopplung des Feedbacks in die Change-Architektur?

Für die Intervention selbst stehen nun alle Möglichkeiten in allen Quadranten zur Verfügung. Hier ist die Kompetenz aller am Prozess Beteiligten gefordert. Dabei kann es sich beispielsweise um Workshops handeln, um Personalentwicklungsmaßnahmen, Gestaltung von Räumen, Rollenklärungen, Anpassungen einer Organisationsstruktur, Vereinbarung neuer Regeln, Anpassung von Gehaltsmodellen, Einführung einer neuen Software, Verprobung einer neuen Arbeitsweise, Einsatz von Experten für definierte Aufgaben und vieles mehr.

Für den Entwurf von Interventionen oder auch die Sammlung von Interventionsideen kann insbesondere die Fleximity-Methode genutzt werden, die ich später im Kapitel 7 »Pragmatische Werkzeuge« vorstelle. Darin ist ja auch bereits eine Quadrantenreflexion impliziert.

Sofern möglich und notwendig, sollte eine **Verprobung der Intervention** erfolgen. Dabei handelt es sich um eine Art Prototyping. Eine Minifassung der Intervention oder zumindest ein detailliertes Durchspielen des Ablaufs unter Berücksichtigung verschiedener Perspektiven. Je nach Intervention kann hier auch mit einer ersten Versuchsgruppe gestartet werden. Beispielsweise könnte man hier bei einer geplanten Umstellung auf eine wertschöpfungsorientierte Struktur ein kleines Projekt aufsetzen, mit einem wertschöpfungsorientierten Team besetzten, die Rahmenbedingungen für einen überschaubaren Zeitraum bereitstellen und sehen, welche Herausforderungen und Erfolge sich einstellen. Bei der Auswertung ist zu bedenken, dass die Laborsituation gegebenenfalls intensiver begleitet wird als die eigentliche Intervention.

Die Reflexion über Lernerfahrungen, Erfolgs- und Misserfolgsfaktoren dient hier der Überarbeitung der Intervention. Eventuell muss ich als Berater weitere Perspektiven mit einbeziehen oder sogar die Intention noch einmal prüfen.

Als letzter Schritt erfolgt dann die **Durchführung der Intervention**. Hier ist wiederum besonders darauf zu achten, welche Rückmeldungen sich ergeben und wie die Ergebnisse der Intervention wirklich Einzug in den Arbeitsalltag der handelnden Personen und ablaufenden Prozesse halten.

Im Sinne der Kopplung an die Change-Architektur ist das bewusste Aufnehmen von **Feedback** wieder zu fokussieren und im übergeordneten Sinne im Rahmen von »Change-Architektur leben« die Erkenntnisse in den Gesamtprozess einzubringen.

Change-Architektur leben

Auch wenn Change-Architektur als Raum oder Struktur einen statischen Eindruck vermittelt, ist das im eigentlichen Sinne jedoch etwas sehr Lebendiges, etwas aktiv Gelebtes.

Hier muss immer wieder ein Zoom-in und ein Zoom-out erfolgen. Immer wieder der Wechsel zwischen Überblick und Detail, der Weg von der Landkarte in das Territorium und wieder zurück. Dabei ist die Reflexion innerhalb des Kernteams und gegebenenfalls auch darüber hinaus ein ganz wesentlicher Aspekt. Wenn hier keine bodenständige Reflexion erfolgt, wenn hier nicht wirklich die Rückmeldung aus dem Alltag ankommt, ist das Risiko einer Elfenbeingruppe ziemlich hoch. Um das zu vermeiden, bleibt es bei allem Aufwand notwendig, dass die Mitglieder des Kernteams normal in den Arbeitsalltag eingebunden sind. Es ist bereits eine Art Modellprozess, dass der Wechsel von der Perspektive »im System arbeiten« und »am System arbeiten« im Kernteam direkt eingebaut ist. Denn genau diese Fähigkeit wird ja idealerweise von allen Mitgliedern in der Organisation eingebracht, um in kontinuierliche Entwicklungs- und Entfaltungsprozesse einzusteigen.

Es gilt, sich im gesamten Feld des Vorgehensweise-Us zu bewegen: die Überarbeitung und Anpassung der Veränderungslandkarte, eine kontinuierliche Reflexion und Anpassung der Hintergrundfolien, regelmäßig konkrete Interventionen ausgestalten oder ausgestalten lassen. (Warum nicht mal für eine Interventionsausgestaltung ein interdisziplinäres Team von Mitarbeitern gewinnen?) In der Bewegung des ganzen Feldes meint auch, immer wieder zu prüfen, inwiefern bereits Verankerungen in der Organisation erfolgt sind, auch die Change-Architektur selbst kann in Frage gestellt werden. Vielleicht braucht es einmal eine Veränderung im Kernteam oder die gesamte Form ist nicht mehr passend. Eine der Grunderfahrungen des Menschen ist ja, dass der schützende Rahmen irgendwann zu eng wird.

> Wenn eine Anpassung von Hintergrundfolien notwendig wird, bedeutet das auch einen wesentlichen Veränderungsschritt.

Alles ist im Fluss, Anhaftung verhindert diesen Fluss und führt zu Blockaden. Gerade der letzte Aspekt ist wichtig zu bedenken. Diese Sicht wird oft auch aus Angst vor den Folgen einer möglichen Auflösung des Kernteams ausgeblendet. Denn in einer solch engen Zusammenarbeit von gemeinsamer Reflexion, eventuell sogar unterstützt durch Mechanismen wie systemische Aufstellungen, Stille, Mediations- und Kontemplationsmechanismen, Pre-Sencing oder wie auch immer Sie das Kernteam gestaltet haben oder es sich selbst gestaltet und entwickelt hat, entsteht ja eine sehr hohe Bindung. Diese aufzulösen und sich zu trennen, wird dann als besonders verlustreich erlebt.

Das permanente Zoom-in und Zoom-out ist laut Terri O'Fallon ein Schlüsselmerkmal einer postkonventionellen Entwicklungsstufe. Sofern der Berater und die Mitglieder des Kernteams sich noch nicht auf einer voll ausgeprägten postkonventionellen Ich-Entwicklungsstufe befinden, ist es wichtig, diese Aktivität zum normalen Alltagsthema im Kernteam zu machen. Selbst wenn alle postkonventionelle Perspektiven einnehmen, manchmal fallen wir im Alltag auf frühere Stufen zurück.

Auch für den Berater ist die Reflexion wesentlich, ob er hier noch an der richtigen Stelle ist. Eine ergänzende Supervision, die einen auch in dieser manchmal sehr schwierigen Frage unterstützt, ist sehr empfehlenswert.

In der Organisation weiter verankern

Mit Blick auf die Auftragsklärung und die Idee, dass ein Berater sich möglichst überflüssig machen sollte, ist das Beachten der Verankerung der Veränderungen in der Organisation wesentlich. Der Blick von außen durch einen Berater kann zwar nie ersetzt werden, aber der Entwicklungsimpuls, die dafür notwendige Energie, die Strukturen und Prozesse für Veränderungen, die Überführung von Veränderung nicht als einmaligen Prozess, sondern als neue Stabilität zu sehen, sind Aspekte, die in die DNS der Organisation übergehen müssen. Dazu muss ich als Berater von Beginn an prüfen, welche Verantwortlichkeiten und Aktivitäten möglichst an Personen in der Organisation übergeben werden können. Grundsätzlich muss aus Unternehmenssicht jede Abhängigkeit von einem Berater, die im Rahmen eines Veränderungsprozesses aufgebaut wurde und manchmal nicht zu vermeiden ist, auch wieder abgebaut werden.

Es ist hier insbesondere auf der Ebene der unbewussten Muster wichtig darauf zu achten, ob die einzelnen Interventionen und somit der Gesamtveränderungsprozess Einzug in den Alltag gehalten haben. Ansonsten müssen hier innerhalb der Change-Architektur Anpassungen vorgenommen werden.

Es ist oft auch sinnvoll, nach einigen Wochen oder Monaten noch einmal zu prüfen, ob die Veränderungen stabil waren. Oft setzt ja ein Versandungseffekt ein, der auch nach drei oder sechs Monaten noch zu einer gewissen Ehrenrunde in die alten Muster führt.

Je nach Art der Veränderungsmaßnahme kann der Rückzug des Beraters und der Abbau der Change-Architektur sehr unterschiedlich ausfallen. Es ist auch möglich, die Change-Architektur zu einem normalen Element der Organisation werden zu lassen, denn im Sinne einer kontinuierlichen Veränderung und Entfaltung kann das sehr sinnvoll sein. Ob es dann noch notwendig ist, ein spezifisches Kernteam zu haben oder ob es möglich ist, die Mechanismen und Prinzipien auf breitere Beine zu stellen, bis letztlich alle in der Organisation auch aktiv über diese Mechanismen beitragen, ist eine Frage der spezifischen Situation.

Was ändert sich? Unterscheidung konventionelle und postkonventionelle Organisation

Prinzipiell gilt: Je später die Stufe, desto mehr Offenheit gibt es. Diese Offenheit und diesen Raum immer wieder herzustellen, in dem auftauchen kann, was sich hier wirklich entfalten möchte, ist mit fortschreitender Entwicklung die immer wichtigere Aufgabe. Umso mehr kann ich als Berater neue Ideen einbringen. Umso mehr kann ich mich auch selbst öffnen und als Informationsquelle nicht nur Zahlen, Daten, Fakten oder eine Expertenmeinung nutzen, sondern genauso das, was an inneren Impulsen und Gefühlen aufkommt.

Bei Entscheidungen kann ich auch mit hinzuziehen, wo sich mein Körper angespannt oder entspannt anfühlt. Ich kann neben einer rationalen Analyse auch beispielsweise mit systemischen Aufstellungen arbeiten, um Informationen zu gewinnen oder Simulationen vorzunehmen. Ich kann meine Interpretation immer mehr zurücknehmen und stattdessen die Beobachtung weiter nach vorne stellen. Das bedeutet natürlich auch, immer mehr in Kommunikation und in Dialog zu gehen und immer bewusster einen Wir-Raum zu gestalten. Wo wir Wirklichkeit teilen. Wo wir feststellen, dass wir in der gleichen Welt unterwegs sind.

Im ersten Schritt hat das ein Stück weit mit mir selbst zu tun, aber auch mit meinem Team, meiner Organisation oder mit meinen Kunden. Das bedeutet: Interpretation zurücknehmen und echtes Feedback einsammeln. In echte Co-Kreation, in wirkliche Miteinander-Gestaltung gehen. Immer mehr auf dahinterliegende Prinzipen schauen. Was ist der Engpass? Was ist das, was uns ein Stück weit gerade am Wachstum hindert? Was ist der Rohstoff, den wir gerade brauchen? Sind es Beziehungen? Ist es Geld? Ist es neue Entwicklung? Ist es ein neues Produkt? Ist es ein neuer Markt? Um dann zu schauen, wie ich diesen Engpass lösen kann. Und immer mehr auf die Muster zu schauen, wie ich mich organisiert habe und zukünftig organisiere. Und die Muster darauf auszurichten, dass mehr Offenheit, mehr Freiheit und mehr Sinn, mehr Ganzheit, mehr Eigenverantwortung, mehr Selbststeuerung, mehr Dialog, mehr Kommunikation und mehr Verständnis in der gesamten Organisation entsteht.

Dieses sind die Grundprinzipien, über die ich immer nachdenken muss: Welchen Raum gestalte ich für meinen Kunden? Wie eng oder wie weit kann oder muss ich den Rahmen spannen? Kann ich wirklich einen vollen Theory-U-Prozess mit meinen Kunden machen, indem wir gemeinsam die Intention setzen, wirklich in die Stille gehen und vielleicht aus einer meditativen Haltung heraus etwas generieren können? Vielleicht kann ich mit meinem Kunden direkt eine Aufstellung machen, wo Leute schon so geklärt sind, dass sie ihrer Intuition und ihren Impulsen Ausdruck verleihen können. Oder ich muss den Rahmen enger setzen und beispielsweise mit Mechanismen wie Fleximity einen Rahmen vorgeben, in dem Menschen ihre Erkenntnis hineinbringen können.

Die Prinzipien sind in konventionellen und postkonventionellen Organisationen für mich als Berater die gleichen. Ich muss immer darauf schauen, was das Ziel ist. Was die Orientierung ist, an der ich mich ausrichte. Die Orientierung muss vom Kunden kommen. Die kann ich ein bisschen mit beeinflussen, aber am Ende des Tages muss es natürlich vom Kunden kommen, denn dort liegt die Verantwortung für die Gestaltung und es ist der Job, den Rahmen zu gestalten. In früheren Stufen gestalte ich vielleicht den Rahmen und gehe dann immer mehr dazu über, mit meinen Kunden reflektierend gemeinsam den Rahmen zu gestalten und zu schauen: Wie offen ist es denn? Wen laden wir vielleicht noch mit ein als Experten? Und wie bringen wir immer wieder alle Ansätze von außen mit in unsere konkrete Gestaltung, in unsere Organisation hinein?

So komme ich auf die drei Grunderfahrungen des Menschen, die es braucht:

1. Wachstum,

2. Orientierung,

3. Verbindung.

Der Mensch im Mutterleib macht diese drei Grunderfahrungen. Er wächst, er ist verbunden und es gibt eine Grenze, die ihn schützt. Genau diese drei Grunderfahrungen habe ich als Prinzip ebenso in der Organisationsentwicklung. Zum Wachsen (vertikal oder horizontal) brauche ich eine Orientierung. Orientierung sind die Leitplanken und die Grenzen, die Menschen brauchen. Verbindung schaffe ich durch echte Kommunikation. Dadurch entsteht Sicherheit und es braucht die Grenze, den Rahmen, die einem Halt und Schutz gibt. Und einem manchmal einfach zeigt, dass dort eine Spannung ist, wo man diese Grenze auch einmal überschreiten muss. Und da ist die Kunst, während des Workshops sehr achtsam zu sein: Wo ist mein Rahmen zu eng oder zu weit? Aus dem Prozess heraus passe ich diesen permanent an.

In diesem Rahmen kann dann alles Mögliche geschehen. Und irgendwann sind die Grenzen vielleicht so eng, dass man geboren werden muss und etwas ganz Neues entsteht. Da steckt schon eine gewisse Wahrheit drin. Wenn ich so etwas schreibe, merke ich, wie sehr mich das berührt.

5 Ein Schritt zurück

Einführung

Nach vielen Grundlagen und einem strukturierten Vorgehen ist es sinnvoll, mal einen Schritt zurück zu machen. Einen Schritt zurück von dem normalen Alltagsbewusstsein, von dem fokussierten Lesen und Lernen, um einmal von einer anderen Perspektive auf das Thema zu schauen. Und auch auf sich selbst. Und die Art und Weise, wie du dich mit diesem Buch, dem Thema, den Kunden und der Welt in Beziehung setzt. (Ich hoffe, das »Du« ist an dieser Stelle okay, mir geht es um die persönliche individuelle Auseinandersetzung. Da finde ich das respektvolle »Du« einfach angemessen.)

Alles, was du hier liest, ist aus meiner individuellen Perspektive geschrieben. Ich habe nicht den Anspruch, hier Wahrheiten zu verkünden. Vielmehr möchte ich einen Beitrag zu einer intensiveren Auseinandersetzung mit den Haltungen, Praktiken und Hilfsmitteln in der Organisationsentwicklung, der Arbeit und letztendlich auch mit der Gesellschaft leisten.

Im letzten Kapitel habe ich eine mögliche Vorgehensweise skizziert. Es reicht natürlich nicht, diese Vorgehensweise technisch umzusetzen, daher möchte ich an dieser Stelle einige vertiefende Aspekte ansprechen und insbesondere dich zu einer eigenen Reflexion darüber ermuntern. Am liebsten wäre mir natürlich ein Dialog, ein gemeinsames Erkunden, aber das ist im Format Buch nun mal nicht möglich.

Vertiefungen zur Phase Kontakt und Bindung

In dieser Phase gilt es, ganz bewusst die ersten Grundlagen für einen gemeinsamen Wir-Raum, den Quadranten unten links zu gestalten. Berater und Kunde etablieren ein Beratungssystem. Dieses Beratungssystem ist ein soziales Holon und hat daher nur die kollektiven Quadranten und somit einen kulturellen Links-unten- und einen strukturellen Rechts-unten-Bereich. Dabei handeln der Berater und der Kunde aus den jeweiligen Heimatsystemen heraus. Wenn wir auf den Berater und den Kunden schauen, dann sehen wir, dass in deren unteren Quadranten nur ein kleiner Teil geteilt wird.

Dieser Teil muss ganz bewusst gestaltet werden. Dabei gibt es einige besonders wichtige Aspekte, die ich herausstellen möchte.

Der untere linke Quadrant ist auch der Quadrant der gemeinsamen Bedeutungsgebung, der Raum des gemeinsamen Verständnisses. In der Grafik (Abbildung 5.1) sieht man schon, dass es aber sowohl beim Berater, als auch beim Kunden einen großen Bereich gibt, in dem man sich nicht versteht, beziehungsweise zumindest nicht sicher sein kann, ob man sich versteht. (Klassischerweise ist der Wir-Raum nur der linke untere Quadrant. Hier möchte ich aber auch auf die Rollen und Strukturen miteinander hinweisen.) Die meiste Zeit verbringen der Kunde und der Berater ihre Zeit nämlich nicht in dem gemeinsamen Wir-Raum, sondern in anderen Kontexten. Und da sind auch andere Bedeutungsgebungen aktiv.

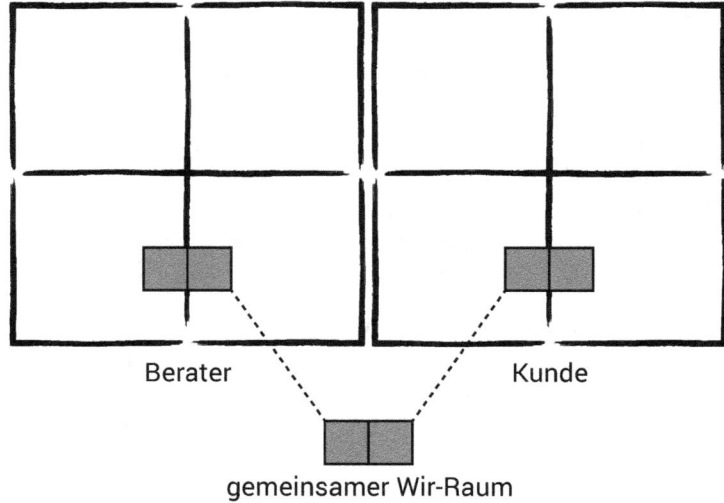

Abb. 5.1: Kleiner geteilter Wir-Raum im Beratungssystem

Klarheit über den Wir-Raum

Es ist also für mich sehr wichtig und wesentlich, mir ganz bewusst zu machen: Welche Bedeutungsgebung hat der Kunde schon einmal oder mehrmals akzeptiert und vielleicht sogar geteilt? (Welche Modelle habe ich erläutert und welche Sichtweise darauf haben wir – explizit oder implizit – vereinbart?) So muss beispielsweise auch vereinbart werden, dass man sich bewusst für eine wirklichkeitskonstruktivistische Sicht entscheidet. Ansonsten kann es einem passieren, dass man ständig in Konflikte gerät, weil unterschiedliche Perspektiven nicht möglich sind, weil man davon ausgeht, es gäbe nur eine Wahrheit.

Und ich muss mir sehr bewusst sein, dass ich noch ganz andere Sichtweisen mit einbringe, allerdings sind diese noch lange nicht auch von meinem Gegenüber akzeptiert. Hier benötige ich auch die Selbststeuerung und vielleicht sogar etwas Dokumentation, damit ich schnell in der Lage bin, von mir aus wieder in den gleichen Wir-Raum zu gehen. Mentaler Wir-Raum könnte man hier sagen, der Wir-Raum wirkt ja noch auf anderen Ebenen/Zuständen.

So ermögliche ich auch dem Kunden, wieder einfach und schnell in diesen Wir-Raum einzutreten und bei mir anzukoppeln.

Reflexionsfragen:

- Wie bewusst bist du dir über den mentalen Wir-Raum mit deinem Kunden?
- Wie bewusst bist du dir über dessen Grenzen und somit euren Missverständnisraum?

- Wie erinnerst du dich an das, was du mit diesem Kunden vereinbart hast?
- Welche Hilfsmittel in welchem Quadranten hast du, um den Wir-Raum mit dem Kunden A nicht mit dem Wir-Raum vom Kunden B zu verwechseln?

Der Wir-Raum ist flüchtig

Es reicht nicht, einmalig ein gemeinsames Verständnis aufzubauen. Damit hat man metaphorisch nur einen Trampelpfad angelegt. Die Autobahn, auf der Kunde und Berater die meiste Zeit unterwegs sind, geht in eine andere Richtung. Denn es gibt so viel Fläche in den unteren Quadranten des Beraters und des Kunden, so viele Kontexte, die unsere Aufmerksamkeit anders fokussieren, andere Muster aktivieren, dass es schwierig ist, den gerade beginnenden Wir-Raum wieder aufzubauen.

Reflexionsfragen:

- Was tust du in welchem Quadranten, um wieder an dem Wir-Raum anzukoppeln?
- Wie vertiefst du die Furchen des Trampelpfads des Verständnisses?
- Wie kannst du bei dir diesen spezifischen Wir-Raum immer wieder öffnen?
- Wie kannst du bei deinem Kunden diesen Wir-Raum immer weiter festigen?

Der Wir-Raum des Beratungssystems ist kulturbildend für den Kunden

Dieser Wir-Raum ist auch eine Art Modell für den Kunden. Hier kann bereits das vorgelebt werden, was sich der Kunde in seiner Organisation als kulturelle Aspekte wünscht. Genau das muss ich als Berater auch angemessen »mit-leben«, wenn ich im Kontakt mit dem Kunden bin. Darum ist auch die Prüfung, ob ich wirklich Ja sagen kann zu dem Auftrag, in allen vier Quadranten so wesentlich. Wenn ich einen Teil davon ablehne, wird sich das spätestens hier bemerkbar machen. Zumindest wird es unbewusst spürbar sein und ich werde nicht ganz in Kontakt mit dem Kunden gehen können, weil ich ja innerlich etwas von ihm ablehne. Auch wenn ich einige stufenspezifische Aspekte ablehne, die für den Kunden gerade aber als Entwicklungsschritt hilfreich oder notwendig sind, könnte ich hier sehr gefordert sein. Wenn eine formelle Klärung, Vereinbarung und Inthronisation von Rollen meinem eigenen Bild von Freiwilligkeit, Selbstorganisation und Flexibilität widerstrebt, gerate ich in Konflikte. Auch wenn die sehr leicht sein mögen, erzeugen sie dennoch eine Art Irritation im Feld.

Die Art und Weise, wie ich in Kontakt und Bindung gehe, den Auftrag kläre und in jeder Phase des Auftrags dabei bin, prägt das Beratungssystem wesentlich und dient auch ein stückweit als Modell.

Reflexionsfragen:

- Wie berücksichtigst du die gewünschte Ziel-Kultur des Kunden bei deinen Interaktionen mit dem Kunden und mit Kollegen?
- Welche strukturellen Hilfsmittel nutzt du in der Interaktion mit dem Kunden, die in ähnlicher Form auch im Heimatsystem des Kunden angewendet werden können?

- Wie transparent machst du deine eigenen Steuermechanismen gegenüber dem Kunden, um hier noch besser als Modell zu fungieren?
- Welche Anpassungen deiner eigenen Arbeitsweise nimmst du für diesen Kunden vor? (Beispielsweise Notizen in Onenote, anstatt auf Papier, weil das zu den Zielen des Kunden passt …)
- Wo bist du bewusst anders als der Kunde heute, um ein Vorbild zu sein?

Die Tiefe des erlebten Wir-Raums kann unterschiedlich sein

Diesen Abschnitt braucht nur, wer auch der Meinung ist, dass wir alle miteinander verbunden sind und Trennung nur eine Illusion ist. Wenn du das anders siehst, ist dieses Kapitel vielleicht für dich nicht so interessant. Ob wir das als ein spirituelles, mystisches oder geistiges Weltbild bezeichnen, ist mir egal.

Worum es mir geht, ist: Wenn ich davon ausgehe, dass wir in tiefster Form miteinander verbunden sind, stellt sich natürlich die Frage, was es mit diesem Wir-Raum so auf sich hat. Dann bekommt der Wir-Raum auf einmal eine Tiefe, die weit über das hinausgeht, was ich in diesem Buch formuliere.

Je nach Stand unserer eigenen Entwicklung – damit meine ich übrigens das gesamte Spektrum, nicht nur die Ich-Entwicklungsstufe –, sind wir zu unterschiedlichen Tiefen und Arten des Kontakts und der Verbindung fähig. (Herzöffnung ist hier auch ein Stichwort.) Das hat ganz konkrete Auswirkungen, die wir bedenken sollten. Es kann nämlich sein, dass ich einen tieferen Raum wahrnehme, als mein Gegenüber. Und auch wenn die Tiefe immer wirksam ist, so zumindest in meinem Weltbild, ist sowohl meine gefühlte Tiefe als auch die gefühlte Tiefe des Gegenübers ebenso wirksam. Und diese Wirkungen sollte ich berücksichtigen.

Es ist ein Unterschied, ob ich den Wir-Raum mental und emotional begreife, ob ich ihn feinstofflich oder spirituell begreife.

Reflexionsfragen:

- Welche Tiefe der Verbindung und des Kontakts nimmst du im Wir-Raum wahr?
- Wie gehst du mit der Möglichkeit um, dass dein Gegenüber eine andere Ebene oder Tiefe des Wir-Raums wahrnimmt?
- Wie kannst du mit den verschiedenen Ebenen des Wir-Raums arbeiten?
- Welche Ebenen des Wir-Raums kannst du bei diesem Kunden explizit ansprechen?

Entwicklungsstufen der Organisation sind anders als die der Person

Gerade im Bereich Kontakt und Bindung ist die Bewusstheit über die Unterschiedlichkeit zwischen Person und Organisation ganz wesentlich. In echten Kontakt gehe ich in erster Linie mit konkreten Personen. Eine konkrete Person kann sich oft auf Themen oder Erklärmuster einlassen, die in der Organisation insgesamt nicht geteilt werden können. Das ist ein kritisches Spannungsfeld, denn für einen vertieften Kontakt und einen maximalen Hebel ist es nützlich, mit der konkreten Person in den maximalen Wir-Raum zu gehen, der überhaupt möglich ist. Dieser wird durch Entwicklungsstufe, Weltsicht, Werte, Schatten und dergleichen mehr begrenzt. Für die Organisation müssen meine Erklärmuster aber auch andockbar bleiben.

Reflexionsfragen:

- Wie gehst du damit um, dass du im konkreten Kontakt mit Personen andere Erklärungen verwenden kannst als in der offiziellen Kommunikation in der Organisation?
- Wie trägst du Sorge dafür, dass dein Gegenüber bewusst reflektiert, mit wem in der Organisation welcher Austausch möglich ist?
- Wie stellst du eine Konsistenz der unterschiedlichen Erklärungen sicher, damit diese nicht widersprüchlich, sondern vertiefend und in die gleiche Richtung wirken?

Vertiefung zur Auftragsklärung

Mein Grundverständnis von der Auftragsklärung ist ein gemeinsamer erkundender Prozess. Natürlich muss der Kern des Auftrags vom Kunden kommen. Aber im Sinne des transaktionsanalytischen Verständnisses von Vertrag gehe ich als Berater in eine Vertragsverhandlung. Ich bin da kein Auftragnehmer, sondern ich bringe in angemessener Form eigene Impulse mit ein.

Manchmal gibt es ja bei uns Beratern die gut versteckte Idee, dass eine Entwicklung auf eine spätere Stufe immer das Ziel ist. Damit tragen wir ja auch zu mehr Bewusstheit in der Welt bei. Aber eine Organisationsentwicklung zum Selbstzweck oder gar zum Zweck der Befriedigung eigener narzisstischer Tendenzen ist aus meiner Sicht auch nicht wirklich sinnvoll. Und es wäre zudem auch noch extrem übergriffig.

Es geht um die passende Balance von Mut und Demut!

Es gilt also, sich sehr bewusst auf einen gemeinsamen Erkundungsprozess und sich regelrecht gemeinsam auf das entstehende Feld einzulassen sowie die eigenen Impulse immer wieder gut zu prüfen, woher diese stammen. Welchem Zweck dienen die Impulse denn und sind sie hier angemessen?

Ebenen von Impulsen

Dazu ist als gedankliche Hilfe die Betrachtung von drei grundsätzlichen Ebenen nützlich, aus der heraus Impulse kommen können (Abbildung 5.2).

Mit der **Ego-Ebene** meine ich den Bereich unserer Ängste und Bedürftigkeit. Hier verhalten wir uns in einer Art und Weise, um uns zu beweisen, um dazuzugehören, um wertvoll zu sein und Ähnliches mehr. Dabei handeln wir eher aus einem Mangel heraus. Impulse, die von dieser Ebene kommen, dienen auch dazu, dass wir uns selbst bestätigen. Wenn wir sehr achtsam mit unserem Körper sind, spüren wir bei solchen

Impulsen oft auch eine Enge im Körper, beispielsweise in Brust und Bauch. Oder wir haben einen sehr flachen Atem. Oder wir haben Verspannungen, häufig im Nackenbereich, aber auch andere Bereiche sind denkbar.

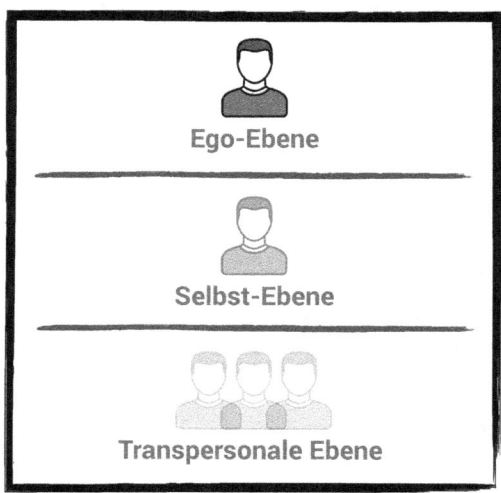

Abb. 5.2: Verschiedene Ebenen als Quelle von Impulsen

Die Impulse aus dieser Ebene sind eher weniger nützlich für die Auftragsklärung beim Kunden, aber ein gutes Thema für die nächste eigene Supervision.

Unter der **Selbst-Ebene** verstehe ich den individuellen Teil von uns, der in dieser Welt angstfrei, geliebt und an etwas Höheres oder Tieferes angebunden ist (unser göttlicher Funken). Hier sind wir immer noch ein sehr individueller Ausdruck der Schöpfung, aber nicht mehr in einer Bedürftigkeit oder Abwehr der Welt, sondern in Übereinstimmung mit und Akzeptanz von dem, was in und außerhalb von uns geschieht. Dieser Teil hat das tiefe Vertrauen, dass die Welt gut ist und für uns sorgt. Hier haben wir einen Zugang zu einer Art professionalisierter Intuition. Einem Wissen, bei dem wir nicht wissen, woher es genau kommt. In unserem Körper spüren wir dann oft Entspannung, Wärme, vielleicht auch eine Art von Öffnung im Brustraum. Der Atem geht meistens eher gleichmäßig und tief.

Die Impulse aus dieser Ebene sind hilfreich und nützlich, müssen aber gut geprüft werden, ob diese auch von den anderen Beteiligten mitgetragen werden. Denn in diesem Teil sind wir und unsere Impulse immer noch das Produkt unserer Prägungen, Erfahrungen und Hintergrundfolien.

Mit der **Transpersonalen Ebene** meine ich das, was mich selbst überschreitet. Das, wo ich im Sinne eines Bohmschen Dialogs das sage, was gesagt werden will. Ich bin lediglich eine Art Kanal. Das ist zugleich eine Ebene von einer ganz besonderen Kreativität. Andere nennen das vielleicht die Quelle oder das Feld, welches entsteht. Dies ist eher der Bereich von Inspiration, wo ich auf Ideen komme oder Impulse habe, die vielleicht sogar gar nicht zu meinen üblichen Hintergrundfolien passen. Natürlich wird die

Art und Weise meiner Formulierung viele meiner Hintergrundfolien widerspiegeln, aber der Inhalt der Botschaft vielleicht nicht. Im Körper gehen diese Impulse oft mit einem Erleben der Auflösung von Körpergrenzen einher. (Das kann natürlich auch ein Symptom von Schizophrenie sein ...) Es stellt sich manchmal auch ein Gefühl regelrechter Auflösung ein, der Nacken wird ganz besonders weich und eventuell spürt man auch eher ein Flirren oder Kribbeln, als seine normalen Körpergrenzen. Das kognitive Denken ist vielleicht noch da, aber eher im Hintergrund. Durch Meditations- und Entspannungstechniken oder häufiges Stellvertreten in systemischen Aufstellungen kann der Zugang zu dieser Ebene trainiert werden.

Ein Impuls aus dieser Ebene fällt oft auf einen sehr fruchtbaren Boden. Oftmals hatten andere im Raum etwas Ähnliches oder sogar das Gleiche als Impuls. Auch hier ist natürlich die Prüfung auf Akzeptanz der Beteiligten notwendig. Wenn im Sinne eines U-Prozesses ein echtes Presencing erfolgt, dann stammen die Impulse am ehesten aus dieser Ebene.

Reflexionsfragen:

- Wo im Körper spürst du am ehesten, wenn deine Ego-Ebene aktiv ist?
- Welche somatischen Marker könntest du identifizieren, die dir helfen die verschiedenen Ebenen zu unterscheiden?
- Was ist deine Praxis, die es dir immer wieder ermöglicht, mehr in die Ebene von Selbst oder von Transpersonalem einzusteigen?
- Mit welcher Gruppe verifizierst und trainierst du deine Erfahrungen und somatischen Marker, um dich immer wieder auch zu hinterfragen?

Das Pizza-Modell zur Einpassung in Gruppen

Aus jeder der genannten Ebenen können nützliche und weniger nützliche, passende und weniger passende Impulse kommen. Für die eigene Reflexion ist die Betrachtung der Impulse mit dem Pizza-Modell zur Einpassung in Gruppen sehr hilfreich (Abbildung 5.3).

Wenn ich in einer Gruppe bin, so bin ich ein Teil der Gruppe. Daher bin ich auch für die Gruppe relevant. Ebenso relevant, wie die anderen Beteiligten. Die obere Pizza stellt die Gruppe dar und mein Pizzastück kann man auch als meinen zeitlichen Anteil in der Gruppe betrachten. Wenn ich in einer Auftragsklärung nur mit einer Person für eine Stunde bin, stelle ich ein relativ großes Stück Pizza dar, ich kann mir mehr Zeit nehmen für meine Beiträge. (Das bedeutet nicht, dass ich mir 50 % der Zeit nehmen muss.) Wenn ich in einer Auftragsklärung von einer Stunde allerdings mit fünf Personen bin, habe ich einen signifikant kleineren Anteil in der Gruppe, daher sollte ich auch die Zeit, die ich mir in der Gruppe nehme, entsprechend anpassen.

Die untere Pizza stellt mich dar. Und ich habe zu jedem Zeitpunkt eine unglaublich reiche Innenwelt. Von dieser Innenwelt ist aber nur ein Stück für genau diese Gruppe relevant. In Abhängigkeit des Kontexts gut auswählen zu können, welche Aspekte meiner Innenwelt gerade in dieser Situation zieldienlich und hilfreich sind und welche eher meine Muster aus der Ego-Ebene bedienen, ist eine permanente Entwicklungsaufgabe. Und für die Auswahl ist natürlich die Intention dieser Gruppe ein wesentliches Merkmal.

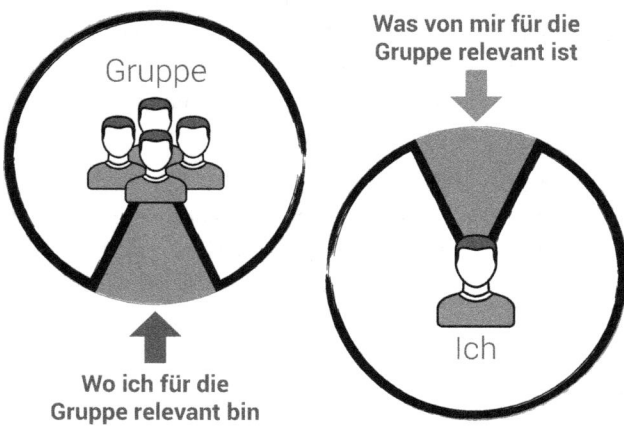

Abb. 5.3: Das Pizza-Modell zur Einpassung in Gruppen

Reflexionsfragen:

- Wie skalierst du deine Beiträge unter Berücksichtigung der Gruppengröße, mit der du sprichst?
- Wie setzt du dir liebevoll Grenzen, wenn du dir zu viel Raum nimmst?
- Wie ermutigst du dich, dir mehr Raum zu nehmen, wenn andere sich eher zu viel Raum nehmen?
- Wo und wie trainierst du deine Fähigkeit, das passende Maß an »Raum nehmen« und »Raum geben« zu finden?
- Wie entscheidest du, welche Aspekte deines inneren Erlebens zu diesem Kontext passen?
- Was sind deine Hilfen, um zu entscheiden, was der Intention dieser Gruppe dient?
- Wie stellst du sicher, dass du wirklich genug von dir einbringst, um deinen Beitrag zu der Gesamtsituation zu leisten?
- Wo und wie trainierst du deine Fähigkeit, die Pizzastücke zu unterscheiden?

Auftragsklärung als Durchlaufen eines U-Prozesses

Im Prinzip ist das Mikro-Vorgehen in der Auftragsklärung bei der Erstellung der Veränderungslandkarte auch wiederum durch einen bzw. mehrere Mini-U-Prozesse darstellbar (Abbildung 5.4).

In der ersten Phase nehme ich meine eigenen Werturteile zurück und höre wirklich zu, was die **Fakten** aus Kundensicht sind. Zurücknehmen bedeutet übrigens nicht, diese Werturteile komplett auszublenden, sondern sie sozusagen einfach nur mitzudenken und ihnen keine Priorität einzuräumen. Ich bewerte nicht nach gut oder schlecht, ich höre zu und ich höre nicht nur auf der faktischen, sondern auch auf der **emotionalen** Ebene zu. Ich bemühe mich, wirklich mitzufühlen, einen Eindruck zu gewinnen, wie es sich anfühlt, in dieser Situation zu sein. Und ich höre auch mir und meinen inneren Dialogen gut zu, denn das ist es ja auch, was ich dann, sozusagen kurz vor oder im Scheitelpunkt, auch zurückspiegele, mit dem Ziel der gemeinsamen Öffnung des Kunden und mir, um gemeinsam zu erkunden, was sich da eigentlich gerade zeigen möchte. Dazu gehört auch, selbst für mich eine bewusste Pause einzulegen, einen Augenblick zur Ruhe zu kommen, einen tiefen Atemzug zu nehmen und ganz tief in mich hineinzulauschen, um möglichst aus einer transpersonalen Ebene, sozusagen der **Quelle**, noch etwas wahrzunehmen, was ich dem Kunden als Impuls oder Wahrnehmung anbieten kann.

Abb. 5.4: Mini-U-Prozess in der Auftragsklärung

Das mag jetzt erst mal esoterisch klingen, daher formuliere ich es etwas anders: Es geht hier darum, sich aus dem bisherigen Gespräch mit seiner üblicherweise intensiven Dynamik einen Moment der Auszeit zu gönnen. Wenn Kunden über Probleme reden, führen sie ja manchmal regelrecht in eine Problemtrance. Der tiefe Atemzug geht im Allgemeinen auch mit einer Körperbewegung einher. Und eine Veränderung des Körpers führt auch zu einer Veränderung der im Inneren primär aktivierten Hirnvernetzungen. Daher ist der tiefe Atemzug ein methodisches Element des Zustandswechsels und bietet die Chance einer inneren Sammlung. Und – in Abhängigkeit des Weltbildes – auch der Verbindung mit all dem, was im Moment gerade da ist, auch mit der tieferen Weisheit oder der tieferen Quelle.

Neurons that fire together, wire together and neurons that are wired together, will fire together.

Dann gilt es, das Gehörte, Erfahrene und eventuell Aufgetauchte zu **kristallisieren** und **prototypisch** zu formulieren. Durch die Rückmeldung vom Kunden kann man das weiter verfeinern und so den gemeinsamen Erkundungs-, Such- und Findeprozess für das konkrete Feld der Veränderungslandkarte bzw. für die gesamte Veränderungslandkarte abschließen.

Reflexionsfragen:

- Von welchem inneren Ort aus hörst du zu?
- Wie schaffst du es, immer wieder von deinen eigenen Ansichten zurückzutreten und dich deinem Gegenüber zu öffnen?
- Wie ermutigst du dich, eigene Beiträge als Angebot zu formulieren, damit der Kunde sie auch ablehnen kann?
- Wie gelingt es dir, den Schritt zurück zu machen, damit du mit all deinen Fähigkeiten zuhören und sprechen kannst?

Die Grenzen des Auftrags finden

Ein Aspekt in der Auftragsklärung ist es, die Grenzen des Auftrags zu finden. Dabei geht es wie schon beschrieben um die Abgrenzung, wann ein Auftrag erfüllt ist.

Darüber hinaus gilt es aber auch, die Grenze zu finden, innerhalb derer man arbeiten kann. Ich arbeite oft nicht mit der obersten Führungsebene, sondern mit der zweiten oder dritten Reihe. Das begrenzt den Auftrag aus meiner Sicht ganz automatisch. Ich kann nur einen Auftrag annehmen, der dem maximalen Verantwortungsbereich (manchmal auch Machtbereich genannt) meines Auftraggebers entspricht. Darüber hinaus befinde ich mich in einem Interessensbereich, auf den ich allenfalls implizit Einfluss habe und nehmen kann. Innerhalb dieses Verantwortungsbereichs ist auch die spannende Frage, welche Grenzen des Systems ich definiere. Wie gehe ich beispielsweise mit Freelancern um, wie mit Kooperationspartnern? Je nach Intensität der Einbindung muss hier sehr bewusst geprüft werden, was eine angemessene Einbindung ist. Die alte Regel, dass nur Personen mit Festanstellungsvertrag einzubinden sind, ist aus meiner Sicht überholt. Die Flexibilität der Arbeitswelt hat einen anderen Kontext kreiert, als den in den Anfängen der Organisationsentwicklung gültigen. Und dennoch sind klassische Mechanismen wirksam. Eine Organisation ist eben keine Schicksalsgemeinschaft wie eine Familie, die Zugehörigkeit wird durch einen Arbeitsvertrag geregelt. Und es ist eine freie Entscheidung, zu dieser Organisation zu gehören oder eben nicht.

Bei Freelancern gibt es oftmals Stundenverträge, die Abgrenzung ist hier ähnlich klar. Es gibt einen Vertrag über eine Zeit, die erbracht wird. So ähnlich ist es auch bei zeitlich befristeten Verträgen für Festangestellte. Und dennoch bleibt der Freelancer im Normalfall etwas weniger an die Organisation gebunden, denn er trägt ja ein eigenes unternehmerisches Risiko. Auch, wenn viele Auftraggeber und Freelancer das manchmal vergessen.

Es gibt aus meiner Sicht keine allgemein gültige Antwort auf die Frage, wer nun wirklich in welcher Form zur Organisation gehört. Grenzen können nicht einfach so gefunden werden, sie werden definiert und entschieden. Dazu gehört auch die Übernahme von Verantwortung für die Entscheidungen. Es bewirkt einen Unterschied in der Kultur einer Organisation, wenn Freelancer genauso wie alle Festangestellten zu allen Events eingeladen werden. Das hat auch Auswirkungen auf die Freelancer. Ebenso bei Partnern. Wie stark man sich mit Kooperationspartnern verbindet, hat Auswirkungen. Und die bewusste Reflexion und Entscheidung über Grenzen ist ein wesentlicher Aspekt in der Entwicklung von Organisationen.

Reflexionsfragen:

- Wie messen dein Kunde und du das Ende eines Auftrags?
- Wie gehst du mit der Klarheit eines endlichen Auftrags um, welche Ängste oder Hoffnungen treten auf?
- Wie entscheidest du, wo die Grenzen deines zu beratenden Systems liegen?
- In welchen Austausch gehst du darüber, wo diese Grenzen am besten zu setzen sein sollten?
- Wie entscheidest du, wer an welchen Veranstaltungen teilnehmen soll?
- Welche Erfahrungen hast du in deiner eigenen Geschichte mit Grenzen gemacht und was hast du über Grenzen gelernt? Und wie beeinflussen diese Erfahrungen und dieses Wissen deine eigene Art Grenzen zu definieren, auszudrücken, zu halten oder neu zu setzen? (»Kontakt entsteht an der Grenze« habe ich mal bei meiner Gestalt-Ausbildung gelernt. Damit sind Grenzen nicht nur abweisend, sondern ermöglichen auch echte Beziehung!)

Offen sein für direkte Interventionen

In dem Gespräch über den Auftrag bringen wir als Berater ja unsere eigenen Sichtweisen mit ein und bewirken damit schon direkt einen Unterschied. Dabei ist es wichtig zu beachten, dass wir noch sehr wenig Informationen haben und somit auch bei den Interventionen sehr achtsam sein müssen, nicht zu viel von unserer Sicht einzubringen. Auch aus Sicht der anderen Seite ist jede Frage bereits eine Intervention, weil diese ja die Erhöhung von Bewusstheit bewirkt. Durch eine Frage setze ich einen Such- und Findeprozess in Kraft, der bei dem Gegenüber wahrscheinlich zu einem minimal anderen Zustand führen wird. Manchmal auch zu einem deutlich anderen Zustand.

In vielen therapeutischen Schulen gilt der Satz »Keine Intervention ohne Diagnose«. So richtig dieser Satz ist, so unsinnig ist er zugleich, wenn wir daran denken, dass Wirklichkeit von jedem Individuum kreiert wird. Somit ist eine Diagnose letztendlich nur eine Vereinbarung, wie man etwas bewerten möchte – unabhängig davon, ob man implizit dem Experten glaubt oder kokreativ eine Diagnose gefunden hat –, und somit sehr beliebig.

Aber wir müssen ja Fragen stellen, wir müssen in Kommunikation treten und somit generieren wir automatisch kleine Interventionen. Wichtig ist aus meiner Sicht, sich dieser Tatsache bewusst zu sein, dann Kontext und Kontinuum zu beachten und für sich selbst klare Prinzipien zu haben, nach denen man sich orientiert. Dabei kann natürlich die integrale Perspektive sehr nützlich sein. Jede Ebene wird andere Prinzipien bevorzugen und auf jeder Ebene werden diese Prinzipien unterschiedlich interpretiert. Wichtig ist, dass ich als Berater mir meine Prinzipien klarmache, nach denen ich mich auch bereits in frühen Phasen orientiere und dementsprechend meine Fragen stelle.

Reflexionsfragen:

- Was glaubst du, was dein Metaauftrag ist, warum bist du als Organisationsentwickler aktiv?
- Zu was für einer Art von Welt willst du beitragen?
- Welche drei bis fünf Prinzipien leiten sich für dich daraus ab?
- Wie würden diese Prinzipien auf den verschiedenen Entwicklungsebenen interpretiert werden?
- Mit welchem Verhalten kannst du auf welcher Entwicklungsebene am ehesten deinem Verständnis der Prinzipien dienen? (Und wie findet sich eine gute Balance von Mut und Demut in deinen Prinzipien?)

Hinweise zum Angebot – das Angebot als Intervention

Dieser Abschnitt richtet sich im Schwerpunkt an externe Berater, die auch gefordert sind, Angebote abzugeben. Viele Aspekte lassen sich aber auch in einem internen Verhältnis, einer Art »Letter of Intent« abbilden. Was ist es, was wir uns vornehmen?

Idealerweise habe ich in der Auftragsklärung bei der Erstellung einer Veränderungslandkarte schon sehr viele Informationen aufgenommen und auch schon erste Ideen für Interventionen mit dem Kunden diskutiert. Vielleicht habe ich schon einmal grob die Idee einer Change-Architektur eingebracht und diese mit meinem Kunden soweit abgeglichen und angepasst, dass ich bereits ein paar erste Schritte konkret mit einem Angebot belegen kann.

Durch die Vorabstimmung erster Ideen mit dem Kunden habe ich hier auch schon Erwartungsmanagement betrieben und den Kunden auch grob auf das vorbereitet, was im nächsten Schritt auf ihn zukommen wird. Klassische vertriebliche Aspekte sollte ich hier ebenfalls bereits eingestreut haben. Damit meine ich beispielsweise die Frage nach dem Budget oder zumindest die Frage, ob in der Unterstützung eher ein Basispaket oder ein Premiumpaket erwartet wird. Ebenso die Klärung, wer relevante Entscheider und Beeinflusser sind, wer eventuell noch zu überzeugen sein wird und Ähnliches. Egal, ob wir daran Freude haben oder nicht, als Unternehmer oder unternehmerisch denkende Person sind das Aspekte, mit denen wir uns auseinandersetzen müssen.

Idealerweise sollte ich schon grob die Struktur und die wesentlichen Eckpfeiler meines Angebots in der Auftragsklärung besprochen haben. So gehe ich aus der Auftragsklärung mit einem gedanklich vorformulierten Angebot. Wichtig ist zu verstehen, dass dieses Angebot im Prinzip auch schon eine wesentliche Intervention sein kann.

Angebot schreiben

Das gedanklich vorformulierte Angebot bringe ich nun im nächsten Schritt zu Papier. Wichtig ist, dass der Kunde mit dem Angebot einen klar strukturierten Plan bekommt, der uns aber trotzdem noch eine gewisse Flexibilität lässt. Je früher die Entwicklungsstufe der Organisation, umso wichtiger ist der klar strukturierte Rahmen.

Es lohnt sich, zu Beginn des Angebots die Ausgangssituation zurück zu spiegeln. Eine Menge Informationen habe ich ja aus dem Gespräch mitgenommen. Es ist jedem selbst überlassen, ob das nun grafisch oder textuell umgesetzt wird, es sollte circa eine halbe bis eine Seite umfassen und genau nachzuvollziehen sein, denn jeder sollte das gleiche Verständnis haben. Durch dieses Zurückspiegeln wird die Möglichkeit einer Diskussion über das gemeinsame Verständnis eröffnet, ob die Ausgangssituation des Kunden gut getroffen ist. Vielleicht greift man daneben, was auch normal ist, denn möglicherweise braucht man ein paar Zyklen, bis man gemeinsam die Ausgangssituation klar hat. Doch ist genau das sehr nützlich, damit die Menschen sich auch weiter damit auseinandersetzen. Missverständnisse in der Ausgangssituation sind normal und nicht Kennzeichen mangelnder Kompetenz. Das muss man aber auch mit dem Kunden vereinbaren, nicht jeder weiß das.

Für den Auftraggeber wird es womöglich das erste Mal sein, dass er sich überhaupt mit seiner aktuellen Situation richtig auseinandersetzt. Und unter Umständen in einer größeren Komplexitätsdimension, als die, die er bislang gesehen hat. Ich mache es beispielsweise oft so, dass ich entweder bereits im Gespräch oder im Angebot die Zielsituation oder die Problemsituation in Quadranten darstelle. Dieses Vorgehen vereinfacht das Verständnis des Kunden enorm. So weise ich auf andere Dinge neben den Prozessen und den Kennzahlen hin, die im Quadranten eher rechts unten stehen. Mitarbeiter müssen ein anderes Verhalten zeigen, das ist rechts oben. Eventuell müssen sich Denken, Fühlen, Motivation und vielleicht Werte ändern, links oben. Wie wird Erfolg definiert und gefeiert und wie gehen die Menschen innerhalb des Unternehmens miteinander um? Welche Kultur gilt es einzuführen, besonders unter dem Gesichtspunkt, dass Kultur wie ein Strom wirkt, an den sich Menschen anhängen? Viele interessante Ideen dazu ergeben sich meistens auch aus der Reflexion der Hintergrundfolien.

Nachdem nun im Angebot die Ausgangssituation zurückgespiegelt wird (wo auch schon Schlüsselziele drin sein sollten, wo will man eigentlich hin?), sollte ebenso ein relativ klares Vorgehen abgebildet werden. Dieses sollte bereits grob im ersten Gespräch mit dem Kunden vorabgestimmt sein, sodass ihn das nicht unvorbereitet trifft. Im Normalfall werden das solche Aspekte sein wie »Wir müssen eine Change-Architektur aufsetzen«, sprich: »Wir müssen bestimmte Personen benennen und diese instruieren.« Außerdem sollte eine ausdifferenzierte Zieledefinition geplant werden. Wie in der Change-Architektur beschrieben, werden daraus zum einen der Plan der Interventionen und zum anderen die Interventionen selbst abgeleitet.

Was ich als Berater hier anbiete, ist ein Stück weit eine Art Prozess, der bereits mit klaren Meilensteinen versehen ist. In einer konventionellen Organisation würde zu jedem Meilenstein ein möglichst klar definiertes Ergebnis benannt werden. Da integrale Organisationsentwicklung ein Prozess ist, der sich selbst beeinflusst, muss man hier natürlich ein wenig aufpassen, dass man nicht in ein reines Abarbeiten von Schritten kommt. Daher sind die Ergebnisse manchmal auch eher auf der Metaebene zu finden, beispielsweise: »Handlungsfelder sind identifiziert« oder »Handlungsfelder sind ausreichend konkretisiert, um Folgeaktivitäten zu planen«.

Der Rückzug auf eine strukturierte Metaebene ist hier oft Mittel der Wahl, um eine gute Balance zwischen klarer Struktur und offener Flexibilität zu erzielen. Anstatt genau den Inhalt einer Maßnahme zu beschreiben, enthält das Angebot die Schritte oder Phasen, wie man zu dem Inhalt kommt, diesen immer wieder aktualisiert, reflektiert und die Überführung der Ergebnisse einer Maßnahme in den Alltag gestaltet.

Das muss in dem ersten Vorgespräch natürlich schon ein wenig vorbereitet und als Rahmen gesetzt werden. Und das mache ich am besten gleich in einer Art und Weise, dass ich die Leute in der Veränderung entsprechend mitnehme, was bereits als eine Change-Maßnahme definiert werden kann.

So arbeite ich als Berater sowohl mit den Inhalten als auch an der Art und Weise des Umgangs mit den Inhalten. Damit fungiere ich als Modell für eine Kultur von Kooperation: »Wir werfen unsere Blickweisen zusammen, wir fangen an, gemeinsam zu definieren, wo wir hinwollen. Wir definieren gemeinsam unsere Maßnahmen und reflektieren auch, ob diese Maßnahmen uns da auf dem Weg eigentlich richtig begleiten.«

Ganz besonders spannend ist dabei natürlich immer auch die Frage nach dem Preis. Dabei lohnt es sich auch einmal wieder, auf Meta Capital zu schauen und zu prüfen, welche Aspekte von Kapital und von Wert eigentlich geschaffen werden und wie dann ein guter Ausgleich aussehen kann. Klassischerweise sprechen wir dann über einen Tagessatz oder ein Pauschalangebot. Ob der Kunde und ich uns auf ein offenes Angebot auf Tagessatzbasis ohne Begrenzung einlassen, wir ein Beratungskontingent oder ein Pauschalangebot für bestimmte Phasen der Organisationsentwicklung vereinbaren, ist natürlich im Wesentlichen eine Frage des Kontexts. Als interner Berater würde ich alles bislang genauso dokumentieren, nur eben keinen Preis, sondern lediglich Aufwand benennen.

Reflexionsfragen:

- Welche Struktur hast du für dich im Hintergrund, um deine Erkenntnisse bereits in der Auftragsklärung in Richtung eines Angebotes zu dokumentieren?
- Wie wählst du die wichtigsten Punkte aus der Veränderungslandkarte aus, um sie als Verständnis der Ausgangssituation zurück zu spiegeln?
- Wie bereitest du den Kunden auf potenzielle Missverständnisse im Angebot vor?

- Wie kannst du einen Prozess anbieten, in dem zwar klare Eckpfeiler definiert sind, aber genug Freiraum für die Anpassungen an die Realität gegeben sind, ohne ständig neue Angebot schreiben zu müssen?
- Wie bereitest du die Einbindung weiterer Kollegen vor, wenn deine eigene Kompetenz oder Kapazität nicht ausreicht?
- Wie stellst du sicher, dass es zwischen dir und dem Kunden eine gute Balance von Geben und Nehmen gibt?
- Wie bereitest du dich auf Verhandlungen mit dem Einkauf vor, der von der inhaltlichen Seite oft kein tiefes Verständnis hat?
- Wie stellst du sicher, dass du nicht von einem Kunden übermäßig abhängig wirst?
- Wie kann ich dem Kunden, sofern notwendig, seine eigene Rolle, Verantwortlichkeit und Zeitbedarf transparent machen?

Hinweise zur Einbindung von Partnern

Wenn man wirklich integral auf eine Organisation schaut, wird man sehr schnell feststellen, dass man für einige wichtige Entwicklungslinien und -schritte in der Organisation kein Experte ist. Da stellt sich die Frage, ob der Kunde eine ausreichend ausgeprägte Expertise im eigenen Haus hat oder ob man spezifische Berater hinzuziehen muss.

Hier empfehle ich eine Unterscheidung, ob es sich um Experten handelt, die man für spezifische Interventionen hinzuzieht, oder ob es sich um einen Partner handelt, mit dem man insgesamt den Entwicklungsprozess gestalten möchte. Gerade bei einem Partner ist es ganz wichtig, dass die Wertesysteme und die eigenen Ziele gut zusammenpassen und die Zusammenarbeit auch wirklich einen Mehrwert für den Kunden bietet.

Bei einem **Experten** ist zu klären, ob dieser als Unterauftragnehmer von mir oder direkt von dem Kunden aus beauftragt wird. Dabei handelt es sich normalerweise um einen abgegrenzten Auftrag, also sozusagen um eine spezifische Intervention, bei der ich wiederum klar die Ausgangslage, die Ziele und den Transfer in den Alltag im Blick habe.

Bei einem **Partner** ist ebenfalls zu klären, ob dieser als Unterauftragnehmer oder direkt vom Kunden beauftragt wird. Bei einem Tagessatzangebot ist die interne Vereinbarung noch relativ einfach. Wenn man jedoch ein Festpreisangebot abgeben möchte, kann es schnell etwas schwieriger werden. Je nach Entwicklungsstufe kann hier die Klarheit der finanziellen Aufteilung schnell kompliziert werden.

Dazu habe ich gute Erfahrungen mit einem Kalkulationsmodell von Alan Weiss gemacht. Es beginnt mit der Unterscheidung einer Aktivität in drei Bereiche: Vertrieb, Methodik und Durchführung. Vertrieb ist alles, was dazu führt, dass man einen Auftrag erhält. Die Methodik ist das inhaltliche Wissen und die Fertigkeiten, die man benötigt, um den Auftrag durchzuführen. Die Durchführung ist dann die eigentliche Aktivität.

In einem ersten Schritt definieren die Partner nun, welcher Anteil welche Wertigkeit an dem Auftrag hat. Hier ein paar mögliche Beispiele:

Vertrieb	Methodik	Durchführung	Kommentar
33 %	33 %	34 %	Das ist jetzt mal eine rein rechnerische Aufteilung.
15 %	20 %	55 %	Diese Aufteilung betont den Zeitaufwand, der während der Durchführung benötigt wird.
15 %	35 %	45 %	Hier wird die Methodik besonders hervorgehoben, wie es beispielsweise für das reine Halten von Schulungen nach vollständigem Konzept angemessen sein könnte.

Tabelle 5.1: Prozentuale Verteilung der Wertigkeiten

Nach dieser grundsätzlichen Vereinbarung über die Wertigkeiten in finanzieller Hinsicht kann man dann für jeden Teilbereich unterscheiden, wer welchen Anteil an diesem hat. Beispielsweise:

- Fall 1: Den Vertrieb hat Partner A komplett alleine gemacht, erst nachdem der Auftrag soweit war, dass er erteilt werden konnte, wurde Partner B eingebunden.
- Fall 2: Partner A hat nur einen Kontakt vermittelt, die weiteren Akquise-Gespräche und vorbereitenden Maßnahmen wurden von Partner B durchgeführt.
- Fall 3: Beide Partner haben sich gleichberechtigt an der Akquise beteiligt. Vielleicht hat einer den Kontakt, der andere hat dafür in der Vorbereitung der Gespräche mehr Aufwand geleistet.

Daraus könnte sich folgende mögliche Aufteilung ergeben:

	Partner A	Partner B
Fall 1	100 %	0 %
Fall 2	10 %	90 %
Fall 3	50 %	50 %

Tabelle 5.2: Mögliche Aufteilung

Daraus ergibt sich, dass im ersten Beispiel von 1 000 Euro 333 Euro für den Vertrieb vorgesehen sind. Im Fall 1 ergibt das dann 333 Euro für Partner A und 0 Euro für Partner B, in Fall 2 gibt das 33 Euro für Partner A und 300 Euro für Partner B und im Fall 3 erhält jeder Partner 166,50 Euro.

Mit dieser Logik kann man im Vorfeld eine Diskussion über die Wertigkeiten der einzelnen Beiträge führen und diese gegeneinander gewichten. In dieser Gewichtung lohnt es sich auch wieder, auf Meta Capital zu schauen und zu prüfen, welche Werte in welchen Dimensionen welcher Partner einbringt. Erst im zweiten Schritt erfolgt dann die Betrachtung, welche finanziellen Werte für die Beiträge wirksam werden.

Reflexionsfragen:

- Wie bindest du weitere Experten ein?
- Wie stellst du eine klare und transparente Auftragssituation, mit der ja automatisch auch Loyalitäten beeinflusst werden, sicher?

- Wie bereitest du finanzielle Verhandlungen mit Partnern vor?
- Wie stellst du eine faire Verteilung der Einnahmen gemäß den verschiedenen Einsätzen der beteiligten Personen sicher?

Vertiefung zur Reflexion der Hintergrundfolie

Ich habe in dem vorhergehenden Kapitel zwei aus meiner Sicht sehr nützliche Beispiele oder Modelle für die Hintergrundfolie vorgestellt, Linien und Systemdynamiken. Das möchte ich aber keinesfalls auf diese zwei Beispiele beschränken. Insbesondere die kontextuellen Rahmenbedingungen aus Struktur und Kultur der Organisation sind hier ganz wesentlich im Blick zu behalten. Dazu sollte man alles verwenden, was man selbst im Sinne einer tiefergehenden Konzeption oder einem Modell der Welt und des Menschenbildes gelernt hat. Das hängt wesentlich von deiner individuellen Ausbildung ab. Ein psychoanalytisch oder psychodynamisch geschulter Berater wird andere Hintergrundfolien verwenden als ein systemisch-konstruktivistisch oder hypnosystemisch geschulter Berater. Insbesondere die Kapitel eins, zwei und drei bilden bereits wesentliche Elemente von Hintergrundfolie.

Reflexionsfragen:
- Welche Ausbildungen hast du durchlaufen und was sind die prägendsten Grundannahmen, die du daraus übernommen hast?
- Welche (Fach-)Bücher haben dich am meisten beeinflusst und sind ein Teil deiner Hintergrundfolie geworden?
- Aus welcher Bewusstseinsstufe stammen die Bücher und Ausbildungen, die dich wesentlich beeinflusst haben? Wo vermutest du die Lehrenden, von denen du gelernt hast? Wie kannst du dieses mit deiner eigenen Bewusstheit, deiner Ich-Entwicklungsstufe und deinen Werten interpretieren?
- Wie kannst du die vielen Ideen von Hintergrundfolien in eine Ordnung bringen, die dir einen intuitiv-strukturierten Zugriff darauf ermöglicht, wie verortest du diese beispielsweise in Quadranten, Ebenen, Linien, Zuständen und Typen?

Die eigene Identität als Hintergrundfolie

Im Sinne einer integralen Haltung bin ich mir bewusst, dass ich nicht nur etwas »da draußen« mache, sondern dass ich ein elementarer Bestandteil dessen bin, was passiert. Meine Haltungen, Intentionen, Handlungen – mein gesamtes Sein – haben eine Wirkung. Und darum ist es wichtig, dass ich mir und meiner selbst immer bewusster werde, auf dem niemals endenden Weg von persönlicher Entwicklung und Entfaltung zu wandeln. Dazu gehört es auch, mir meiner eigenen Trigger, Prägungen und Schattenaspekte immer bewusster zu werden. Alleine daran, wie ich über Persönlichkeitsentwicklung denke, was ich darunter verstehe, wird meine eigene Entwicklungsstufe und meine Weltsicht sehr deutlich.

Ich halte es für sehr wichtig, dass man sich über seine eigenen Prägungen, Vorurteile, Werte, Grundannahmen, Wahrnehmungs- und Bedeutungsgebungsmuster immer mal wieder klar wird und diese eventuell sogar weiterentwickelt.

Um einen kleinen Ausschnitt in diesem weiten Feld anzudeuten, möchte ich gerne mich selbst als Beispiel nehmen:

Auf der einen Seite habe ich ein mystisches Weltbild. Damit meine ich, dass es eine tiefe transpersonale Ebene gibt und dass wir – mindestens – auf dieser Ebene alle miteinander verbunden sind. Ich halte jeden Menschen für den Gestalter seines eigenen Lebens und erkenne kultur- und milieuspezifische Beschränkungen oder Herausforderungen auf dem Lebensweg als ebenso dazugehörig an, wie genetische Voraussetzungen. Jeder Mensch muss seinen eigenen Weg in diesem Leben finden und ich kann daher zwar auf Basis meiner eigenen Weltsicht Wertungen vornehmen, aber ein Urteilen sollte ich besser unterlassen, sondern jeden Menschen so annehmen wie er ist. Parallel dazu möchte ich zu einer besseren Welt beitragen. Eine bessere Welt definiert sich für mich durch eine Hinwendung zu mehr Liebe, Erkenntnis und angemessener Ordnung. Ich glaube nicht, dass dies immer mit einer Entwicklung auf eine spätere Entwicklungsstufe zu erreichen ist. Ich glaube, dass es manchmal eben genau darum geht, nichts zu verändern, sondern wirklich da anzukommen, wo man in diesem Augenblick gerade ist.

Das sind wesentliche Elemente meiner Hintergrundfolie. Eine genauere Beschäftigung und ein Austausch über diese Hintergrundfolien – darüber, was wir über die Welt denken und wie wir uns selbst in Beziehung dazu setzen – wäre mit Sicherheit ein interessanter Aspekt für ein Kamingespräch. Es geht letztlich doch auch um die Frage: »Worum geht es denn überhaupt in diesem ganzen Leben?«

Diese vielleicht eher philosophisch wirkenden Aspekte haben aber ganz konkrete Auswirkungen auf unser Sein und Tun als Berater.

Ebenso wie die ganz praktischen Fragen, mit wem ich mich umgebe. Der Kontext, die Kultur(en), in denen ich mich befinde, prägen mich und meine Identität sehr wesentlich. Denn dort führen wir Gespräche, stellen uns Fragen, kommen auf Gedanken oder schnappen Gedanken auf, gehen gemeinsam durch das Leben und prägen so auch unsere Grundannahmen und Überzeugungen.

Reflexionsfragen:

- Auf welcher Ich-Entwicklungsstufe befindest du dich und welcher Objektivierung hast du dich unterzogen?
- Welche Werte und Wertsichten sind dir besonders nahe und welche lehnst du eher ab?
- Mit wem umgibst du dich und über welche Themen sprichst du im Beruflichen und Privaten?
- Welche Trigger hast du, die dich aus dem Kontakt mit dir und anderen reißen?
- Welche inneren Bilder hast du von dir, welche Archetypen vertrittst du besonders?

- Welche Filme gefallen dir und mit welchen Rollen identifizierst du dich am meisten und was hat das mit deiner Identität zu tun?
- Wie waren dein eigener Lebensweg und deine eigenen Prägungen, was hast du erlebt und was schwingt heute noch nach?
- Wie bewusst bist du dir über die Aspekte, die dich geprägt haben, wie du zu deinen Haltungen gekommen bist?
- Wie berücksichtigt deine Lebenspraxis die regelmäßige Anbindung an das Sinnstiftende in deinem Leben (Gebet, Meditation, etwas ganz anderes)?
- Wie berücksichtigst du dich und deine persönliche Entfaltung im Hinblick auf die eigene Lebensbalance?
- Wo tanzt du?
- Wo singst du?
- Wo lässt du dich von Geschichten begeistern?
- Wo genießt du die Stille?
- Wo genießt du den Kontakt zu dir und zur Natur?

Vertiefung zur Reflexion der Change-Architektur

Die hier vorgestellte Change-Architektur ist im Sinne eines Referenzmodells zu behandeln. Je nach Auftrag und Kunde müssen die verschiedenen Elemente angepasst werden. Die Essenz der wesentlichen Elemente sollte aber immer berücksichtigt werden.

Das Kernteam

Das Kernteam und der Berater sind wesentlich für die Bodenhaftung und die Kulturpassung des Veränderungsprozesses. Hier geht es um die Reflexion und insbesondere um die Keimzelle der neuen Organisation. Die Einpassung des Kernteams in den Rest der Organisation ist eine besonders spannende Frage. In frühen konventionellen Organisationen wird es mit Sicherheit eine sehr starke Abgrenzung geben. Nicht, dass ich das für sinnvoll halte, es ist nur typisch für solche Organisationen. In postkonventionellen Organisationen wird es eine hohe Offenheit geben, vielleicht sogar ein Kernteam, was alle Mitarbeiter umfasst. Dann hat man eher logistische Herausforderungen, denn je nach Größe der Organisation muss dann überlegt werden, wie man die Reflexion so bündelt und führt, dass sie auf die gemeinsame Zielsetzung und Intention fokussieren. Dazu sollte man hier die Mechanismen nutzen, die die Organisation bereits für sich ausgeprägt hat. Es gibt in einer solchen Organisation normalerweise keine Notwendigkeit für eine Unterscheidung in den Abläufen der Wertschöpfung und den Abläufen der eigenen Entwicklung, weil diese Elemente vollständig verzahnt sind. Zum Kern des Tagesgeschäfts gehören dann ja genau die klassische Wertschöpfung und die Reflexion und Neuausrichtung.

Wichtig ist, das Kernteam bewusst auszuwählen und dann auch wirklich zu nutzen. Dabei ist zu beachten, dass Personen im Kernteam ganz normal auch in den Alltag der

Organisation eingebunden sein sollten. Das bedeutet auch, dass diese Personen meistens kein besonderes Wissen über Veränderungsprozesse haben. Einige wesentliche Grundlagen müssen also hier auch vermittelt werden.

Eine zeitlich befristete Symbiose mag notwendig sein, aber der Ausstieg aus diesem Abhängigkeitsverhältnis ist von Beginn an zu steuern.

Dazu gehe ich als Berater häufig in eine bewusst gesteuerte temporäre Symbiose. Ich führe das Kernteam in dem Prozess von Reflexion, Entscheidungen oder Entscheidungsvorbereitung, Pflege der anderen Elemente der Change-Architektur, auch in einem operativen Sinne. Damit ist zumindest für die erste Phase das Kernteam oft sehr abhängig von dem Berater. Genau diese Abhängigkeit abzubauen, muss möglichst schnell passieren und sollte von Anfang an berücksichtigt werden. Diese temporäre Symbiose vermittelt aber eine Sicherheit und ermöglicht oftmals ein schnelleres Einlassen der Organisation auf den Prozess. Und diese Symbiose ist gefährlich und muss schnell abgebaut werden!

Bei dem Aufbau eines Kernteams gilt es zu bedenken, dass oftmals die ausgewählten Personen nicht wissen, was ein solches Kernteam tun soll. Darüber hinaus ist oftmals auch bei der Benennung der Personen kein ausreichender Dialog erfolgt. Es ist also eine wesentliche Aufgabe des Beraters, im ersten Treffen erst einmal die Personen in ein gemeinsames Verständnis zu begleiten, was ein Kernteam tut und wofür es da ist.

Reflexionsfragen:

- Wie sieht eine gute Integration von einem Kernteam in deinem Projekt aus?
- Was ist eine gute Größe für das Kernteam bei deinem Kunden, um ausreichend Unterschiedlichkeit zu berücksichtigen, aber noch arbeitsfähig zu sein?
- Was sind die wichtigsten Kenntnisse und Fähigkeiten, die das Kernteam kennenlernen muss?
- Wie kannst du möglichst schnell, aber nicht zu schnell, die Steuerung des Kernteams an das Kernteam selbst übergeben?
- Wie holst du die Mitglieder des Kernteams im ersten Treffen dort ab, wo sie stehen?
- Welche Reflexionstechniken vermittelst du?
- Wie kannst du selbst als Modell für die gewünschte Kultur im Kernteam und somit die gewünschte Kultur in der Organisation stehen?

Veränderungslandkarte

Die Veränderungslandkarte ist ein lebendiges und regelmäßig zu aktualisierendes Element. Und es ist oftmals sehr sinnvoll, diese auf verschiedenen Abstraktionsebenen zu verwenden. Wichtig ist, dass man jederzeit eine Überblicksebene zur Verfügung hat und mit dieser auch aktiv arbeitet. So kann die Veränderungslandkarte beispielsweise in Veranstaltungen, in Einzelgesprächen, zur Fokussierung auf Wesentliches, als Orientierungshilfe bei Entscheidungen angewandt werden.

Darüber hinaus sollte man immer mal wieder in der Reflexion darauf achten, ob sich an einem der Felder etwas verändert hat. Und jedes Mal, wenn sich neue Erkenntnisse ergeben, sollten diese genauso mit aufgenommen werden.

Gerade die Historie und deren Auswirkungen sind nicht zu unterschätzen. Oft erfährt man erst mit der Zeit, welche Geschichten sich aus der Vergangenheit erzählt werden und welche Personen eventuell immer noch eine Bedeutung spielen, obwohl sie die Organisation bereits längst verlassen haben.

Neben der Veränderungslandkarte auf der obersten Ebene kann es mehrere weitere Karten auf unterschiedlichen Ebenen geben. So könnten Konkretisierungen auf Abteilungs- oder Gruppenebene sinnvoll sein. Ebenso könnte man die Struktur der Veränderungslandkarte in der Planung jeder Intervention nutzen. Dabei ist es wichtig, die Reflexion in der gesamten Organisation anzuregen, damit die verschiedenen Veränderungslandkarten auch konsistent in die gleiche Orientierung zielen.

Die übergeordnete Veränderungslandkarte ist deshalb so essentiell wichtig, weil sie einen Dreh- und Angelpunkt des Kohärenzabgleichs über alle anderen eventuell erstellten Veränderungslandkarten darstellt.

Reflexionsfragen:

- Wie kannst du die Aktualität der Veränderungslandkarte sicherstellen?
- Wie gestaltest du Prozesse beim Kunden, dass jede Detaillierung der Veränderungslandkarte auch in Übereinstimmung mit der Gesamtveränderungslandkarte erfolgt?
- Wem musst du die Veränderungslandkarte sonst noch zur Verfügung stellen, damit diese auch in der alltäglichen Kommunikation genutzt werden kann?
- Benötigst du eventuell noch eine kürzere Fassung, beispielsweise in Form einer knappen Sprungbrettrede, die die Essenz der Veränderungslandkarte zusammenfasst?

Plan der Interventionen und die konkreten Interventionen

Der Überblick über die verschiedenen Interventionen, deren Intention und deren zeitlichem Verlauf ist das Schlüsselelement für die Balancierung der Veränderungsprozesse. Unter Berücksichtigung der Hintergrundfolie stellt sich hier die Frage, welche Interventionen in welcher Reihenfolge durchgeführt werden müssen.

So können beispielsweise die Wirksamkeit von Teamevents und Veränderungen in den Strukturen von Gruppen oder Abteilungen torpediert werden, weil sich andere Steuerungsimpulse überlagern. Andere Steuerungsimpulse kommen häufig aus den Linien Controlling und Führung. Müssen beispielsweise Ziel-, Budget- oder Gehaltsprozesse und Vereinbarungen zuerst angepasst werden, bevor eine Organisationsstrukturanpassung erfolgt? Oder ist es sinnvoll, erst die Führungskräfte zu schulen, bevor man schrittweise die Führungskräfte als Rolle immer weiter abbaut und Führung anders gestaltet, um in Richtung einer Selbstorganisation zu gelangen?

Der Plan der Interventionen sollte insbesondere formale und informelle Kommunikationselemente beinhalten. Und darüber hinaus gilt es, die Menge der parallelen Veränderungsaktivitäten gut im Blick zu behalten. Ansonsten kann es zu einer Überforderung der Gesamtorganisation kommen. Werden zu viele

Vorsicht vor Überhitzung!

Maßnahmen gestartet, hat das nicht nur praktische Kapazitätsauswirkungen. Auch auf der emotionalen Ebene muss geprüft werden, ob die Mitarbeiter nicht überhitzen. Zu viel Komplexität, zu viel Geschwindigkeit, führen leicht dazu, dass sich gar nichts mehr bewegt. Denn im Erleben der Menschen gibt es dann eine sehr hohe Unsicherheit. Und das Gewohnte bietet erst einmal eine gefühlte Sicherheit. Also ist die Wahrscheinlichkeit hoch, dass Menschen diesen Ausweg wählen.

Hier ist es ganz wichtig, dass Führungs- und Schlüsselpersonen sichere Basen darstellen. Eine sichere Basis ermöglicht es Menschen im Umfeld, sich dort anzubinden und bei aller Unsicherheit auf etwas verlassen zu können. Eine Ruhe und Akzeptanz wird von einer sicheren Basis ausgestrahlt. Wenn es nicht ausreichend sichere Basen in Menge oder Qualität gibt, suchen sich Menschen gemäß ihrer Muster etwas, was ihnen wieder ermöglicht, ein Sicherheitsgefühl zu empfinden.

Die konkreten Interventionen müssen inhaltlich gut geplant und vorbereitet sein. Sie können aus dem Fundus des Beraters, aber auch aus den Ideen des Kunden stammen. Grundsätzlich ist es zu begrüßen, wenn die Ideen stärker aus der Organisation kommen, weil sie dann höchstwahrscheinlich kulturkompatibel sind. Aber oftmals ist es einfach praktischer, wenn der Berater aus seinem eigenen Koffer etwas mit in die Organisation trägt und nicht nur einen Prozess gestaltet, sondern auch selbst konkrete Impulse einbringt.

Ob der Plan wie ein klassischer Projektplan organisiert ist oder in Anlehnung an Kanban oder Scrum eher in einer anderen Form vorliegt, ist ebenso wie das Monitoring und Einsteuern der verschiedenen Maßnahmen abhängig von dem konkreten Kunden. Hier muss ich als Berater wieder einmal genau abwägen, wo eine Irritation durch eine andere Methodik hilfreich oder eben eher nicht hilfreich ist.

Reflexionsfragen:

- Wie ermöglichst du dir und dem Kunden den Überblick über die verschiedenen Interventionen?
- Wie stellst du sicher, dass die Organisation nicht überhitzt?
- Wie kannst du ein koordiniertes Wirken der verschiedenen Interventionen sicherstellen?
- Mit welchen Hintergrundfolien reflektierst du die Reihenfolge der Interventionen?
- Wie kannst du eine ausreichende Struktur gepaart mit ausreichender Flexibilität sicherstellen?

Mitarbeiter und Führungskräfte

Im Kern geht es darum, dass sich im Alltag wirklich etwas ändert. Das bedeutet, dass die Mitarbeiter in einer anderen Art und Weise miteinander zusammenarbeiten. Darauf ist ein wesentlicher Fokus zu legen. Alles, was geplant und durchgeführt wird, muss die alltägliche Prüfung durch die Mitarbeiter bestehen. Alles andere ist »Mindfuck« oder spirituell ausgedrückt »Illusion«. Denn nur, wenn sich wirklich etwas in der Welt ändert, haben wir einen relevanten Unterschied gemacht. (Damit möchte ich nicht die innere Arbeit abwerten, aber wo werden deren Früchte erkennbar?)

Je nach Organisation und Organisationsform ist es hier noch einmal wichtig, eine genauere Differenzierung der Verantwortlichkeiten vorzunehmen. Denn das Kernteam ist in den seltensten Fällen auch ein Entscheidungsgremium. Unter Umständen muss in der Change-Architektur eine Komponente »Entscheiderkreis« ergänzt werden. In diesen Entscheiderkreis würden dann relevante Führungskräfte eingeladen und das Kernteam kann hier vorbereitete Entscheidungsvorlagen einbringen. So bleibt die Verantwortung für die Veränderung auch klar da, wo sie hingehört: In den Bereich der Führung – wie auch immer diese dann in der konkreten Organisation durchgeführt wird.

Reflexionsfragen:

- Wie stellst du sicher, dass bei allem, was du tust, der Sinn erkennbar ist und dieses auch bei den Mitarbeitern auf Verständnis stößt?
- Wie berücksichtigst du die Trennung von Reflexion, Erkenntnis, Vorgehensvorschlag und Entscheidung?
- Wie stellst du sicher, dass jeder Beteiligte weiß, ob er gerade in der Reflexion oder in der Entscheidungsfindung ist?
- Wie stellst du sicher, dass das Kernteam nicht Führungskräften ihre Verantwortung abnimmt?

Feedback und Außeneinflüsse

Die echte Integration der Rückmeldungen aus der Organisation, aber auch die Betrachtung von Außeneinflüssen, ist oft eine besondere Herausforderung. Oft zeigt sich im Rahmen einer Organisationsentwicklung eine ungünstige Tendenz zum Selbstbezug. Dieser kann auf allen Ebenen erfolgen. Dies kann auf der Ebene des Beraters, des Kernteams, Teilen der Organisation oder der Gesamtorganisation erfolgen. Hintergrund ist meistens, dass ein Veränderungsprozess ja bereits eine Herausforderung ist und somit in einem gewissen Grad auch Stress erzeugt. Jede Gegenstimme wird jetzt potenziell als Ablehnung erlebt.

Erst ab sehr späten Ich-Entwicklungsstufen können wir ganz entspannt mit Feedback umgehen und müssen uns selbst immer weniger schützen. Die Tendenz zum Rückbezug ist eine Form von Schutz, denn wenn ich nicht nach außen gehe, muss ich mich nicht mehr den Rückmeldungen stellen.

Dabei sind diese Rückmeldungen das notwendige Element, welches wir zum Steuern brauchen. Eine Organisation erfüllt einen Zweck und das ist kein Selbstzweck. Es gibt eine Anforderung oder ein Bedürfnis außerhalb der Organisation – dort kommt die Daseinsberechtigung der Organisation her. Erst in der Auseinandersetzung mit diesem Zweck und somit der Umwelt erhalte ich Feedback und damit die wesentlichen Rückmeldungen, wie und wohin ich steuern muss.

> Man muss erst einmal in Fahrt kommen, bevor man echtes Feedback bekommt.

Reflexionsfragen:

- Wie stellst du sicher, dass du auch kritisches Feedback zu seiner Tätigkeit als Berater erhältst?
- Wie stellst du beim Kunden sicher, dass die Veränderungsinitiativen auch so mit dem Außen gekoppelt sind, dass es eine Rückmeldung gibt?
- Wie kannst du bei deinem Kunden sicherstellen, dass die Aktivitäten auch direkt oder indirekt einen Mehrwert und Nutzen für den Kunden generieren?
- Welche bestehenden Kanäle in der Organisation kannst du nutzen?
- Wie kannst du bei dir und bei deinem Kunden immer wieder den Mut aktivieren, ins Handeln zu gehen, um dann auf Basis des Feedbacks die Richtung anzupassen?
- Wie kannst du sicherstellen, dass Veränderungen am Markt auch wahrgenommen und nicht ausgeblendet werden?

Zoom-in und Zoom-out

Ganz wesentlich ist es für dich, dass du immer wieder das Hinein- und Herauszoomen praktizierst. Und dass du auch darauf achtest, wie du dich mit jedem Mal veränderst, wenn sich die Organisation verändert. Mit jedem Erleben wirst du mehr oder weniger deine Annahmen über diese Organisation verändern. Du wirst entspannter oder angespannter und deine typischen Fokussierungen werden sich immer weiter verändern.

Vielleicht wirst du sogar Muster erkennen, die auch mit dir oder mit anderen Kunden zu tun haben, wenn du nur weit genug zurücktrittst. So als gäbe es Fäden in der Realität, die sich an der ein oder anderen Stelle zu Knoten verbinden und damit Blockaden im allgemeinen Ablauf darstellen. Und diese Knoten wirken auf deine Kunden und dich und vielleicht kannst du solche Blockaden auch in der Gesellschaft sehen.

Und unabhängig davon, dass Supervision sehr sinnvoll ist, weil du ja auch Gefangener deiner eigenen Weltsicht bist, benötigst du spätestens auf dieser Ebene eine geeignete Form von Supervision. In der du dir andere Ansichten und Einsichten holen kannst. In der auch nochmal jemand dich dabei unterstützt, ganz weit herauszuzoomen und auf das gesamte Bild zu schauen, sowohl beim Kunden, als auch bei dir.

Reflexionsfragen:

- Wie stellst du sicher, dass du immer wieder das Wechselspiel von Zoom-in, beispielsweise auf eine konkrete Intervention, und Zoom-out, beispielsweise auf die Veränderungslandkarte vornimmst?
- Wie stellst du sicher, dass du dich als einen Teil der Veränderung begreifst und Parallelprozesse und transpersonale Prozesse reflektierst und mit diesen arbeitest?
- Wie organisierst du deine eigene Supervision, die nicht nur auf deine Muster und Lebensthemen, sondern auch auf dein Beratungs- und dein Klientensystem schaut?

Vertiefung zu Change-Architektur leben

Fokussierungsfelder im U

Die Change-Architektur muss gelebt werden. Und um diese Struktur zu leben, möchte ich noch einmal auf das Vorgehen im Sinne des U-Prozesses zurückkommen. Der U-Prozess ist ja nicht als linearer Prozess zu verstehen, sondern eher als ein Feld, in dem man sich ganzheitlich bewegt. Dabei gibt es primäre und sekundäre Aufmerksamkeitsfokussierungsfelder (Abbildung 5.5).

Das primäre Fokussierungsfeld ist das Dreieck aus **Hintergrundfolie reflektieren**, **Change-Architektur entwerfen** und **Change-Architektur leben**.

Mit jeder Intervention, die durchgeführt wird, kann es sein, dass sich die Hintergrundfolie ändert. Dabei gibt es zwei wesentliche Veränderungsrichtungen. Die **vertikale** Änderung der Hintergrundfolie bleibt auf der gleichen Entwicklungsstufe, ändert aber den Inhalt, vielleicht sogar radikal. Veränderungen auf dieser Ebene werden sich im Wesentlichen auf die Systemdynamiken auswirken. Vielleicht werden vereinzelte Linien auf eine spätere Stufe angehoben, aber der Schwerpunkt der Bedeutungsbildung und der Steuerungs- und Orientierungsmechanismen ändert sich nicht. Dennoch ist es sinnvoll, diese Veränderungen auch bewusst zu reflektieren und die Hintergrundfolien zu nutzen, um eventuell notwendige Veränderungen an der Change-Architektur oder konkreten Interventionen vorzunehmen.

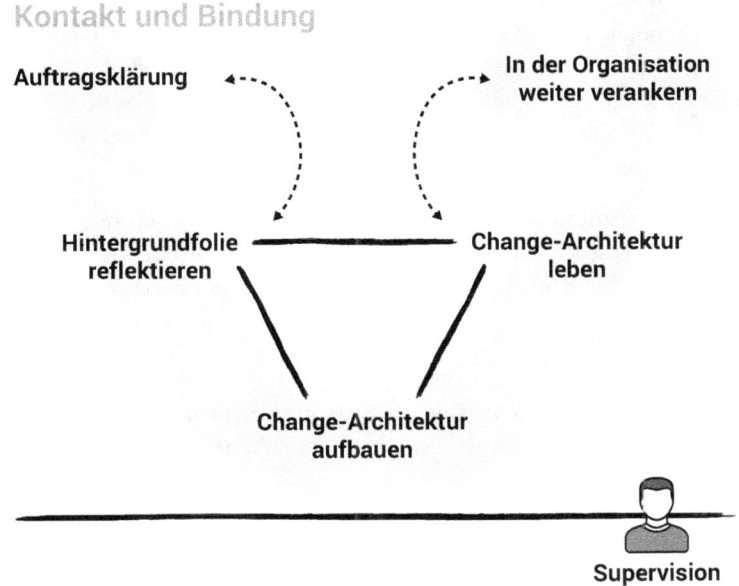

Abb. 5.5: Fokussierungsfelder im Vorgehen

Die **horizontale** Veränderung bedeutet einen weitaus größeren Wandel. Dabei verschiebt sich der Schwerpunkt der Entwicklungsebene der Organisation. Viele bislang gültige Erklärungsmodelle werden damit ungültig. Je nach Ich-Entwicklungsstufe der Schlüsselpersonen und Mitarbeiter kann das eine extrem hohe Verunsicherung auslösen. Dabei verschieben sich üblicherweise mehrere Linien in eine andere Entwicklungsebene. Üblicherweise nach oben. In Zeiten einer Krise, insbesondere von außen induziert, kann es aber auch zu einer Regression kommen, dann ist erst mal Notfall-Management angesagt.

Hier müssen die Change-Architektur und die konkreten Interventionen schnell angepasst werden. Eventuell muss das Kernteam anders besetzt oder der Plan der Interventionen angepasst werden. Schlüsselfrage ist hier, was muss jetzt getan werden, um die neue Ebene zu stabilisieren oder die Regression zu überwinden.

Gerade bei einer horizontalen Änderung kann es sein, dass die Change-Architektur in der bisherigen Form nicht mehr passend ist. Bei dem Schritt in eine postkonventionelle Organisation muss beispielsweise das Kernteam ausgeweitet werden. In einer postkonventionellen Organisation verweben sich ja eigene Veränderung und Generierung des Werts für den Markt immer mehr. Daher wäre ein klassisches Kernteam eher hinderlich für die Stabilisierung der neuen Ebene. Die Art und Weise, wie die Change-Architektur gelebt wird, muss also entsprechend angepasst werden.

Das Kernteam muss bereit sein, sich selbst aufzulösen, wenn es an der Zeit ist. Gerade bei Aufträgen, die horizontale Entwicklung beinhalten, sollte dieser Aspekt der eigenen Weiterentwicklung aufseiten des Kernteams mit der Bereitschaft zur Ausweitung oder Auflösung des Kernteams besonders beachtet werden.

Das sekundäre Fokussierungsfeld ergibt sich aus dem ersten Dreieck und der Kopplung an die oberen Enden des Us, den **Auftrag** und die **Verankerung in der Organisation**. Mit fortschreitendem Erfolg der Veränderungsmaßnahmen sollte die Organisation die Ergebnisse wirklich in ihre DNS aufnehmen. Dadurch kann sich der Auftrag erfüllen oder der Auftrag kann sich verändern. Hier ist dann die direkte Rückkopplung an den Auftraggeber relevant, damit die Basis der Organisationsentwicklung aus Sicht des Beraters klar ist und bleibt.

Auf beide Fokussierungsfelder muss der Berater in besonderer Form achten. Und ich empfehle gerade an dieser Stelle wiederum, um das ganze System noch eine Supervision sicherzustellen. Wie schon oft gesagt, wir sind alle Opfer unserer eigenen Weltsicht.

Reflexionsfragen:

- Wie gestaltest du mit dem Kernteam die Bewegung im primären Fokussierungsfeld?
- Wie gestaltest du mit oder ohne Kernteam die Bewegung im sekundären Fokussierungsfeld?
- Wie stellst du ein flexibles Wandeln zwischen den verschiedenen Elementen sicher?
- Wie stellst du deine eigene Supervision sicher?

Blick auf mögliche organisationale Schatten

Der Schatten ist in der einfachsten Form erst einmal etwas, was aus der Aufmerksamkeit bzw. der Bewusstheit herausgedrängt wurde. Das kann zum Beispiel sein, dass ein Mitarbeiter seine Aufgaben nicht gut erledigt. Nun wird manchmal so vorgegangen, dass der Mitarbeiter kein Feedback bekommt, er nicht dabei unterstützt wird, die notwendigen Lernschritte zu gehen und ein anderer Kollege diese Aufgaben übernimmt. Damit wird jedoch das eigentliche Problem nicht gelöst, aber das Unternehmen funktioniert weiter, augenscheinlich sogar besser. In der Folge wird nicht weiter darauf geachtet – es war eben immer so. Das ist ein ganz klassischer organisationaler Schatten.

Ein weiteres Beispiel: In einem relativ komplexen Geschäftsprozess wurde eine schnelle »Quick-and-dirty«-Lösung einprogrammiert, sodass nun alle Daten von A nach B transportiert werden. Weitere Daten kommen dazu, es wird noch ein zweites Skript dazu erstellt und es läuft erst einmal. Doch auch damit wird das eigentliche Problem nicht gelöst. Im Grunde genommen müsste zuallererst über den eigentlichen Geschäftsprozess, die Architektur der Datenübertragungselemente und vieles mehr nachgedacht werden. Dieses rückt einfach außerhalb der Aufmerksamkeitsschwelle. Dieses ist eine Art organisatorischer Schatten, weil niemand mehr dort hinschaut.

Ein typisches Muster in diesem Bereich ist: Operative Problemlösung erzeugt langfristig dysfunktionale Muster. In den agilen Ansätzen nennt man das »organisational debt«. Es kann immer einmal passieren, dass ein Mitarbeiter gerade Schwierigkeiten hat und seine Aufgaben nicht gut erledigen kann, dass eine Abteilung neu entsteht und deshalb noch nicht so ganz performant läuft oder dass in einem Veränderungsprozess bestimmte Aufgaben verlagert werden und die annehmende Organisationseinheit noch gar nicht die Fähigkeit in voller Bandbreite hat, um die Aufgaben zu erfüllen. Dieses ist ein ganz normales Phänomen. Und dann ist es auf der operativen Ebene außerdem völlig normal, kooperativ und sinnvoll, dass man sich aushilft. Als Hauptproblem kann dann entstehen, dass dieses Aushelfen gar nicht auf Basis bewusst vereinbarter Ausnahmen passiert, sondern es einfach so passiert. Statt es sauber abzusprechen und eine Art Entwicklungsprogramm aufzulegen, in dem genau dieses Thema adressiert wird, wird es einfach gemacht.

So häufen sich lange dysfunktionale Muster, weil die Organisationseinheit – die ihre Fähigkeiten noch nicht ausreichend ausgeübt hat – gar nicht gezwungen wird, ihre Rolle auszuüben. So haben sie gar keinen Bedarf, sich weiterzuentwickeln. Auf diese Weise ist sichergestellt, dass diese Abteilung niemals die Performance erreichen kann, die sie eigentlich braucht. Operativ darauf geschaut ist das Problem zwar gelöst, doch natürlicherweise wird es durch diese Unklarheit von Rollen auch an ganz anderen Stellen wieder »haken«: Die aushelfende Abteilung wird dadurch mehr Arbeit haben und unzufrieden sein, doch das eigentliche Problem löst es nicht.

Manchmal ist es so, dass es lange Zeit noch gut geht und erst im nächsten Veränderungsprozess richtig »knallt«, aber wenn der neue Mitarbeiter hinzukommt oder sich sonstige Veränderungen ergeben und die Arbeitslast steigt, habe ich kein robustes

System mehr und somit aufkommende Schwierigkeiten mit beliebigen Herausforderungen, die auftauchen könnten. Sollte nun jemand kommen, der genau dieses Thema anspricht, kann es passieren, dass eine Art kollektive Abwehr entsteht. Dieses ist nun tatsächlich eine Frage von Unternehmenskultur, von individuellen Themen und davon, wie lange ein solches Muster bereits da ist. Dann trifft man auf Aussagen wie »Die haben das ja noch nie auf die Reihe bekommen« oder »Das war doch schon immer so, jetzt wird sich auch nichts mehr ändern«. Dieses sind schlichtweg Elemente einer Art von Abwehr und Verdrängung – ohne nun zu psychoanalytisch daherkommen zu wollen – die letztendlich dazu führen, dass die Probleme nicht gelöst werden.

Man muss immer sehr stark aufpassen, ob operative sinnvolle Dinge, die kurzfristig helfen könnten, tatsächlich langfristig dysfunktionale Muster erzeugen. Dieses ist ein Aspekt von organisatorischen Schatten. Schatten in der Organisation ist für eine integrale Organisationsentwicklung ein interessanter Punkt: Denn hier muss ich als Berater natürlich ganz besonders darauf achten, wo es in einer Begleitung diese organisatorischen Schatten gibt. Wo gibt es eventuell Muster, die so etwas auch immer wieder hervorrufen? Gibt es in der Unternehmenskultur einen operativen Drang, der es im Tagesgeschäft gar nicht ermöglicht, dass man diesen Schritt macht, einen Moment darüber nachdenkt und schaut, was für ein Muster man hier möglicherweise langfristig in seine Organisation einbaut. Und nach einiger Zeit gibt es ja auch regelrecht Abwehrmechanismen und genauso stehen ein paar »heilige Kühe« auf den Fluren herum, die man aber nicht ansprechen darf.

Organisationale Schatten zeigen sich in verschiedensten Arten. Im Folgenden ein paar ergänzende Fragen, die dir beim Bemerken helfen sollen. Nicht immer ist die Antwort ein organisationaler Schatten, aber manchmal.

Reflexionsfragen:

- Beim Hinterfragen welcher Abläufe bemerkst du eine besonders angespannte Stimmung?
- Wo werden vereinzelte Kollegen oder Abteilungen immer wieder abgewertet oder ausgegrenzt und was sind deren Qualitäten oder Aufgaben, die in der Organisation vielleicht fehlen?
- Wo wird jemand schnell zum Querulanten definiert?
- Wo weichen Personen ihren Verantwortungen aus, wo liefern Personen die vereinbarten Ergebnisse nicht oder nicht in passender Qualität?
- Wo gibt es keine Vereinbarungen zu Ergebnissen?
- Wo finden sich besondere Überlastsituationen und was wird hier eigentlich ausgebügelt?

Noch ein paar Hinweise zum Berater

Wenn wir nochmals einen kleinen Augenblick auf uns selbst schauen, so könnten wir beispielsweise feststellen, dass es wirklich eine Menge Anforderungen an uns gibt. Und wir könnten damit in eine Situation rutschen, in der wir glauben, wir müssten regelrecht omnipotent sein, alles wissen, alles kennen und noch dazu auf Augenhöhe kommunizieren können.

Vielleicht sollten wir einmal einen kurzen Schritt zurück machen. Und einen tiefen Atemzug nehmen und unseren Körper einen Moment entspannen. Wir als Berater sind die, die den Prozess halten, die den Raum aufspannen und dabei das unterstützen, was sich zeigen will. Es geht dabei auch sehr stark darum, mit dem eigenen Sein in der Organisation einen Unterschied zu machen, Erlaubnisse zu geben, die ansonsten nicht da wären. Zusammenhänge zu sehen oder zu spüren, die man als Beteiligter vielleicht nicht mehr sehen kann.

Vor allem gilt es aber, dass wir als Menschen voll und ganz sichtbar werden. Dass wir auch unseren Kunden und ihrer Expertise vertrauen. Dass wir uns daran erinnern, dass wir uns Hilfe holen können, genauso, wie das auch unser Kunde getan hat. Wir sollten uns daran erinnern, dass auch wir unseren Mustern unterworfen sind, Spannungen auch in uns auftauchen, die mal Spiegel der Spannungen bei unserem Kunden sind und manchmal doch nur ein deutlicher Hinweis an uns selbst, dass es noch etwas in uns gibt, was angenommen, angeschaut, verändert oder entfaltet werden will.

Unsere erste Aufgabe ist es, dass wir uns selbst in einen guten Zustand bringen. Und da ist die Frage, was wir dazu tun müssen. Wir müssen sicherstellen, dass wir nicht in eine finanzielle, mentale oder emotionale Abhängigkeit von unserem Kunden geraten, denn ansonsten wären wir womöglich nicht mehr bereit, auch das zu konfrontieren, was der blinde Fleck in der Organisation ist. Wir wären gefährdet, uns der Wirklichkeitskonstruktion des Kunden komplett anzuschließen, um uns selbst, unsere Gefühle oder unsere wirtschaftliche Situation nicht zu gefährden. Und damit wären wir nicht mehr frei, den Unterschied zu machen, der einen wirklichen Unterschied macht.

Wir brauchen also ein Netzwerk von Kunden und ein Netzwerk von Kollegen, mit denen wir uns austauschen können, bei denen wir unsicher sein können und die uns in unserem Sein unterstützen. Und wir benötigen auch im Privaten ein stärkendes und prinzipiell nährendes Umfeld. Natürlich kann es in jedem der Felder einmal Krisen geben. Aber wir müssen uns bewusst sein, wenn wir in dem Einfluss von Krisen sind, damit wir dennoch eine qualitativ hochwertige Beratung sicherstellen können. Mit der guten Balance aus Mut und Demut.

- Wie kannst du dich so annehmen, wie du bist?
- Wie kannst du dich dabei unterstützen lassen, dich so anzunehmen, wie du bist?
- Wie kannst du immer wieder in Kontakt mit dir kommen?
- Wo kannst du hingehen, wenn du unsicher bist?
- Wo kannst du dich stärken lassen, wo wirst du so gesehen und angenommen, wie du bist?

Und eine kleine Übung

Suche Dir einen stillen Platz, setz dich hin, vielleicht beide Füße auf den Boden, vielleicht die Knie ein wenig tiefer als die Hüfte – automatisch richtet sich ein bisschen der Rücken auf. Nimm ein paar tiefe Atemzüge, lausche mal einen Moment deinen eigenen Gedanken und Gefühlen. Komm in Kontakt mit dir und schaue dann, was aus der Tiefe in dir auftaucht, wenn du dir folgende Fragen stellst:

- Was glaubst du eigentlich, wofür sind Organisationen da?
- Was glaubst du eigentlich, wie die Welt funktioniert?
- Was glaubst du eigentlich, was dein Platz in dieser Welt ist?
- Was glaubst du eigentlich, will durch dich in die Welt kommen?
- Und falls du selbst eine Organisation führst: Was glaubst du, will durch die Organisation, die du führst, in die Welt kommen?
- Und mal angenommen, da wäre was aufgetaucht, was wäre der Rahmen, in dem du das in die Welt bringen möchtest?
- Und wie kann das dann ganz praktisch funktionieren?
- Und mit wem müsstest du dich austauschen, um einen Weg zu finden?
- Wen müsstest du mit einbinden, um gemeinsam herauszufinden, wie es weitergehen kann, um gemeinsam Feedback zu sammeln, um gemeinsam zu schauen, ob das in eine Richtung geht, wo dein Körper dir zurückmeldet, es kommt zu mehr Entspannung, zu mehr Gefühl von Weite und Offenheit?

Und genau da erleben wir den wirklich großen Bruch, wenn wir darüber reden, ob wir konventionelle oder postkonventionelle Organisationen begleiten. Trotz der Offenheit, die wir auch in konventionellen Organisationen brauchen – dem Vertrauen in Prozesse, Menschen, das große Ganze, das Immer-wieder-genau-Hinschauen –, haben wir für konventionelle Organisationen mittlerweile sehr viel Erfahrung, was gut funktioniert und was nicht. Auch, wenn wir das immer wieder loslassen müssen, um zu schauen, was im Hier und Jetzt wirklich gerade dran ist.

In postkonventionellen Organisationen sind wir in einem Bereich, wo es darum geht, etwas wirklich Neues zu schaffen. Wo es darum geht, sich zu öffnen und zu schauen, was durch uns ins Leben gebracht werden will. Und wie wir das ganz praktisch tun. Natürlich kann ich hier Prinzipien anwenden, wie: »Bringe Macht- und Entscheidungsbefugnis möglichst nah an die Grenze deiner Organisation und dezentrale Steuerung dorthin, wo der direkte Kundenkontakt ist, wo die Informationen sind und reagiere dort schnell.« Natürlich kann ich Organisationsmodelle wie Holacracy und dergleichen mehr einführen. Im Kern geht es hier jedoch um etwas anderes. Im Kern geht es nämlich darum, sich wirklich in den Dienst einer übergeordneten Entfaltung zu stellen, sich zu öffnen und in das Feld der Unsicherheit zu bewegen. Mit unseren eigenen Ideen in die Umwelt zu gehen und zu sehen, wie diese Umwelt unsere Ideen und wie sie uns selbst verändert.

Und es geht darum, mehr zu beobachten, mehr zuzuhören und mehr wahrzunehmen – die ganzen analytischen Aspekte zu nehmen und zu überschreiten, mit einer Intention zu verbinden, unsere Körperwahrnehmung sowie unsere Intuition dazu zu nehmen und so letztendlich einen Raum zu gestalten, in dem etwas geschehen kann.

Viel Freude bei der Reise und für ein gutes Gespräch bei einem guten Kaffee oder in einer gemütlichen Umgebung bin ich fast immer zu haben: hvt@heiko-veit.de

6 Prinzipien und Konzepte

In der Praxis der integralen Organisationsentwicklung geht es immer darum, einen Raum zu gestalten, in dem ein Prozess stattfinden kann. Wie stark ich als Berater Impulse in diesen Raum hineingebe oder wie sehr ich mich ausschließlich darauf konzentrieren muss, diesen Raum zu halten, ist sehr stark vom Anliegen, dem Kunden, den Bewusstseinsstufen der Beteiligten und dergleichen mehr abhängig.

Was ich als Berater letztendlich gestalte, ist eine Art haltende Umwelt, in der die Prozesse laufen können. Diese haltende Umwelt haben wir als Grunderfahrung des Menschen bereits im Mutterleib gemacht: Wir wachsen, dazu gehört auch eine gewisse Orientierung. Wir sind verbunden, darüber werden wir auch versorgt. Wir erleben Grenzen, die uns schützen und irgendwann zu eng werden, etwas Neues wird benötigt.

Um diesen Raum bereitzustellen, kann ich mich als Berater unterschiedlicher Modelle bedienen. Teilweise für mich selbst, wie auch mit dem Kunden diskutieren, Denkansätze zur Verfügung stellen und anhand dieser Modelle in der Verbindung mit den Erfahrungen, die in der Organisation gemacht werden oder wurden, dann schauen, was die nächsten Schritte in der Entwicklung sind und wie man das weiter operationalisiert.

Auf dieser Basis gibt es ein paar ganz nützliche Grundmodelle, die ich im Folgenden gerne vorstellen möchte. Hierbei ist das Wechselspiel wichtig: Wie kann ich Wachstum ermöglichen, wie kann ich Verbindungen ermöglichen und wie kann ich einen Schutzraum bilden und darauf achten, dass dieser nicht zu eingeschränkt ist? Das bedeutet, dass ich die Menschen auch immer wieder in ihre Eigenverantwortung mit hineinnehmen und selbstverständlich auch mich und die von mir gesetzten Grenzen potenziell in Frage stellen muss.

Die Grundmodelle dienen dazu, dass ich als Berater die Organisation unterstütze, die sich im Organisationskontext ergebenden Fragestellungen zu beantworten. Diese sind meistens: Wie organisieren wir uns? Wie schaffen wir die Arbeit? Was ist überhaupt unsere Arbeit? Was ist wie zu tun? Wie wollen wir die Arbeit erledigen? Mit wem wollen wir sie erledigen? Wie prüfen wir unseren Erfolg? Wie füge ich mich als Mensch in die Organisation ein? Wie kann ich die Organisation mitgestalten? Hierzu ist es Teil unserer Aufgabe als Berater für integrale Organisationsentwicklung die Selbstreflexion zu stärken, damit die Menschen in der Lage sind, eben nicht nur im Tagesgeschäft zu arbeiten, sondern auch diesen Schritt zurück zu machen und zu reflektieren und zu schauen, wie sie sich eigentlich weiterentwickeln wollen.

Ebenso müssen wir Kommunikation und Vernetzung optimieren (stufenadäquat!). Wir müssen unsere Kunden dahingehend unterstützen, dass Vielfalt ermöglicht und genauso akzeptiert wird. Ohne dass Abwehrmechanismen aktiv werden – was gerade auf früheren Stufen schwierig ist.

Wir müssen verstehen, dass Vergangenes vergangen ist und Zukunft nun mal das Gestaltende ist und wie man zwischen Vergangenheit und Zukunft Übergänge schaffen kann. Und wie man im Bereich der Zukunft wirklich die Angst beiseite nehmen und wirklich erkunden und experimentieren kann, was sich dort in der Zukunft zeigen möchte, oder wo man hingeht. Das heißt eben auch, Fehler zu akzeptieren und letztendlich daraus zu lernen. Und sich immer wieder motivieren, den nächsten Schritt zu gehen. Immer wieder in die Unsicherheit zu gehen. Anstatt einfach das Alte zu wiederholen oder mehr davon zu machen, was auf einer Inhaltsebene ja wirklich neu erlebt werden kann. Um all das zu unterstützen, empfehle ich die folgenden Denkmodelle, Schemata und Prinzipien.

Wirklichkeitskonstruktion

Zum Modell

Dieses Modell dient dem Aufbau von Grenzen und einem gemeinsamen Bezugsrahmen. Darüber können sämtliche unterschiedlichen Sichtweisen auf Ziele, Vorgehensweise und sonstige Sachverhalte als normal definiert werden. Auf diese Weise kann Unterschiedlichkeit als nützliches Hilfsmittel zum Erlangen einer höheren Tiefenschärfe erklärt werden.

Für die meisten Berater ist mittlerweile die systemisch-konstruktivistische Perspektive, dass Menschen sich ihr Bild von der Realität selber konstruieren, im Grunde genommen schon gang und gäbe. Das ist aber noch lange nicht bei allen Kunden angekommen. Deshalb ist es eines der Schlüsselelemente, dieses dem Kunden bereits sehr früh zu erklären und es mit ihm zu vereinbaren.

Die beispielhaften Erläuterungen in der Folge haben sich in der Praxis bewährt und müssen nur selten an spezifische Kulturmerkmale des Kunden angepasst werden.

Ins Detail

Jeder Mensch konstruiert sein Bild von der Realität auf Basis der bisherigen Lernerfahrungen, der vorliegenden Informationen, des inneren Zustands und dergleichen mehr. Dieses innere Bild ist das, was wirklich WIRKT. Das ist also die Wirklichkeit. Es ist ungenommen, dass jeder Mensch Muster der Wahrnehmung und der Bedeutungsgebung – also der Wirklichkeitskonstruktion – in sich trägt, die zu großen Teilen auch unbewusst sind. Es fühlt sich deshalb für die meisten Menschen so wahr an, was sie gerade wahrnehmen, weil sie sich überhaupt nicht bewusst machen, wie unterschiedlich die Grundannahmen und die Informationen sind, die uns zur Verfügung stehen. Jeder Mensch kann sich seiner Wahrnehmungs- und Bedeutungsmuster bewusster werden und sich immer wieder klar sowie klarer machen, wie er eigentlich zu der Bedeutung kommt, die er einer Situation gibt. Wie er zu seiner Wirklichkeitskonstruktion gelangt. Auf diese Weise kann jeder Mensch seine eigene Wirklichkeit ändern, ohne dass jemand anders irgendwas ändern muss.

Wirklichkeitskonstruktion

Abb. 6.1: Wirklichkeitskonstruktion

Wenn wir es schaffen, unseren Kunden dieses zu vermitteln und auch selbst anzunehmen, haben wir eine gute Grundlage, um Unterschiedlichkeit zuzulassen. Denn dann ist Unterschiedlichkeit erst einmal nur eine unterschiedliche Perspektive, eine andere Wirklichkeitskonstruktion. Da jeder seine Wirklichkeit konstruiert, kann man auch nicht sagen, was hier nun richtiger oder falscher ist. Es sind einfach erst mal nur unterschiedliche Sichtweisen.

Als nächsten Schritt brauchen wir Kriterien, anhand derer wir aushandeln und vereinbaren können, wie wir gemeinsam die Wirklichkeit sehen und wie wir die nächsten Schritte gehen wollen. Um dieses auszuhandeln, schlage ich vor, wegzukommen von richtig und falsch und stattdessen hinzukommen zu: Ist etwas zieldienlich oder ist etwas nicht zieldienlich? Und da sind wir genau an der wichtigen Fragestellung, was überhaupt Ziel, Sinn und Zweck dieser Organisation ist. Ausschließlich über diesen Sinn und Zweck und dieses Ziel, können wir nun darüber diskutieren, welche Sichtweise, welcher Vorschlag nun nützlich ist. Genauso können wir unterschiedliche Sichtweisen im Hinblick auf das Ziel integrieren und schauen, wie wir damit dem Ziel näherkommen.

Wenn es uns als Berater gelingt, diese grundsätzliche Perspektive beim Kunden zu wecken, haben wir eine gute Grundlage, um Unterschiedlichkeit zuzulassen. Und letztendlich auch eine Verbindung zwischen den beteiligten Personen zu schaffen und damit Wachstum zu ermöglichen.

Ein ganz wichtiges Konzept dabei ist: Jeder Mensch lebt oder konstruiert seine Wirklichkeit auf Basis seines eigenen **Bezugsrahmens**. Dieser Bezugsrahmen besteht unter anderem aus biologisch-genetischen Vorbedingungen – also wie die eigene Wahrnehmung strukturiert ist – und genauso aus grundsätzlichen systemischen Grundannahmen, die ich in mir gespeichert habe. (Also welche frühen Erfahrungen habe ich in meiner Familie gemacht, wie wird Zugehörigkeit geregelt?) Wir Menschen passen uns gerne Kultur – und damit auch Organisationskultur – an, weil wir zugehörig sein möchten. Dazuzugehören sichert uns evolutionär betrachtet unser Überleben. Dazu kommt, dass wir **individuelle Grundannahmen** haben. Diese können beispielsweise Elemente sein wie ein Antreiber, dass ich perfekt sein muss, dass ich stark sein muss, dass ich mich anstrengen muss, mich beeilen muss, es anderen recht machen muss oder Ähnliche mehr.[7] Dann haben wir **situative Aspekte**. Diese können beispielsweise der momentane Befriedigungsgrad der eigenen psychologischen Grundhunger sein: der Hunger nach *Stimuli*, nach *Anregung* und *Neuigkeiten*; nach *Struktur* – die also einen Rahmen geben sowie Zielorientierung –, eine Tagesstruktur, räumliche Struktur und dergleichen mehr; der Hunger nach *Strokes*, nach *Anerkennung meiner Existenz* und nach *Zuwendung*. Denn auch für die Art und Weise, wie wir diesen Grundhunger befriedigen, hat jeder von uns eigene Muster, die sich letztendlich in einem Bezugsrahmen wiederfinden. Dazu kommt das Berücksichtigen der eigenen Werte, die Frage nach den Rollen, nach dem aktuellen Denken und Fühlen.

Wenn ich nun als Berater mit mehreren Personen arbeite, ist nur das verlässlich, was wir alle in einem vereinbarten Bezugsrahmen haben, also all das, worauf wir uns gemeinsam beziehen können. Beziehen im Sinne von »Ich nehme Bezug auf« können wir uns nur auf Aspekte, die wir wirklich vereinbart haben, über die wir einen psychologischen Vertrag geschlossen haben.[8] Nur auf das, was ich wirklich mit jemand anderem vereinbart habe, kann ich mich beziehen. Ansonsten tausche ich erst einmal lediglich Meinungen aus.

Somit ist eines der Schlüsselkonzepte im Rahmen der Wirklichkeitskonstruktion, da hinzukommen, dass wir psychologische Verträge schließen und Vereinbarungen treffen, wie wir etwas sehen, wie wir vorgehen und worauf wir uns beziehen wollen. Das ist letztendlich auch das, was wir in einem Auftragsklärungsprozess machen müssen. Das ist das, was wir idealerweise unseren Kunden vermitteln. All das ist erst einmal eine Grundlage, um einen Rahmen, einen Raum und eine Grundlage zu schaffen dafür, dass wir uns verstehen können. Und dafür, dass wir in Verbindung kommen können.

Übrigens auch, dass es Wirklichkeitskonstruktionen gibt, ist ein Teil von konstruierter Wirklichkeit. Das heißt, auch das ist etwas, was ich mit dem Kunden erst einmal vereinbaren muss. Und DAS ist erst einmal etwas, wo wir einen Rahmen drumherum schaffen müssen. Aus diesem Grund ist es tatsächlich ein Schlüsselthema, sich immer wieder in der Auftragsklärung, zu Beginn von Workshops, in beliebigen Interventionen, in einem Change-Kernteam klarzumachen: Stopp, wir müssen erst noch einmal darauf kommen, ob wir uns auf Wirklichkeitskonstruktion vereinbart haben! Ansonsten kann ich mich nicht darauf beziehen.

---

[7] Dieses sind häufig Themen im Coaching-Bereich, wo man vielleicht auch Veränderungen an diesen Grundannahmen bewirken kann, aber in einer Organisation sollte man diese – und somit die Menschen – erst mal annehmen, wie sie gerade sind.

[8] Psychologischer Vertrag meint hier, so wie es Eric Berne in der *Transaktionsanalyse* einmal definiert hat: eine beiderseitige, explizite Vereinbarung zu einem wohldefinierten Vorgehen.

Bindungs-Trennungszyklus

Hinweise zur Anwendung

Dieses Modell kann man sprachlich je nach Entwicklungsstufe und Kulturmerkmalen des Kunden anpassen. Wie tiefgehend die Bedeutung von Bindung erläutert wird und auf welchen Ebenen und in welcher Tiefe Bindung stattfindet, zum Beispiel mental, emotional, energetisch, seelisch etc. kann dann situationsspezifisch erläutert werden.

Das Modell dient vor allem dazu, zu erläutern, dass es sinnvoll ist, sich wirklich einen Moment des »Umschaltens« von Aktivitäten zu geben.

Inhalt

Wenn man den Konstruktivismus ernst nimmt, dass jeder in seiner eigenen Welt lebt und wir nur über Vereinbarungen in eine gemeinsame Welt kommen, ist dieses sicherlich etwas, was relativ einsam macht. Die Frage ist nun: Wie schaffe ich es, dass wir uns wirklich verstehen? Wie komme ich in Bindung?

Bindung ist ein sehr komplexes psychologisches Konzept. Wenn wir dieses im Bereich der Organisationsentwicklung einmal sehr vereinfacht herunterbrechen, können wir stattdessen auch einfach »Interesse« sagen. Wenn ich etwas zu jemandem ohne Bindung sage, kann ich es auch gleich zum Fenster hinausbrüllen – im übertragenen Sinn gesehen. Wenn der andere kein Interesse an mir und der Sache hat, wird er mir nicht wirklich zuhören, weil es für ihn keine Bedeutung hat. Dann wird es in seiner Wirklichkeit nicht relevant sein. Aus diesem Grund ist es meine erste Aufgabe – und zwar bevor ich weiter in eine Kommunikation gehe –, eine Bindung herzustellen und damit ein Interesse herzustellen.

Dafür ist der Bindungs-Trennungszyklus hilfreich.

Nun ist es so: Bindung und Interesse ist etwas, was ich nicht einfach produzieren kann, sondern wofür ich günstige Rahmenbedingungen schaffen muss. Das bedeutet, ich muss als Erstes eine Nähe zu meinem Gegenüber herstellen. Das ist eine ganz pragmatische Situation wie jemanden anrufen, eine E-Mail senden oder in denselben Raum hineingehen. Ich muss also erst einmal da sein und irgendeine Form von Nähe aufbauen.

Der Bindungs-Trennungszyklus gilt sowohl kleinteilig in jeder Interaktion als natürlich auch langfristig. Je öfter ich nahe beim Kunden bin, desto mehr entsteht ganz natürlicherweise auch eine Bindung. Gleiches gilt für ein Einzelgespräch, in dem ich genauso Nähe aufbauen und mich wie auch die Sache interessant machen muss, um sehen zu können, woran der andere gerade interessiert ist.

Dieses Interesse zu wecken ist der erste wichtige Teil, wo ich auch ein Auge darauf haben muss, ob der andere gerade im Moment möglicherweise an etwas anderes gebunden ist. Der Klassiker ist, ich komme in ein Büro, wo meine Zielperson gerade etwas an ihrem Computer schreibt. Unterbreche ich nun einfach? Oder gönne ich mir diesen Moment Pause, bin einfach körperlich da und warte, bis derjenige hochschaut und ich das Signal empfange, dass wir kurz sprechen können oder wir etwas für später vereinbaren? Dieses ist ein Aspekt alleine schon von Bindung. Niemand kann an beliebig viele Dinge gleichzeitig gebunden sein. Das Spannende ist nämlich die Frage danach, wie ich mein Interesse mit dem Interesse des anderen verbinden kann, nachdem ich eine Nähe hergestellt und mich oder die Sache interessant gemacht habe. Also muss ich sehr stark genauso auf mein Gegenüber achten, damit Bindung entstehen kann.

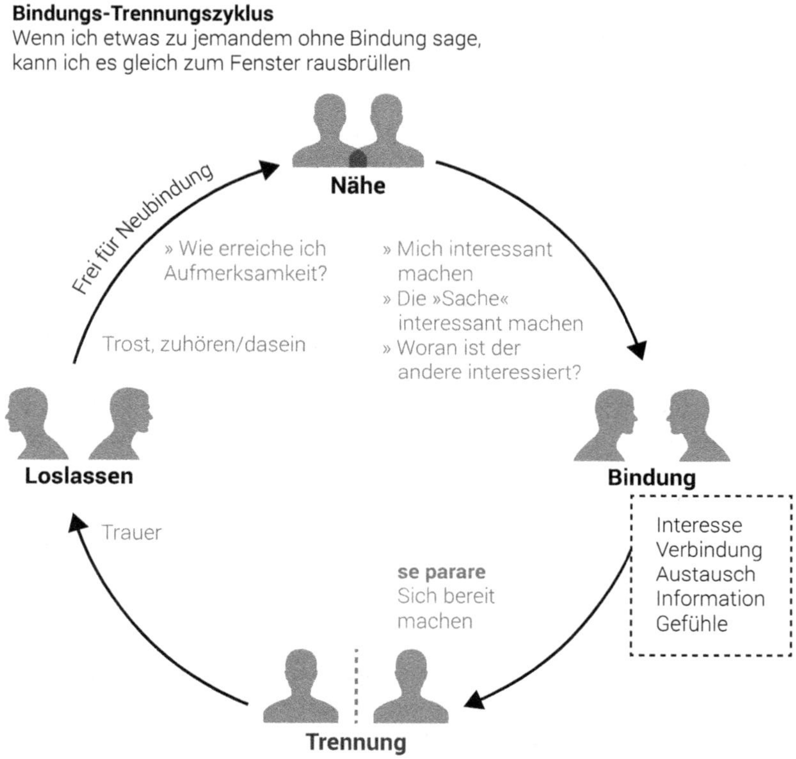

Bindungs-Trennungszyklus
Wenn ich etwas zu jemandem ohne Bindung sage, kann ich es gleich zum Fenster rausbrüllen

Nähe
» Mich interessant machen
» Die »Sache« interessant machen
» Woran ist der andere interessiert?

Frei für Neubindung
» Wie erreiche ich Aufmerksamkeit?

Trost, zuhören/dasein

Loslassen
Trauer

Bindung
Interesse
Verbindung
Austausch
Information
Gefühle

se parare
Sich bereit machen

Trennung

Abb. 6.2: Bindungs-Trennungszyklus

Bindung ist ein gegenseitiges Interesse. In Bindung passiert auch ein Austausch von Informationen, von Gefühlen, von Energie, da wir miteinander in echte Interaktion treten. Dieses ist auch der Moment, in dem ich in eine gemeinsame Wirklichkeit, in einen »Wir-Raum« eintreten kann. Und zu jeder Bindung gehört aber ebenso, dass ich mich nach einer bestimmten Zeit wieder trenne. Und Trennung – aus dem Lateinischen separare, separieren, sich bereit machen, abgeleitet – ist eben genau der Prozess, in dem ich wieder aus der Bindung herausgehe und wieder eine gewisse Distanz aufbaue. Genau wie beim Prozess der Bindungsherstellung, nur umgekehrt. Das kann in Bruchteilen von Sekunden passieren, wenn es das Word-Dokument ist, an das jemand gerade gebunden ist. Wenn ein Mitarbeiter entlassen wurde oder eine neue Führungskraft kommt, dauert es möglicherweise ein bisschen länger.

Im Grunde genommen geht es darum, sich bereit zu machen und etwas loszulassen. An einem bestimmten Punkt ist die Trennung dann abgeschlossen. Ich kann loslassen von etwas, woran ich vorher gebunden war und bin frei für Neues.

Die Trennung kann natürlich zeitweise und dauerhaft erfolgen. Bei einer zeitweisen Trennung ist immer die Frage, ob ich wieder anknüpfen kann oder nicht. Jedoch gehe ich auch bei einer zeitweisen Trennung letztendlich durch den Prozess des Trennens soweit, dass ich loslasse. Und dabei durchläuft man immer auch einen kleinen Trauerprozess. Dieses macht sich beim Verlassen eines Word-Dokuments oder beim Losschicken einer E-Mail nicht so stark bemerkbar, allerdings sollte man diesen Moment des Loslassens bewusst unterstützen – indem man beispielsweise einmal kurz durchatmet und das Alte loslässt. Damit wird man frei, um sich wieder auf etwas Neues zu fokussieren, um eine neue Bindung eingehen zu können und Nähe aufzubauen.

Wie erreiche ich überhaupt die Aufmerksamkeit meines Gegenübers? Wie gelingt es mir, in jedem Termin diese eine Sekunde zu haben, in der ich wirklich in Kontakt komme, Blickkontakt aufnehme? Laufe ich an jemandem vorbei und sage nur »Hallo« oder bleibe ich in diesem Moment stehen, schaue ihm in die Augen, gebe ihm die Hand oder umarme ihn? Was ist in dieser Organisationskultur überhaupt typisch?

Bevor ich Interesse erlange, muss ich zuallererst einmal die Aufmerksamkeit haben. Dafür nehme ich mir innerlich bewusst den Moment, um mit letztendlich allem, was da ist, in Bindung und Kontakt zu gehen. Dieses schließt ebenso mein Denken mit ein wie auch mein Fühlen und alle anderen sonstigen Wahrnehmungen. Nur so kann ich wirklich präsent sein, um in Bindung mit meinem Gegenüber, mit der Gruppe und mit dem Thema gehen zu können.

Gerade in Bezug auf all die neuen Themen wie New Work und New Life, wo sich die Menschen Räume teilen und parallel zu ihren Terminen ebenso E-Mails bearbeiten oder mit Ähnlichem beschäftigt sind, erkennt man: Die Menschen sind am Ende des Tages nicht wirklich gebunden an das, was hier im Raum passiert. Das muss man als Berater in Workshops nicht immer vollständig thematisieren, aber man muss es ein bisschen im Hinterkopf behalten. Wenn jemand seine E-Mails bearbeitet, geht er in Bindung mit etwas anderem. Das bedeutet, dass ich auch wieder einen Moment brauche, um wieder in Bindung mit ihm zu gehen und ihn hier in den Raum zurückorientieren muss. Aus meiner Sicht ist es ein ganz wesentlicher Punkt, achtsam damit umzugehen, um einen echten und gemeinsamen »Wir-Raum« schaffen zu können.

Wir müssen uns jetzt nicht gemeinsam hinsetzen und eine halbe Stunde meditieren und uns sammeln, bevor wir in unseren Termin gehen. (Abgesehen davon gibt es tatsächlich Organisationskulturen, wo man ein paar Minuten lang zu Beginn eines Termins in Stille geht, damit man wirklich mit all den Dingen abschließen kann, die einen beschäftigen, um im Ganzen in so einem Termin anzukommen.) Jedoch genügt oft schon, allein die Zielsetzung eines Termins, eine Agenda klar zu machen – so etwas wie eine kurze Check-in-Runde zu machen, jeden einmal kurz anzuschauen oder die Frage zu stellen: Gibt es noch etwas, was wir in diesem Termin besprechen sollten? – was die kleinen Elemente von Bindung sind, die wir als Berater brauchen.

Und die wir letztendlich auch als Fähigkeit für die Personen vermitteln müssen, um eine Grundlage zu schaffen, damit sich ein guter Entwicklungsprozess entfalten kann. Sich dieses klar zu machen, ist sehr wertvoll.

Sehr spannend ist es in diesem Zusammenhang, dass es zwei Arten von Menschen gibt: Einmal solche, die eher in Bindung gehen mit anderen Menschen, die sich gerne mit Menschen austauschen und dann auch eine Sache dazukommen darf. Und einmal solche, die eher mit einer Sache in Kontakt kommen und dann auch andere Menschen hinzukommen dürfen. So kann ich als Berater schauen, worüber ich überhaupt das Interesse bekomme. Bekomme ich das Interesse darüber, dass ich als Mensch in eine Verbindung gehe und frage letztendlich, wie es dem anderen gerade geht, oder dass ich mit Themen und Zielen einsteige und diesen Menschentypus ebenso gut adressiere. Allem voran muss ich wissen, welcher Typ ich selbst bin, denn ich werde immer mit meinem bevorzugten Stil in Kontakt gehen. Auf diese Weise gelingt mir ein Bezugsrahmen, den ich mir bewusster mache und damit meine Handlungsoption erhöhen kann. Ich mache mir klar, was mein Gegenüber braucht, damit wir in Bindung kommen.

Bin ich ein sachorientierter Mensch, ist es für mich aufwendiger, tatsächlich auf den Menschen einzugehen. Ich brauche dafür mehr Zeit, mehr Aufmerksamkeit, mehr Energie.

Es geht immer um Bindung, sowohl an mich, als auch an die Sache. Ich muss beides hinbekommen. Die Frage ist, welchen Zugang mein Gegenüber hat. Und wie ich damit umgehe, dass mein bevorzugter Zugang möglicherweise gerade nicht bedient wird. Dieses ist dann die Frage der persönlichen Entwicklung und was ich in meiner inneren Repräsentation mache. Und es ist ein Stück weit auch eine Frage von Selbststeuerung. Wenn ich dieses einem Kunden vermitteln kann, ist das überaus nützlich. Und dass ein solcher Bindungsprozess auch gar nicht lange dauern muss.

Letztendlich geht es um Präsenz, Achtsamkeit und »im Augenblick sein«. Dann entfalte ich Wirksamkeit. Da jeder in seiner eigenen Welt lebt, schaffe ich über die Bindung einen Mechanismus des Austauschs – mit der Vereinbarung, dem psychologischen Vertrag, sorge ich dafür, dass wir beide eine Grundlage haben, auf die wir uns wieder beziehen können.

Problem-Lösungsraum

Hinweise zur Anwendung

Ein relativ einfaches, aber sehr grundlegendes Modell, welches man sehr gut als Intervention nutzen kann, ist das Modell des Problem-Lösungsraums – sowohl für die Selbststeuerung als auch in der Arbeit mit dem Kunden.

Wichtig ist manchmal die Unterscheidung in analytisch lösbare Probleme toter Systeme wie Computer sowie Probleme in sozialen und komplexen Kontexten, in denen vor allem das subjektive Erleben eine Rolle spielt. Das Modell gilt für Letzteres.

6 Prinzipien und Konzepte

Abb. 6.3: Problem-Lösungsraum

Inhalt

Grundsätzlich haben wir uns im westlichen Kulturkreis darauf geeinigt, dass die Zeit von der Vergangenheit in die Zukunft reicht. Die Vergangenheit beinhaltet alles, was vergangen und vorbei ist. Und Zukunft ist das, wo wir eigentlich hinwollen. In der Vergangenheit liegt der **Problemraum**. Dort haben wir die Erfahrung gemacht, dass etwas nicht funktioniert hat. Dort haben wir Krisen, Konflikte und dergleichen mehr.

Die Zukunft ist der **Lösungsraum** und damit das, was wünschenswert ist und wo wir hinwollen, wo die Ziele sind. Dann gibt es noch die Gegenwart, die die einzige Zeit darstellt, in der wir aktiv sein können, in der wir handeln, etwas beobachten, Entscheidungen treffen und Vereinbarungen schließen können. Und damit auch den Weg gestalten von der Vergangenheit – dem Problemraum mit allem, was wir nicht mehr wollen – hin in den Lösungsraum und in die Zukunft hin zu dem, was wir eigentlich wollen.

Wenn nun zwischenmenschliche Probleme auftreten oder in einem Projekt etwas schiefgelaufen ist, wird meist nach den Ursachen geforscht. Warum ist das passiert? Wer ist schuld? Was ist richtig oder falsch? Damit fragt man in den Problemraum hinein. Dieses hilft jedoch nur sehr eingeschränkt weiter, weil die Vergangenheit vergangen und vorbei ist. Wir können sie nicht mehr ändern. Viel wichtiger ist die Frage: Was wollen wir eigentlich erreichen? Wo wollen wir hin? Was ist wünschenswert? Wozu schauen wir in die Vergangenheit? In die Vergangenheit sollte man also immer nur schauen, wenn man ein Ziel definiert hat und man weiß, in welche Richtung es gehen soll.

Zuerst schauen wir in die Zukunft, um herauszufinden, was wünschenswert ist. Was ist das Ziel, was sind Erfolgsfaktoren des Ziels? Was sind möglicherweise auch Rahmenbedingungen oder ein Zielkorridor, den wir erreichen möchten? Aus der Zukunft heraus bekomme ich dann die Orientierung. Wenn ich in die Vergangenheit schaue, ist eine Schuldfrage sekundär. In der Vergangenheit suche ich vorhandene Muster oder Aspekte, aus denen ich etwas lernen und die ich verändern kann. Wo ich was anders machen kann oder muss, damit Wünschenswertes entsteht. Ich lerne also aus der Vergangenheit, was zieldienlich ist, was mich der Zukunft näherbringt.

Dieses kann ich dann in der Gegenwart betrachten und mit Menschen diskutieren, in Verbindung gehen, unsere Welten abgleichen und dann Vereinbarungen treffen. Wohin wollen wir eigentlich und was sind die Maßnahmen, die wir durchführen müssen, um am Ziel auch wirklich anzukommen?

> Zieldienlich ist das Stichwort.

Sinn und Orientierung gibt uns idealerweise die Zukunft. Es geht jetzt nicht darum, die Vergangenheit zu verteufeln und nicht mehr dorthin zu schauen, denn dort sind auch die Wurzeln und die Quellen von dem, was wir heute sind. Es geht vielmehr darum, auf eine gute Art und Weise in die Vergangenheit zu schauen. Nämlich immer unter einem konsequenten Zukunfts- und Zielbezug und der Frage nach der Basis, auf der wir aufbauen können, die uns jetzt ermöglicht, den nächsten Schritt zu tun.

Einfluss-Interessenbereich

Hinweise zur Anwendung

Relativ nah an dem Anerkennen, dass die Vergangenheit für mich nicht mehr veränderbar ist, liegt der Aspekt von Erkennen: Was ist mein eigener Einflussbereich? Was ist mein Bereich eigener Gestaltung? Und was ist »ein Interessensbereich, in dem ich nicht direkt Einfluss nehmen kann?« Eine der großen Herausforderungen für uns Menschen ist es, immer wieder das richtige Maß an Gestaltungsspielraum, an Mut, an »nach vorne gehen« zu finden sowie an Demut an der Akzeptanz von Grenzen. Das Einfluss-Interessensbereich-Modell eignet sich sehr gut, um dieses genauer zu reflektieren (siehe Abbildung 6.4.).

Inhalt

Im Kern habe ich meinen eigenen Gestaltungsbereich. Das ist der Bereich, auf den ich wirklich Einfluss habe. Wenn man Wirklichkeitskonstruktion vollständig ernst nimmt, ist das mein vollständiges Denken und Fühlen, welches ich selbst bestimme. Natürlich bekomme ich Einladungen von außen, die mich dazu verleiten, automatisierte Reaktionen abzuspulen. Aber das genau ist die Entwicklungsaufgabe: zu erkennen, dass meine Reaktion meine Reaktion ist. Sie ist mein eigener **Einflussbereich**. Mein eigener Einflussbereich ist auch, wie ich an Dinge herangehe und wie ich in Kommunikation trete.

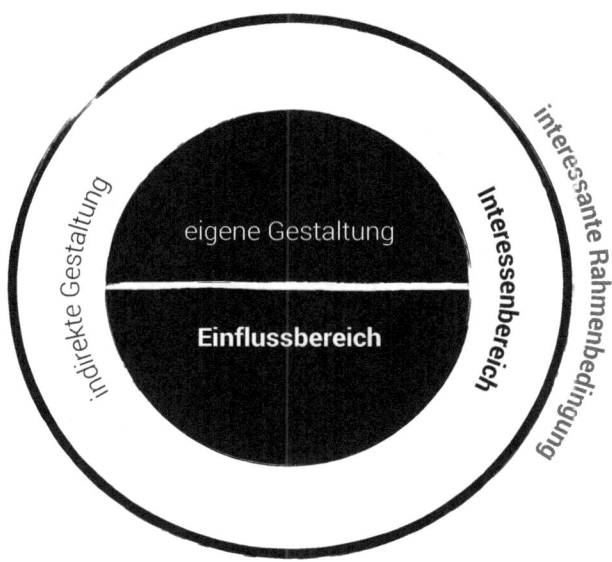

Abb. 6.4: Einfluss-Interessensbereich

Dann gibt es einen Bereich, welcher mein **Interessensbereich** ist. Diesen kann ich nur indirekt beeinflussen und habe auch nicht den vollständigen Gestaltungsspielraum. Ich kann einen anderen Menschen nicht dazu zwingen, ein bestimmtes Verhalten zu zeigen. Aber ich kann hier mutig sein, in die Kommunikation gehen, mich mit meinem Gegenüber austauschen und eine Vereinbarung für die Zukunft treffen. Und immer wieder darauf hinweisen, dass ich mich auf das beziehe, was wir vereinbart haben und wie wir damit umgehen wollen, wenn man sich nicht daran hält. Das ist der Interessensbereich, in dem ich natürlich auch immer einen gewissen Mut brauche, dort hineinzugehen. Grundsätzlich ist es gar nicht schlecht von der Formel auszugehen: Wenn ich mit einem Menschen in Kontakt gehe und ein Ziel habe, kann jeder von uns 60 Prozent des Weges zurücklegen, den wir beide brauchen, um miteinander in die gleiche Welt zu kommen. Das heißt, dass jeder es dem anderen ein bisschen einfacher machen kann, sich besser zu verstehen.

Letztendlich muss jeder Mensch ein Stück des Weges auch selbst gehen. Das ist dieses Spannungsfeld von Mut und Demut. Wo habe ich den Mut nach vorne zu gehen? Wie kann ich es meinem Gegenüber einfacher machen, auf mich zuzugehen? Ich muss aber auch die Demut haben und mir eingestehen, dass meine Fähigkeiten, mein Können und meine Macht nun einmal beschränkt sind und ich die Kooperationsbereitschaft meines Gegenübers brauche. Für die Einzelperson gibt es dann vielleicht noch Aspekte, die sogar außerhalb meines indirekten Gestaltungsspielraums sind. Das sind vielleicht übergeordnete Rahmenbedingungen, die ich gar nicht beeinflussen kann. Wo ich vielleicht an Verantwortliche mal einen Hinweis geben kann, aber dann hört es auch schon auf. Viel mehr kann ich da gar nicht tun.

Wichtig ist dann auch, wenn ich in Kommunikation gehe und einen Einfluss nehmen möchte, mir noch einmal klar zu machen, was eigentlich mein Interesse daran ist. Ist das Interesse einfach nur, dass ich wichtig sein möchte? Was ein ganz natürliches menschliches Interesse ist und wir möglicherweise bereits in der Kindheit gelernt haben, in einer bestimmten Art und Weise eine Anerkennung unserer Existenz zu bekommen. Aber ist das in einer Organisation wirklich angemessen? Was also ist beim Feedback geben mein Interesse? Sind das persönliche oder private Bedürfnisse, wo ich vielleicht mal schauen könnte, ob das im Job angemessen ist oder wie ich diese eventuell anderweitig befriedigen kann? Oder ist mein Interesse wirklich das übergeordnete Ziel der Organisation? Was ist das Verbindende, woran ich und mein Gegenüber Interesse haben? Wie viel Energie kann ich dafür aufwenden? Und wie offen ist mein Gegenüber?

Wenn wir auf eine Organisation schauen, gilt das selbstverständlich ebenso: So hat mein Kunde einen eigenen Gestaltungsbereich und Produkte, die er entwickelt, fertigt und anbietet. An der Schnittstelle im Interessensbereich muss die Organisation dann schauen, was ihr Kunde überhaupt abnimmt, wie die Produkte sein müssen und wie er möglicherweise auch mit seinen Kunden gemeinsam Produkte gestalten kann oder erfährt, was dieser wirklich möchte. Ansätze wie Design-Thinking oder Ähnliche können dabei helfen.

Und auch da gibt es manchmal äußere Rahmenbedingungen, wie einen Finanzmarkt, wie einen Weltmarkt, wo der Beitrag der Organisation so gering ist, dass dieser vielleicht nur ein kleiner Hinweis ist. Aber eigentlich außerhalb ihres Machtbereiches liegt.

Die Reflexion und die Unterscheidung zwischen dem Einflussbereich und dem Interessensbereich ist immer wieder ein ganz wichtiger Punkt, um in die Balance zu kommen zwischen Mut – wirklich etwas zu verändern – und Demut, in die Akzeptanz zu gehen, was ich nicht verändern kann.

Komfortzonenmodell

Hinweise zur Anwendung

Das Komfortzonenmodell ist wichtig für die Selbststeuerung wie auch für die Führung. Um etwas zu gestalten oder zu erhalten, ist oftmals ein Verhalten, Denken und Fühlen notwendig, welches nicht unbedingt meinem Typ entspricht. Entweder muss ich die Bandbreite meiner Möglichkeiten erweitern oder eine Person finden, die besser geeignet ist, diese Position auszufüllen. In der Diskussion von Veränderungen oder auch von Stellenbesetzungen kann dieses Modell sehr nützlich sein.

Inhalt

Grundsätzlich hat jeder von uns eine Komfortzone. Diese bildet die Rahmenbedingungen, in denen ich mich wohl fühle und welche mein typisches Denken, Fühlen sowie

Interaktionen bilden, mit denen ich auf Menschen zugehe. Hier bin ich mir sicher und habe ein Handlungsrepertoire.

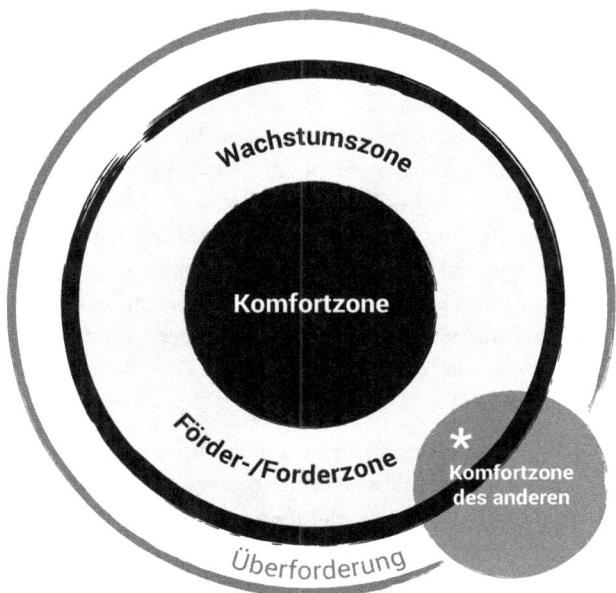

* This is, where the magic happens!

Abb. 6.5: Komfortzonenmodell

So bedeutet es beispielsweise für manche Menschen großen Stress, in einem Meetingraum zu sitzen, in dem keine Tische stehen. Allein die Tatsache, gleich in einem Stuhlkreis sitzen zu müssen, ist für manche Leute in manchen Organisationen eine unglaubliche Belastung. Wenn ich so etwas für einen Workshop oder dergleichen plane, muss ich die Absicht dahinter erklären und herausstellen, wofür es gut sein soll, so ganz ohne Tische zu arbeiten. Ich muss es plausibilisieren. Dies ist ein Aspekt von Wirklichkeitskonstruktion – an den ich aber denken muss.

Jeder Mensch hat seine Komfortzone. Diese habe ich als Berater genauso wie mein Kunde. Dann gibt es einen zweiten Bereich, den Bereich des **Forderns und Förderns**. Dieses ist die Wachstumszone und damit der Bereich, wo es mir ein bisschen unwohl ist und wo ich mit neuem Verhalten experimentiere. Hier probiere ich etwas Neues aus – sowohl individuell als auch als Organisation. Ein neues Produkt beispielsweise, bei dem ich damit rechnen muss zu scheitern. Doch das ist nicht schlimm. In diesem Bereich von Fordern und Fördern kann ich etwas noch nicht sicher und experimentiere. Ich habe die erste Lernstufe von unbewusster Inkompetenz zu bewusster Kompetenz schon erklommen. Es ist normal, dass es sich schlecht anfühlt, wenn ich merke, dass ich etwas nicht kann. Die nächste Lernstufe der bewussten Kompetenz erreiche ich allerdings nur, wenn ich weiter experimentiere und lerne. Und gerade in der Phase der bewussten Inkompetenz ist es notwendig, darüber nachdenken, was ich an Unterstützung brauche, aber auch genauso, was mein Gegenüber an Unterstützung braucht.

Dann gibt es einen weiteren Bereich, der unter den Begriff »Überforderungszone« fällt. Dort verlange ich zu viel. Sei das als Berater, weil ich zu viel von meinen Kunden verlange, oder als Führungskraft, die zu viel von ihren Mitarbeitern verlangt. Oder auch die Organisation, die zu viel von sich selbst verlangt. So kann ich zum Beispiel als Organisation nicht von der industriellen Revolution in das digitale Zeitalter springen. Doch wollen das gefühlt alle. Die Tatsache ist jedoch, dass wir alle Lernstufen durchschreiten müssen und uns überlegen: Was sind die Schritte, die uns von der Komfortzone in die Wachstumszone bringen? Auf diese Weise dehnen wir unsere Komfortzone letztendlich weiter aus und holen Dinge, die heute möglicherweise noch in der Überforderungszone stehen, morgen in die Nähe, sodass diese dann nur noch in der Wachstumszone sind. Und das, was ich als Berater, als Führungskraft oder als Kollege immer mal wieder tun muss ist: Menschen zu unterstützen, in der Forder- und Förderzone zu sein. Manchmal gerne auch ganz nah an der Grenze zur Überforderung. Das ist der Punkt. This is where the magic happens. Dort werden ganz wundersame Dinge möglich und man hat wirklich großartige Erfolge.

Als Berater habe ich die Herausforderung, diese Punkte wahrnehmen zu müssen und es dem Kunden zu ermöglichen, diese in seiner eigenen Organisation wahrzunehmen. Ich schaue also: Wie können wir einen Rahmen schaffen, wo man sich das traut? Wie eng muss ich jemanden begleiten? Wie gestalte ich das in einem Workshop? Wie halte ich als Berater den Raum und gebe Sicherheit mit meiner eigenen Zuversicht und meinen Ressourcen? Um zu ermöglichen, dass Menschen so nah an ihre Überforderungszone gehen können, was noch einmal ein spannender Gedanke ist.

Fordern, Fördern und Wachsen basiert auch auf dem Anerkennen, was schon da ist!

Es geht nicht immer nur um das Fordern, Fördern und Wachsen. Es geht ebenso um das Anerkennen der bereits erreichten Komfortzone. Ich muss Menschen auch Bestätigung und Anerkennung dafür geben, was sie in ihrer Komfortzone schon alles können, denn diese ist die Basis, um mich überhaupt in eine Forder- und Förderzone aufzumachen und zu wachsen. Völlig einseitige Fokussierung auf das Wachstum bedeutet auch eine leichte Dysbalance. Es geht immer darum, auch anzuerkennen, was bereits in der Vergangenheit alles geleistet wurde, was die Menschen an den Punkt gebracht hat, jetzt den nächsten Schritt machen zu können.

Unter Einbeziehung der unterschiedlichen Sichtweisen geht es darum, in der Gegenwart in Bindung zu gehen. Sich auszutauschen, vielleicht auch verschiedene Perspektiven auszutauschen: »Wie soll die Zukunft sein?« Vereinbarungen zu treffen: »Wie soll die Zukunft denn wirklich werden?« Das Ziel gemeinsam festzulegen und dann die Vereinbarungen treffen: »Wie wollen wir die Schritte gehen, um das Ziel zu erreichen?« Unter der Maßgabe schaue ich dann in die Vergangenheit und überlege, was wir ändern müssen, welche Muster bisher daran gehindert haben. Als Berater muss ich versuchen, diesen Raum aufzuhalten, dass man nicht dauernd in Vergangenheitsorientierung und Schuldigensuche verfällt, sondern wirklich Richtung Zukunftsorientierung geht. In den meisten Fällen muss ich als Berater dahingehend Modell sein – zumal ich ja ganz schnell wieder in meiner eigenen Geschichte verhaftet bin.

Als Außenstehender frage ich in diesem Rahmen immer wieder nach, ob wir gerade über Zukunftsgestaltung reden oder über Vergangenheitsbewältigung. Was müssen wir in der Vergangenheit loslassen? Ganz häufig hat man den Eindruck, man könnte die Vergangenheit ändern, wenn man in bestimmten Terminen mal wirklich zuhört. Und die Intervention: »Okay, ich bin schuld. Können wir uns jetzt um die Lösung kümmern?« Ist manchmal auch ganz nützlich.

Führung – was ist das eigentlich?

Hinweise zur Anwendung

Ein Dauerbrenner in Organisationen ist das Thema Führung. Im Sinne einer integralen Organisationsentwicklung geht es nicht darum, einen konkreten Führungsstil vorzugeben oder Führungstools oder Methodiken zu verwenden. Dieses kann man natürlich alles mit einstreuen, wenn es der Kunde braucht, daran gemessen, was ihm jetzt gerade weiterhilft. Was aber ist das Prinzip hinter Führung? Worum geht es in der Führung und was sind die Dinge, die wir mit unserem Kunden aushandeln müssen? Worüber muss sich der Kunde generell klarwerden? Also, was ist eigentlich grundsätzlich Führung?

Führung als Prinzip muss gelöst werden. In vielen konventionellen Organisationen erfolgt das über die Definition von Führungskräften. In manchen postkonventionellen Organisationen über Zirkel, Gremien oder Verantwortungsfelder. Im Kern muss die Funktion Führung gelöst werden. Auf welche Art und Weise ist dann stufen- und kontextadäquat auszuprägen.

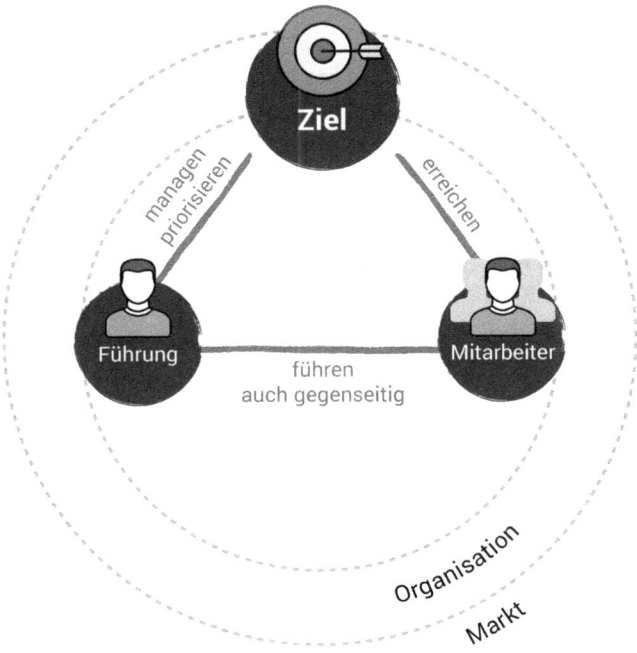

Abb. 6.6: Was ist Führung?

Inhalt

Das erste Element im Kontext von Führung ist das **Ziel**. Eine Organisation hat einen Zweck, sie ist für etwas da und hat ein Ziel. Jetzt geht es erst einmal nicht darum, dieses »größer« zu machen und Vision, Sinn oder Purpose zu nennen. Das Ziel ist in erster Linie das, was Orientierung gibt und in der Zukunft liegt, etwas, was wir gestalten wollen. Dort wollen wir hin.

Das zweite Element sind die **Mitarbeiter**, die durch ihr Handeln, durch das was sie tun, das Ziel erreichen. Dieses ist ein Schlüsselelement von Mitarbeit in einer Organisation. Alle zusammen arbeiten mit an einem Ziel.

Wenn in postkonventionellen Organisationen die Führungskraft wegfällt, darf nicht die Führung entfallen!

Das dritte Element ist die **Führungskraft**. Und damit meine ich nicht unbedingt eine Person. Es ist in der Tat eine Frage der Struktur: Findet Führung durch eine Person oder in einer Gruppe statt? Allerdings braucht es auch in einer Gruppe eine Führungskraft, die dann möglicherweise auf den Schultern von mehreren Personen lastet. Dieses nennt man auch »**Führen als Funktion**«. Eine Kernaufgabe von Führung ist es, das Ziel zu managen, indem die Führungskraft das Ziel als Thema auswählt und priorisiert. Das bedeutet nicht, dass sie das im stillen Kämmerchen tun muss. Das ist klassisches heroisches Führen. Zumindest auf dem Papier ist das in den meisten Organisationen überholt. Natürlich kann ich die Art und Weise zu priorisieren anders gestalten, jedoch muss ich mir Gedanken darüber machen, Ziele auswählen und schauen, wie ich zu Zielen komme. Auch in postkonventionellen Organisationen fällt Führung nicht weg, nur weil es dort keine Hierarchie mehr gibt. Wir brauchen immer Führung.

Die zweite Funktion von Führung ist Führen im engeren Sinne, in Richtung der Mitarbeiter. Dieses passiert auch gegenseitig und ist das Aushandeln von Art und Weise, wie wir Ziele erreichen, Feedback geben, Weiterentwicklung ermöglichen und dergleichen mehr. Auf den Punkt gebracht, ist die Definition von **Führung: das zielgerichtete Beeinflussen von Menschen**.

Nun kann ich dieses erweitern und sagen: **Führung ist das zielgerichtete Beeinflussen von Menschen durch Kommunikation und Strukturen**. Völlig unabhängig davon, ob ich von einer konventionellen Organisation oder einer postkonventionellen Organisation spreche.

Das bedeutet: Ohne Menschen kann ich nicht führen. Ich brauche mindestens eine Person – und das bin immer ich selbst. Auch ohne Ziele kann ich nicht führen, weil mir ohne Ziele die Orientierung fehlt. Hier sind wir wieder bei der Wirklichkeitskonstruktion, also muss ich mir zunächst einen Rahmen schaffen und mich fragen, wie es mir gelingt, dass wir zu Zielen kommen, Ziele setzen und Menschen in Verbindung bringen. Was ist der Rahmen, mit dem wir arbeiten wollen?

Dieses Modell muss ich jetzt noch ein wenig verkomplizieren, um das Gesamtgefüge darzustellen: Das Ziel, die Mitarbeiter und die Führung finden in etwas statt, was ich jetzt einmal Organisation nenne. Das bedeutet, dass ein Ziel, meine Mitarbeiter und Führung nicht kontextfrei stattfinden, sondern im Kontext einer Organisation. Und diese Organisation wiederum findet im Kontext des Marktumfelds statt. Diese Kopplung von Marktumfeld, Organisation und dem, was wir in der Organisation tun, passiert letztendlich über Ziele. Das ist das Schlüsselelement, wenn wir über Führung sprechen.

Dementsprechend muss ich als Berater zusammen mit meinem Kunden schauen: Was bedeutet es, in unserer Organisation zu führen? Wie wollen wir Ziele setzen? Wer setzt Ziele? Wie kommen wir zu Zielen? Was ist die wünschenswerte Zukunft? Wie können wir einen Dialog-Prozess haben? Wie können wir zwischen Mitarbeiter und Führung führen? Wie können wir in Austausch treten? Wie können wir zu Vereinbarungen kommen? Wie passiert das in unserer Organisation? An das alles kann ich nun sehr spezifisch herangehen.

Ob ich dann Führungstools brauche, ist dann der nächste Punkt, den ich betrachten muss. Auf der Prinzipien-Ebene komme ich schon sehr weit mit Grundprinzipen, Wirklichkeits-Konstruktion, Bindung, Vertrag, Vergangenheits-Zukunfts-Modell, Problem-Lösungs-Raum und dem Aspekt von Führung, der dieses hier zusammenbindet. Wie ich diese Prinzipien als Nächstes in dieser Organisation optimal orchestriere und wie sich das als Folge operativ ausgestaltet, ist genau der Prozess, für den ich als Organisationsentwickler einen Rahmen halte. Auf diese Weise kann dort dann das entstehen, was in dem Kontext der Menschen und der Organisation und dem Kontinuum »der Menschen und der Organisation« – sprich der gesamten Lebensgeschichte sowohl der einzelnen Personen, als auch der Organisation wie auch im Markt – jetzt gerade das Angemessene ist. Dieses muss wiederum regelmäßig reflektiert werden.

Eine erste Operationalisierung des Aspekts Führung sind die **vier Schlüsselaufgaben von Führung**. Diese sind:

1. Tagesgeschäft managen. Nicht das Tagesgeschäft durchführen. Natürlich kann die Führungskraft von einer Führungsrolle in eine Mitarbeiterrolle wechseln, um selbst operativ tätig zu werden, doch dann verlässt sie den Aspekt von Führung. Dabei ist es völlig egal, ob sie als Führungskraft unterwegs ist oder in einem kollegial geführten Unternehmen agiert – sie braucht Mechanismen, (sei das eine Person oder seien das Prozesse) um ihr Tagesgeschäft zu managen. Und das bedeutet, Ziele setzen, Prioritäten steuern, Ressourcen zuweisen, Eskalationen bearbeiten, Aktivitäten vorausplanen, Mitarbeiter anweisen oder mit ihnen verhandeln, Mitarbeitergesundheit sicherstellen und einiges mehr. In dem Moment, wo die Führungskraft selbst in inhaltliche Arbeitsergebnisse involviert ist, ist sie als Mitarbeiter unterwegs und nicht mehr in der Funktion Führung.

Ganz gezielte Aufgabenverteilung.

2. Mitarbeiter entwickeln. Das bedeutet auch Rückmeldung in Form von positivem wie negativem Feedback geben, Entwicklungspläne erstellen und vereinbaren sowie Verantwortung für Entwicklung aufteilen. Was kann die Organisation übernehmen? Was kann die Führungskraft als Kollege übernehmen? Was muss die Person selbst tun? Was ist der Bereich, der die Führungskraft aus der Komfortzone in die Förderzone bringt? Und dann wird auch ihr individuelles Wachstum ermöglicht. Der Fokus ist in dem Bereich, die Kompetenz der Mitarbeiter passend zur Rolle zu fördern und darüber hinaus. Wenn das Unternehmen möchte, dass nicht nur ein Status quo erhalten werden soll, sondern Weiterentwicklung gewollt ist, müssen Mitarbeiter verständlicherweise befähigt werden, mehr zu tun als ihre Rolle vorgibt. Damit muss die Führungskraft auch umgehen. Im schlimmsten Falle kann das auch einmal sein, dass Menschen die Organisation verlassen, weil hier die Wachstumsmöglichkeiten zu Ende sind. Inwiefern das schlimm ist oder nicht, ist eine Frage des Entwicklungsstands der Organisation.

3. Organisation weiterentwickeln. Das bedeutet, die Aufbau- und die Ablauforganisation optimieren und die Praktiken weiterentwickeln. Hier geht es darum zu definieren: Wie macht die Organisation Meetings? Wie wird das Tagesgeschäft gemanagt? Was sind die Mechanismen, mit denen das getan wird? Ganz bewusst müssen hier Kulturelemente reflektiert, dysfunktionale Muster unterbrochen, alternative Lösungen gefunden und Rollenklarheit eingefordert werden.

Im Fokus ist in dem Bereich die langfristige Entwicklung der Organisation bis hin zu: Führung ist nur eine Funktion – und nicht mehr eine Rolle und einer Person zugeordnet. Genau dieser Aspekt von Organisationsentwicklung ist eine Schlüsselaufgabe von Führung, wo ich als Organisationsentwickler einen Beitrag leiste, aber nicht die Verantwortung habe.

4. Sich selbst entwickeln. Dazu gehört ebenso, sich selbst immer besser kennenzulernen, Reflektion und die eigene Intuition zu schulen, Fähigkeiten zu entwickeln sowie sich dazu auch Feedback einzuholen. Re-introspektion – tief in sich hineinschauen – Stressresistenz wie auch eventuell Schattenarbeit fallen genauso darunter. Die Führungskraft muss schauen, wo sie möglicherweise Muster bei sich hat, die ihr nicht ganz bewusst sind oder wo sie immer wieder in »alte Filme« rutscht. Hier liegt der Fokus auf der persönlichen Entwicklung, sowohl in der Professionalisierung der eigenen Rolle wie auch in der persönlichen Reife. Auch solche Aspekte wie Ich-Entwicklung fallen hier mit hinein.

Wer auch immer die Führungskraft ist oder wer auch immer zu der Gruppe von Menschen gehört, die führen, alle müssen über die genannten Aspekte weiter nachdenken. Damit in der Organisation langfristig ein funktionierendes System aufgebaut werden kann, welches im Kontext der Umwelt wächst, reift und all das tut, was im Potenzial angelegt ist.

Rollen und Rollenwelten

Hinweise zur Anwendung

Im Normalfall ist das Erlernen von Rollen kein expliziter Teil unserer Schul- oder Berufsbildung. Oft werden Rollen- und Stellenbeschreibungen verwechselt. Manchmal nehmen Menschen gar nicht wahr, dass sie mehrere Rollen ausfüllen, die sich teilweise sogar widersprechen. Dass Rollen eigentlich die Klärung von Erwartungen sind und daher Rollen immer ausgehandelt und vereinbart werden müssen, ist für viele gänzlich neu.

Um aber eine hohe Flexibilität in der Organisation und eine hohe Autonomie und Verantwortungsübernahme für den Menschen zu ermöglichen, sind Rollen ein sehr sinnvolles Hilfsmittel.

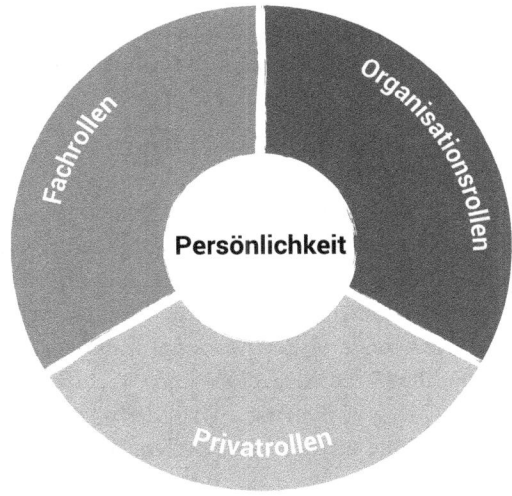

Abb. 6.7: Rollen und Rollenwelten

Inhalt

In der **Außenperspektive** sind Rollen die Summe aller Erwartungen an eine Funktion. Rollen sind also da, um verlässlich Erwartungen zu erfüllen. Es geht bei einer Rollenklärung nicht in erster Linie um die Art und Weise, wie die Erwartungen erfüllt werden, also nicht um die Beschreibung von Tätigkeiten. (Prüfen Sie mal Rollenbeschreibungen, die Ihnen begegnen. Wie oft sind konkrete Erwartungen, zu liefernde Ergebnisse dokumentiert? Und wie oft ist es eine Sammlung von Tätigkeiten?) Wie die Ergebnisse erbracht werden, wird idealerweise von der Person ausgestaltet, die die Rolle innehat. So lassen sich im Idealfall Belange der Organisation und Bedürfnisse von Menschen kombinieren. In einer Rollenbeschreibung können natürlich auch noch weitere Aspekte enthalten sein, ein Beispiel dazu finden Sie im weiteren Verlauf beim Rollen-Canvas.

Eine Rolle kann ich in **drei Rollenwelten** einnehmen. Das eine ist der Aspekt der **Fachrollen**: Was habe ich gelernt? Was kann ich wirklich? Bin ich Ingenieur? Bin ich Sozialpädagoge? Bin ich Experte für Softwareentwicklung? Bin ich Experte vielleicht sogar für Führung? Hier geht es um meine Expertise.

Das Zweite sind sogenannte **Organisationsrollen**: Was ist meine Funktion in der Organisation? Bin ich Mitarbeiter? Bin ich Führungskraft? Bin ich ein externer Mitarbeiter? Was bin ich im Kontext der Organisation? Sowohl aus den Fachrollen als auch aus den Organisationsrollen gibt es bestimmte Erwartungen an mich.

Das dritte sind die **Privatrollen**: Was bin ich in meinem Privatleben? Da bin ich Sohn oder Tochter, Vater oder Mutter, im Sportverein oder Ähnliches.

Nun kann ich die Rollen hinsichtlich der Erwartungen an sie jeweils ziemlich genau umschreiben. Wenn ich diese Erwartung erfülle, werde ich dieser Rolle gerecht. Wie ich diese erfülle – also welche Aufgaben ich dafür mache – ist die innere Ausgestaltung der Rolle. Hier geht es erst einmal darum, die Summe aller Erwartungen zu erfassen, an das, was jemand in seiner Rolle zu erbringen hat. Diese Rolle füllen wir mit unserer Persönlichkeit.

Die **Innenperspektive einer Rolle** ist: Was sind im Grunde genommen angemessene Denk-, Fühl-, Verhaltensweisen und Werte in dieser Rolle? Wenn ich ein Turnaround-Manager bin, der durchaus innerhalb ganz kurzer Zeit harte Entscheidungen treffen muss, ist das ein anderes Denk-, Fühl-, und Verhaltensmuster wie auch andere Werte, die in dieser Rolle angemessen sind, als wenn ich jemand bin, der Zeit hat, kontinuierliche Entwicklung voranzuschreiten zu lassen. Und jetzt ist die spannende Frage: Wie groß und gut ist meine individuelle Passung? Wie gut passen meine Denk-, Fühl-, Verhaltensweisen und Werte zu denen, die in dieser Rolle gefordert sind? Je schlechter die Passung ist, desto mehr innere Energie muss ich aufwenden, um diese Rolle adäquat auszufüllen. Mit allen Risiken, die damit verbunden sind wie beispielsweise Burn-out oder Ähnliches. Das bedeutet, ich als Person mit meiner Persönlichkeit, meinem Entwicklungsstand, meinen Mustern, bin immer auch in der Organisation und in meiner Expertise voll an meinem Arbeitsplatz.

Genauso muss ich mit den Menschen persönlich umgehen und wissen, dass es Aspekte gibt, die privat sind, bei denen ich vielleicht in meinem Privatumfeld irgendetwas erlebe und nicht teilen muss. Sicherlich gibt es auch kollegiale Beziehungen, die sich zum Teil zu Freundschaften entwickeln und man auch da Privates teilt, doch in jedem Fall muss man mit den persönlichen Themen umgehen. Wenn jemand in einer Krise steckt, ist er einfach nicht so leistungsfähig. Damit muss ich auch in der Organisation umgehen. (Ich muss nicht mit dem Inhalt der Krise umgehen, das muss die Person schon selber machen.) Je nach eigenem Wertesystem und Organisationskultur kann ich denjenigen gerne dabei unterstütze, doch sind Gefühle, Gedanken, Muster und Zustände persönlich und gehören damit ganz normal in den Arbeitsalltag hinein.

Es ist eine ganz wichtige Erkenntnis, aus der Perspektive herauszukommen, dass Menschen Ressourcen und Roboter sind. Wir müssen nicht ins private Gruppenkuscheln abrutschen, doch die Unterscheidung zwischen persönlich und privat ist aus meiner Sicht in vielen Organisationen ein ganz wichtiges Schlüsselkriterium. Es geht nicht darum, etwas auszugrenzen. Ein Prinzip ist ja auch Ganzheit. Alles darf da sein. Aber es geht auch ein Stück weit um Professionalität, um zu schauen, wo ich einen Entwicklungsbedarf habe. Es ist schön, wenn es möglich ist, auch private Themen mit in einen Kontext zu bringen, der dort vielleicht nicht so gut aufgehoben ist, weil er hier gar nicht bedient werden kann. Allerdings ist nicht in jedem Kontext alles möglich.

Die Rollen gut zu klären und gut aufeinander abzustimmen, ist eines der Schlüsselkriterien, wenn man seine Organisation weiterentwickeln möchte. Ein nützliches Hilfsmittel dafür ist das Rollen-Canvas. Und wenn wir den Schritt weitergehen und schauen uns Organisationsstrukturen an, kommen wir zu Abteilungen, wo letztendlich das Gleiche gilt: Was ist die Profession, was ist die Fachexpertise einer Abteilung? Für welche Ergebnisse ist sie da und welche Rolle spielt sie in der Organisation? Für diesen Zweck kann ich sehr gut das Organisationseinheiten-Canvas verwenden.

Noch ein besonderer Hinweis zur Kommunikation: Wie werde ich denn gerade wahrgenommen, wenn ich als Führungskraft in einem Raum bin und mit einem Mitarbeiter spreche? Führe ich mit ihm eine fachliche Diskussion, weil ich zufälligerweise auch Experte für Datenbanken bin und wir technisch über etwas sprechen? Nimmt mich dieser dann als »der Experte« wahr oder nimmt er mich als Führungskraft wahr, die ihm dauernd sagt, wie er es zu machen hat? Das ist schon eine spannende Frage. In welcher Rolle begreife ich mich und in welcher Rolle begreift mein Gegenüber mich? Aus diesem Grund ist es manchmal ganz günstig, sich explizit in der gerade aktiven Rolle zu definieren und das dem Gesprächspartner auch zu sagen. So kann eine Führungskraft in die Rolle eines Experten schlüpfen und aus dieser Rolle heraus mit seinem Mitarbeiter in die Diskussion gehen. Danach kann er dann wieder in die Führungsrolle gehen und eine Entscheidung treffen.

Vom Drama zum Erfolg

Hinweise zur Anwendung

Mit dem Dramadreieck erschließen sich Wege zum Erkennen und Verändern dysfunktionaler Muster. Sei es in der Psychoedukation, in der Teamentwicklung oder auch in dem Scannen von ungünstigen Kulturmustern in der Organisation. Wichtig ist zu beachten, dass ein Verhalten im Dramadreieck ganz normal ist und die Diagnose nicht zu einer Abwertung der Betroffenen führt. Ansonsten rutscht man als Berater womöglich in die Rolle des Verfolgers.

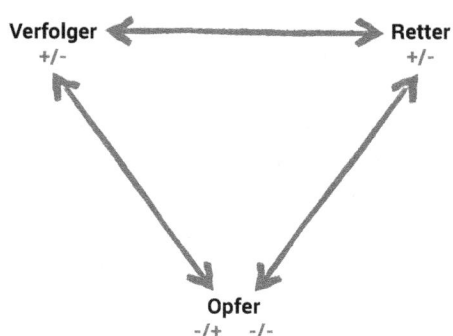

Abb. 6.8: Drama-Dreieck

Inhalt

Ganz wichtig ist es, sich zu trainieren und ständig auf wiederkehrende Muster zu achten, die dysfunktional sind. Und ein ganz nützliches Modell hierfür ist das sogenannte **Drama-Dreieck**, was von Steve Karpman entwickelt wurde, zum Kader der Transaktionsanalyse gehört und im Grunde genommen Interaktionen beschreibt (Abbildung 6.8).

Der Begriff »ich bin okay, du bist okay« ist etwas, was sich auf die Gesamtheit als Mensch bezieht.

Es gibt im Drama-Dreieck drei Positionen, von denen aus man einsteigen kann. Meistens haben Menschen auch bevorzugte Positionen, wo sie einsteigen. Eine Position ist zum Beispiel der **Verfolger**. Dieser geht davon aus, dass er selbst richtig ist und der andere entsprechend »falsch«. Dass nur er weiß, was richtig ist und der andere es nicht weiß. Als Verfolger werte ich Fähigkeiten, Verhaltensweisen oder die Person mir gegenüber ab, indem ich möglicherweise eine übertriebene Kritik äußere. Damit benötige ich natürlich auch jemanden, auf den sich diese Kritik bezieht. Dieser muss wiederum die passende Rolle dazu annehmen, die Opferrolle. In der **Opferrolle** gehe ich davon aus, dass ich nicht okay bin, aber die anderen okay sind und ich selbst etwas nicht kann, was wiederum alle anderen können. Oder ich gehe sogar so weit und sage: Weder ich noch die anderen können irgendetwas oder sind in Ordnung. Immer darin enthalten ist die Abwertung. Das Opfer ist dann zum Beispiel jemand, der seine Rolle nicht vollumfänglich ausfüllt, sich aber auch nicht darum kümmert, all die Aspekte hinzuzulernen, die notwendig sind, um diese Rolle auszufüllen. Oder der sich nicht darum kümmert, seine Rolle so zu klären.

Eine weitere Position gibt es, in der man häufig vom Opfer aus angespielt wird, wo jemand sagt, dass er irgendetwas nicht kann, aber auch nicht konkret um Hilfe fragt, sondern diese Aussage im Raum stehen lässt – und im nächsten Schritt jemand einspringt und rettet. Der **Retter** wiederum geht ebenfalls von der Position aus: Ich kann das, du kannst es nicht. Der Retter ist jemand, der immer wieder hineinspringt und dem anderen Verantwortung abnimmt. Dieses ist ein gern genommenes Spiel auch in der Organisation, was dazu führt, dass das Opfer, welches seine Rolle nicht ganz einnimmt, auch nicht gezwungen wird zu wachsen. Der Retter ist auch immer ein Stück weit übergriffig – ob er dafür seinen Dank bekommt, was so ein bisschen sein Lohn ist, ist die nächste Frage. Irgendwann hat der Retter zu viel davon, weil er immer wieder hineingesprungen ist, wechselt möglicherweise als Nächstes in den Verfolger und fängt an, sich darüber zu beschweren, dass derjenige nie seinen Job macht – wozu er eigentlich selbst aktiv beigetragen hat.

In diesem Dreieck können beliebig »Spielchen« ablaufen. So kann es dann umgekehrt sein, dass das Opfer beispielsweise in Gesprächssituationen jede Menge Vorschläge von dem Retter bekommt, diese jedoch nicht so gut findet und eher abwehrt. Dieses Spiel kann beliebig lange gehen, bis irgendwann das Opfer feststellt: »Na ja, der kann mir auch nicht helfen.« Das ist der Moment, in dem das Opfer in den Verfolger übergeht und über den ehemaligen Retter sagt: »Ja, der hat mir auch nicht helfen können.« Damit wird der Retter implizit zum Verfolgten. Dieses sind wunderbare Muster von Rollenübergriffigkeit, Verantwortungsübergriffigkeit, von »nicht auf Augenhöhe kommunizieren«.

Die Grundhaltung bei Verfolger und Retter ist: Ich bin in Ordnung, du bist nicht in Ordnung. Die Grundhaltung beim Opfer ist: Ich bin nicht in Ordnung, du bist in Ordnung oder beide sind nicht in Ordnung. Aus der Transaktionsanalyse heraus betrachtet mit dem Hinzuziehen des Funktionsmodells der Transaktionsanalyse reagieren Verfolger aus dem übertriebenen, orientierenden oder kritischen Eltern-Ich. Retter arbeiten aus einem übertriebenen fürsorglichen Eltern-Ich, Opfer dagegen kommen aus einem übertriebenen, kindhaften Anteil. Das kann ein überangepasster, kindhafter Anteil oder ein freier, kindhafter Anteil sein. Im Prinzip sind das alles non-produktive Zustände, die hier ausagiert werden.

Nun ist es ein ganz wichtiger Mechanismus, sich dieses zum Beispiel bei einer Besprechung oder in Arbeitsabläufen anzuschauen, um zu sehen, wie die Leute miteinander umgehen. Ist das auf Augenhöhe oder passen dort diese Abwertungen?

Als Berater unterstütze ich dabei, aus der Abwertung herauszukommen und in das **Gewinner-Dreieck** zu gehen. Das Gewinner-Dreieck sind sozusagen die Positionen in ihrer gesunden Form. Dort wird dann aus einem Verfolger ein liebevoller Konfrontierer oder ein Durchsetzer, der sagt: »Ich bin okay, du bist okay. Und aus dieser Grundhaltung heraus können wir schauen, wie wir mit den sachlichen Themen umgehen müssen.«

Eine **Schlüsselfähigkeit, die der Verfolger** lernen muss, ist: Wie kann ich meine eigenen Bedürfnisse, meine eigenen Ziele und das, was ich für richtig halte, auch in der Kombination mit dem anderen einbringen? Oder teilweise auch durchsetzen, ohne den anderen abwerten zu müssen?

Eine **Schlüsselfähigkeit für den Retter** ist, ein unterstützender Helfer zu werden und so etwas wie Hilfe zur Selbsthilfe zu geben. So muss er idealerweise in die Position kommen: »Ich bin okay, aber du bist auch okay. Ja, dir fehlt vielleicht eine bestimmte Fähigkeit, du hast vielleicht nicht die Zeit, etwas zu übernehmen. Jetzt lass uns schauen, wie wir damit umgehen. Was sind denn deine Vorschläge?« Ganz häufig ist eine der Schlüssellernaufgaben für den unterstützenden Helfer, zu lernen wirklich empathisch zuzuhören. Nicht sofort mit Ratschlägen zu kommen, sondern wirklich herauszufinden, was sein Gegenüber jetzt braucht.

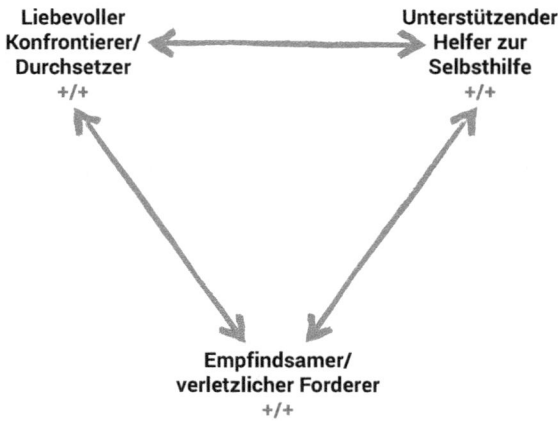

Abb. 6.9: Gewinner-Dreieck

Eine Schlüsselfähigkeit für das Opfer ist, in einen empfindsamen oder verletzlichen Forderer zu kommen. Auch wenn ich als Opfer etwas gerade nicht kann, bin ich trotzdem in Ordnung. Das Opfer sollte in die Position kommen: »Ich bin okay, aber auch die anderen sind okay und ich kann mir Hilfe holen.« Der Schritt vom Opfer in den empfindsamen Forderer ist, erst einmal darüber nachzudenken: Was sind die Optionen, die ich habe? Was ist die konkrete Hilfe, die ich brauche? Als Opfer muss ich also zuerst einen eigenen Reflexionsprozess machen und dann sehr spezifisch fragen, was ich überhaupt brauche. Und dazu gehört eben auch, sich einzugestehen, bestimmte Dinge nicht zu können – sich dafür aber nicht abzuwerten.

Daraus entsteht das Gewinner-Dreieck, wo ich als Nächstes die produktiven Zustände mit mehr Energie besetze. Wo ich sage: »Genau, liebevoller Konfrontierer, pass auf: Wir haben das und das vereinbart. Du hältst dich nicht dran. Das ist in Ordnung. Wie gehen wir damit um?« Ich muss den anderen nicht dafür anklagen, dass er etwas falsch gemacht hat.

Es ist wichtig, diese Muster zu erkennen, in denen man im Allgemeinen läuft und Menschen dabei zu unterstützen, aus den Abwertungen herauszugehen und sich eher in das Gewinner-Dreieck als in das Drama-Dreieck zu begeben. Um letztendlich wieder die Mechanismen wie Wirklichkeitskonstruktionen, Bindungen und Vereinbarungen psychologischer Verträge zu verwenden und damit zu überlegen, wie wir nun zukunftsorientiert zusammenarbeiten wollen. Das bedeutet, in allen drei Rollen muss ich auch eine Bewusstheit für mich selbst entwickeln: Wie schaue ich auf mich? Wie schaue ich auf den anderen? Wie schaue ich auf die Sache?

Menschen sind nun mal so, wie sie sind, mit all ihren Fähigkeiten, Stärken und Schwächen. So muss ich mir als Berater nun überlegen, was genau miteinander getan werden muss, um auch in eine Kommunikation zu gehen, die Sichtweisen abzubilden und am Ende wieder ergebnisorientiert, zukunftsorientiert (sprich: Wozu gebe ich Rückmeldung? Wozu brauche ich Hilfe? Wozu gebe ich Unterstützung?) zu prüfen, was hier zieldienlich und was es nicht ist. Und dieses miteinander verbinden.

Felder des Zuhörens

Hinweise zur Anwendung

Die Entwicklung von Zuhör- und Dialogfähigkeiten sind essenziell. Auch die Auswahl »wann ist welche Ebene des Zuhörens angemessen?« ist sehr wichtig.

Eine Gruppe oder Einzelpersonen durch die verschiedenen Stufen zu führen, kann eine sehr sinnvolle Intervention sein, ebenso das Führen eines »Hören-Tagebuchs«, wie oft habe ich von welcher Ebene zugehört?

Abb. 6.10: Felder des Zuhörens

Inhalt

Ebenen oder Felder des Zuhörens sind eine ganz wichtige Eigenschaft, gerade in Anbetracht von Wirklichkeitskonstruktion und gemeinsamer Gestaltung.

Von diesen aus hören wir zu oder gehen in ein Gespräch. Das erste Feld ist das oberflächlichste. Es ist das Feld unserer **Gewohnheiten**, wo wir immer wieder wiederholen, was wir bislang erlebt haben. Wo wir in unseren normalen Standarddeutungsmustern sind, aber auch nichts Neues geschieht. Wo wir vielleicht oberflächlich nett miteinander umgehen. Wo wir versuchen, anderen zu gefallen. Wo wir nicht wirklich ehrlich sind und nicht wirklich das mitteilen, was wir in unserem tiefsten Inneren denken.

Dieses Feld entspricht in einer Makrosicht in der Organisation einer zentralisierten Kontrolle. An irgendeiner Stelle wird entschieden, was richtig, was falsch ist, wie was zu sein hat. Dort höre ich quasi aus meiner eigenen Perspektive nur das, was immer meine Perspektive ist.

Das zweite Feld ist das Feld der **Wahrnehmung**, wo ich faktenorientiert zuhöre. Das heißt, hier schaue ich mir etwas genauer an, was Fakten und Daten sind. Hier höre ich eventuell einmal etwas Neues. Hier steige ich zum Teil aus meinen Gewohnheitsmustern aus und sage, was ich wirklich denke. Auf einmal kommen verschiedene Sichtweisen zusammen und ich werde auch mit einer anderen Perspektive konfrontiert. Es wird begonnen, etwas tiefer darüber zu sprechen, was wir tun. Ich komme an die Grenze meiner Perspektive und bin auch bereit, etwas Neuem zuzuhören. Auf Zuhörerebene ist das ein faktenorientiertes Zuhören und von der Konversationsebene her ist es eine Art von Debatte, wo wir möglicherweise noch mit unseren Standpunkten personifiziert sind und dort heraus argumentieren. Aus Sicht der Makroorganisationsebene ist das etwas, wo ich noch einmal einen Fokus auf Einzelteile habe, wie zum Beispiel auf die Abteilung. Hier vertrete ich noch hauptsächlich meine Perspektive, habe aber schon ein bisschen den Blick nach außen. Auf dieser Ebene beginnt es, einen Unterschied zu machen, dass »bei mir etwas anders sein könnte als bei dir«.

Auf der dritten Ebene beginne ich damit, wirklich empathisch zuzuhören und nicht nur Fakten und Daten zu hören, sondern auch, wie es dem anderen geht in seiner Position.

Das ist der Moment, in dem ein echter **Dialog** anfängt und ich sage: »Ich habe meine Perspektive und du hast deine Perspektive, aber ich bin bereit, aus meiner Perspektive herauszutreten und deine einzunehmen.« Das heißt, hier beginne ich, in einen echten Dialog zu gehen und stelle mich auch empathisch auf den anderen ein: »Ja, ich bin bereit, deine Position wirklich erst mal voll und ganz zu verstehen.« Hier ist der Referenzraum gar nicht mehr mein Ich-System, sondern ich steige im Referenzsystem aus und schaue: »Wie siehst du denn die Perspektive? Ich setze mich auch mal auf deinen Stuhl.«

Das ist auch der Bereich einer Makro-Organisation, wo ich anfange, netzwerkartig zusammenzuarbeiten und den anderen zu fragen, wie er das sieht, was wechselseitige Erwartungen sind und diese gut zu klären. Genauso schaue ich in diesem Bereich von außen auf mich selbst und überlege, wie ich meine Ergebnisse noch optimaler meinem Gegenüber präsentieren kann. Hier optimiere ich auch Schnittstellen, während ich im Vorfeld möglicherweise eher damit beschäftigt bin, mein eigenes, geschlossenes System zu optimieren. So beginne ich hier, in Verhandlung und in den Dialog zu gehen und überlege, was noch alles möglich wäre. Selbst sehe und verstehe ich mich nicht mehr nur als einen Teil, sondern als Teil des Ganzen und gehe weg von der Selbstverteidigung hin zu einer Erforschung von Sichtweisen, verbinde mich mit den anderen und reflektiere darüber: »Was ist mein Anteil, was ist dein Anteil und wie kommen wir da zusammen?« Dieses kann relativ viel Angst machen, weil ich damit die Sicherheit meiner eigenen Position aufgebe.

Das letzte Feld ist das der **Aufmerksamkeit**, wo ich meinen Standpunkt voll und ganz auflöse und wirklich schaue, was das Generative ist und was entstehen will. Hier ziehe ich sehr stark meine Intuition hinzu und spreche auf einer viel tieferen Ebene nicht mehr darüber, was wir gerade miteinander tun, sondern was uns wirklich bewegt und wo wir auch einmal Elemente wie Stille dazu nehmen. Wir machen bewusst die Pause und schauen, was hier in unserer Gruppe entstehen will. Das ist auch der Bereich der Co-Kreation, wo ich bereit bin, meine Identität loszulassen und zu schauen, was ich will, was die Gruppe will und was in dieser Organisation passieren möchte. Dieses ist ein Bereich in der Kommunikationsqualität, wo ich wirklich in eine kollektive Kreativität hineinkomme und mich von anderen auch »befruchten« lasse, was wiederum auf Gegenseitigkeit beruht. Ich gehe also nicht nur in einen Dialog, sondern sehe mich vollumfänglich als ein Teil des Ganzen. Auf einer viel tieferen Ebene als vorher bin ich auf dieser Ebene bereit, mich in diesem Ganzen aufzulösen. Was bedeutet das nun, wenn ich auf das große Ganze schaue? Dazu muss ich sehr weit zurücktreten von dem, was mich im Alltag beschäftigt, was ich gewohnt bin, an Zahlen, Daten, Fakten.

Dieses ist genau die kreative Qualität, die wir immer wieder brauchen, damit wir in der Beratung wirklich das entstehen lassen können, was dort entstehen möchte. Das ist der Bereich von Entfaltung. Wo ich früher noch Entwicklungsmodelle im Hinterkopf habe, von denen ich meine, die nächsten Schritte ableiten zu können, ist das hier die Essenz des Raums, in dem sich entfalten kann, was in dieser Organisation wirklich als Nächstes dran ist. Wo ich auch ein Stück weit meine Kontrolle aufgebe und mich auf einen Prozess einlasse.

So habe ich vier Stufen für Aufmerksamkeit:

1. Von Gewohnheiten her zuhören – aus der Sicht vergangener Muster.

2. Offen werden für den Austausch – es gibt mehrere Einzelelemente.

3. Wahrnehmung aus Sicht der sich herausschälenden Zukunft – und die Frage danach, was gestaltet werden soll.

4. Der Vorrang des Ganzen – sich in den Dienst dessen stellen, was hier entstehen möchte.

Diese Arten des Zuhörens gilt es, in verschiedensten Situationen zu kultivieren. In Einzelgesprächen, Workshops, für mich selbst wie auch in Gruppen. Dieses ist eine Dialogfähigkeit wie auch eine Aufmerksamkeitsorientierungsfähigkeit. Je später Menschen in ihrer Entwicklung sind, umso einfacher ist es, diese verschiedenen Ebenen zu erreichen. Allerdings ist es auch eine Trainingsaufgabe. Bloß weil jemand auf einer späten Stufe ist, heißt das nicht, dass er dieses Zurücknehmen von seinen individuellen Mustern dann auch automatisch kann.

Hilfreiche Fragen für die Aufmerksamkeit der einzelnen Stufen:

1. Stufe

- Wie ist das konkret abgelaufen?
- Was ist da geschehen?
- Was ist typisch?

2. Stufe

- Welche Aspekte von Veränderungen sind da sichtbar oder was müsste passieren?
- Was nimmst du in deinem Umfeld wahr?
- Was nimmst du im Unternehmen, am Markt, bei der Konkurrenz wahr?

3. Stufe

- Wenn du dich in die Rolle eines unbeteiligten Dritten hineinversetzt, was sieht man da als Kernfrage oder als Kernproblem?
- Welche Fragen fallen dir ein, die möglicherweise aus einer Zukunftssicht helfen dieses Problem genau anzuschauen?

4. Stufe

- Was sind die Umfelder zu diesem Kernthema?
- Wenn wir das Problem erkannt und gelöst haben, welche Fragen fallen mir noch ein?
- Wenn wir mal schauen, was bedeutet das, wenn wir fünf Jahre in die Zukunft schauen?
- Was heißt das dann für dieses Problem oder dieses Thema?
- Was erscheint aus der Stille?

Diese verschiedenen Ebenen oder Felder des Zuhörens sind Menschen mehr oder weniger natürlich zugänglich. Das ist natürlich stark abhängig von deren Ich-Entwicklungsstufe. Je nachdem, womit ich identifiziert bin und wie viel ich mich selbst schützen muss, umso weniger kann ich offen zuhören und umso weniger Felder der Aufmerksamkeit stehen mir zur Verfügung. Es geht auch nicht darum, immer von der tiefst möglichen Ebene aus zuzuhören, sondern um das angemessene Zuhören, das angemessene Sprechen, was hier gerade zieldienlich ist. Und natürlich ist es so, dass wir in Richtung der Zuhörebenen drei und vier eher in postkonventionellen Denkweisen unterwegs sind.

Sicherlich fällt es mir als Berater leichter, wenn ich die späte Ebene selbst schon kultiviert habe, weil es für mich einfacher ist, einen solchen Raum herzustellen, in dem genau diese Arten des Zuhörens möglich sind – mal abgesehen von methodischen Zugängen. Natürlich sind ein dialogisch, empathisch oder generatives Herangehen wie auch Elemente sinnvoller Strukturaufstellungsarbeiten denkbar, oder auch Körper-Intervention – das Hinzuziehen von Körperinformationen, Bauchgefühl und dergleichen mehr. Dafür braucht es aber Erlaubnisse und einen guten Rahmen, damit die Erkenntnisse, die aus einem solchen Zustand kommen, auch auf der Bewusstseinsstufe interpretierbar werden, in der der normale Alltag der Menschen stattfindet. Wenn es mir gelingt, einen Raum zu schaffen, wo Menschen wirklich generativ in einem Kreativitätszustand sind, dann sehen diese später im Alltag wieder jede Menge Hürden und Blockaden. Das bedeutet, dass im Arbeitsalltag dann erneut geschaut werden muss, wie wir dieses dann in die Alltagsrealität der Person bringen können. Meine Aufgabe als Berater endet also nicht nur damit, diese Zustände und diese Art von Dialog zu ermöglichen, sondern danach auch zu überlegen, wie ich das wirklich gut in den Alltag integrieren kann. Dieses ist eine Schlüsselaufgabe für einen Berater für integrale Organisationsentwicklung.

Dysfunktionale Muster – individuell & kollektiv

Hinweise zur Anwendung

Das Modell der Antreiber stammt ursprünglich aus einem therapeutischen Kontext. Es ist mittlerweile in einer oberflächlichen Form relativ weit verbreitet. Hier folgt ebenfalls eine oberflächliche Darstellung der Antreiber, wie sie im Organisationskontext als allgemeine Muster hilfreich darstellbar sind. Um im Coaching, der Persönlichkeitsentwicklung oder gar therapeutisch intensiver damit zu arbeiten, empfehle ich dringend die dazugehörigen Hintergrundinformationen aus der Transaktionsanalyse, insbesondere Grundbotschaften, Mini-Skript sowie Skript mit zu berücksichtigen.

Inhalt

Taibi Kahler fand im Kontext der Transaktionsanalyse fünf Antreiber heraus, die als Muster für uns dienen, wie wir unseren Wert beweisen können. Dieses sind Dinge, die individuell verortet sind, die aber auch manchmal zum Teil der Kultur in einer Organisation werden.

Jeder, der im Folgenden erklärten Antreiber, hat auch einen konstruktiven Kern und nur durch die Übertreibung wird das quasi zu einem dysfunktionalen Muster.

Sei perfekt

Sei perfekt heißt, ich muss immer alles richtig, auch 120-prozentig machen. Der konstruktive Kern ist, dass man damit sehr zielgenau und exakt ist. Und ganz wichtig ist, dass man sich in dem Rahmen die Erlaubnis gibt, wirklich etwas abzuschließen, zum Ende zu kommen, einen Punkt zu machen. Ein häufiges Muster ist, dass man dann bestimmte Prozesse nicht anfängt oder nicht zu Ende führt. Gerade unter Maßgabe einer hohen Unsicherheit im Umfeld – wie das ja in Veränderungsprozessen ist – ist »sei perfekt« ein Antreiber, der einen oft erwischt. Dieses kann sowohl auf individueller Ebene passieren, wie auch Teil eines ganzen Organisationsmusters sein.

Abb. 6.11: Dysfunktionale Muster

Paretoprinzip als Schlüsselerlaubnis
Wichtig ist, sich diese Erlaubnis zu geben, ich darf abschließen, ich darf etwas zu Ende bringen und eine Idee auch nur einmal zu 80 Prozent ausgereift auf den Weg bringen. Hier muss ich zeitlich konkret werden: Wann wollen wir etwas fertig haben? Was genau wollen wir fertig haben? Wie sieht ein Ergebnistyp aus? Was ist unser Qualitätsanspruch daran? Darüber kann ich in die Diskussion gehen oder auch einfach einmal etwas anfangen und akzeptieren, es als Experiment sehen und bereit sein, auch einmal zu scheitern.

Streng dich an

In diesem Antreiber steckt ein Stück weit auch: Es darf nicht leicht sein, es muss uns schwerfallen. Manchmal ergibt sogar die zugrundeliegende Botschaft »streng dich an, aber schaffe es dann doch nicht«. Oder allenfalls auf den letzten Drücker, mit hohem Aufwand und Einsatz. Der konstruktive Kern ist, dass man sehr aktiv ist und etwas tut. Man muss nur aufpassen, dass das nicht in Agitation abrutscht, sprich, in ein nicht problemlösendes Verhalten. Und dafür brauche ich die Erlaubnis, dass es genug sein darf, dass ich mir Pausen gönne, dass es mir auch einmal leichtfallen darf. Dass etwas auch einen Wert hat, wenn es einfach so klappt, vielleicht sogar freudig. Nützlich kann hier sein, eventuell Reservezeiten hinzuzufügen und zu schauen, dass man sich Ruheräume schafft, dass man eben nicht im Großraumbüro seine konzeptionelle Arbeit verrichtet, sondern vielleicht einmal in einen anderen Raum ausweicht. Dass man auch wertschätzt, was gut geklappt hat, was leicht war.

Beeil dich

Bei diesem Antreiber hat man die Angst, nicht alles zu schaffen, was zu tun ist, also tut man es ganz schnell. Der Beeil-dich-Antreiber und das ganz schnelle Tun ist übrigens auch die beste Strategie, um Kontakt und Bindung zu vermeiden, weil ich mir nicht die Zeit nehme, wirklich mit mir selbst in Kontakt zu gehen, mit meinen Herausforderungen oder mit meinem Gegenüber. Der konstruktive Kern ist, dass ich sehr zeitbewusst und sehr zeitsensibel bin und auch Zeit nicht verschwenden möchte. Ich muss nur aufpassen, dass ich nicht in eine »Überversachlichung« gerate, sondern wirklich die wichtigen Dinge in den Fokus nehme, für die ich mir auch Zeit nehmen muss. Hier muss ich in die Reflexion gehen, den Schritt zurück machen, dass das Ganze nicht auf dem Altar der Pseudoproduktivität landet. Die Erlaubnis dort ist: Ich darf mir Zeit nehmen. Ich darf mir die Zeit nehmen, die es braucht. Ich priorisiere klar und fange nicht zehn Dinge auf einmal an, sondern schließe erst eine Sache ab, bevor ich etwas Neues anfange. Hier hilft es, wenn ich meine Arbeit visualisiere, beispielsweise mithilfe eines Taskboards, eines »Kann-Wann«-Boards. All dieses sind Mechanismen, die mir dabei helfen, einen Überblick zu bekommen und etwas in eine Reihenfolge zu bringen. Damit ich stärker in einer Reihenfolge denken kann, statt in Prio eins, zwei, drei. Aus Prio eins, zwei, drei wird dann nämlich ruckzuck Prio eins!

Sei gefällig

Der Antreiber »mache es anderen recht« wird häufig zu einem Harmonie-Deckchen: Ich darf keine kritischen Dinge ansprechen. Wir müssen uns ja alle liebhaben. Der konstruktive Kern darin ist eine hohe Beziehungsorientierung, eine hohe Empathie und die Chance zu echter Harmonie. Die Frage ist nur: Liegt das Harmonie-Deckchen über den stinkenden Themen? Oder habe ich einen Harmonie-Teppich, auf dessen Grundlage ich auch einmal die stinkenden Themen ansprechen kann? Wichtig dabei ist die Erlaubnis, dass man auf seine eigenen Bedürfnisse achtet. Was ist mir wichtig? Was ist meine Meinung? Diese versuche ich dann, in einer guten Beziehungsbalance in Kommunikation zu bringen, um gemeinsam zu schauen und zu vereinbaren, wo man denn hin will. Wichtig ist hier: Nicht zu sehr zurücknehmen, ganz bewusst zuhören, eine gedankliche Pause einstellen, in mich selbst hineinhören. Was brauche ich eigentlich? Was ist beidseitiger Erfolg?

Sei stark

Bei diesem Antreiber darf ich mir auch meine Schwächen nicht eingestehen. Ich darf vielleicht keine Gefühle zeigen, muss immer funktionieren, darf nicht persönlich sein. Dieses ist ein häufiges Missverständnis dabei. Es darf mir nie schlecht gehen. Der konstruktive Kern ist, dass ich im Grunde genommen sehr situationssensibel bin und mich situativ sehr zurücknehmen kann. Ich muss nur aufpassen, dass ich das nicht übertreibe. Das heißt, ich brauche auch die Erlaubnis, meine eigenen Gefühle wahrzunehmen, meine Grenzen zu kennen und meine Empfindungen auszudrücken.

Und dazu gehört auch als Aktivität, in mich hineinhören. Was ist das, was ich jetzt aktuell gerade brauche? An dieser Stelle kann ich möglicherweise auch einmal um Hilfe bitten. Ich gestehe mir meine Grenzen ein, nehme mir einmal die Pause.

Vier Elemente effektiver Kommunikation

Hinweise zur Anwendung

Gerade unter Beachtung von Bindung und Wirklichkeitskonstruktion ist eine gelungene, stufenübergreifend kompatible Kommunikation ein wesentlicher Erfolgsfaktor. Die vier Elemente effektiver Kommunikation müssen in jeder Gesprächssituation individuell ausbalanciert werden. Falls eine Kommunikationssituation nicht gut verläuft, geben sie wertvolle Anregungen, wie man nachsteuern kann. Auch die eigene Analyse, welche Elemente man bevorzugt einsetzt, übertreibt oder vernachlässigt, sorgt langfristig für eine erfolgreichere Kommunikation. Man kann diese Elemente auch im Gruppensetting verwenden und zu einer »Action Inquiry« weiterentwickeln.

Inhalt

Framing stellt bei allen Beteiligten den gleichen psychischen Raum sicher.

Framing meint die Rahmensetzung des Gesprächs. Dazu gehört die explizite Äußerung, was der Sinn bzw. das Ziel des Gesprächs in der aktuellen Situation ist. Dabei sind auch gegebenenfalls die Rollen zu klären – ob es sich um ein Feedbackgespräch handelt oder ob es sich um ein Gespräch handelt, in dem gemeinsam über Hypothesen nachgedacht werden soll, um dann Entscheidungen zu treffen. Dieses Element wird oft in Gesprächen und Meetings übersehen. Die Annahme des Einladenden, dass alle anderen das gleiche Verständnis haben und ihre eigene Rolle in dem Gespräch kennen, erweist sich im weiteren Verlauf oft als falsch. Ein Titel und eine Agenda sind vielfach nicht ausreichend. Eine kurze explizite Erläuterung ist sinnvoller. Explizites Framing oder auch ein Re-Framing, also einen neuen Rahmen vereinbaren, wenn das Gespräch aus dem Rahmen läuft, ist notwendig. Dabei ist auch zu prüfen, ob der Rahmen wirklich der richtige war, denn manchmal entstehen in einem Gespräch neue Erkenntnisse. Wenn der Rahmen unklar ist, müssen die Teilnehmer des Gesprächs raten und liegen oftmals falsch. Und vermuten im schlimmsten Fall eine manipulative Motivation von Beteiligten.

Aus diesem Grund ist es sinnvoll, anstatt direkt in ein Gespräch oder Meeting einzusteigen, kurz den Rahmen zu setzen. Ein Beispiel: »Wir haben den geplanten Projektzeitraum jetzt zur Hälfte genutzt, haben aber zum derzeitigen Stand einen inhaltlichen Fortschritt von 20 Prozent erreicht. Ich möchte den Termin mit euch heute nutzen, um festzustellen, ob der geplante Projektabschlusstermin noch realistisch ist. Dazu möchte ich gerne die noch zu erledigenden Aufgaben durchgehen und im Hinblick auf die zeitliche Machbarkeit reflektieren. Passt das oder hat jemand einen besseren Vorschlag?«

Advocating bedeutet, eine explizite Aussage zu treffen. Essenziell, kurz, prägnant und auf den Punkt. Was ist die Schlüsselinformation, die ich übertragen möchte? Dabei kann es sich um einen Vorschlag handeln, eine Beobachtung, ein Gefühl oder eine relativ abstrakte Vorgehensweise, wie beispielsweise »Wir müssen die Geschwindigkeit der Entwicklung erhöhen«.

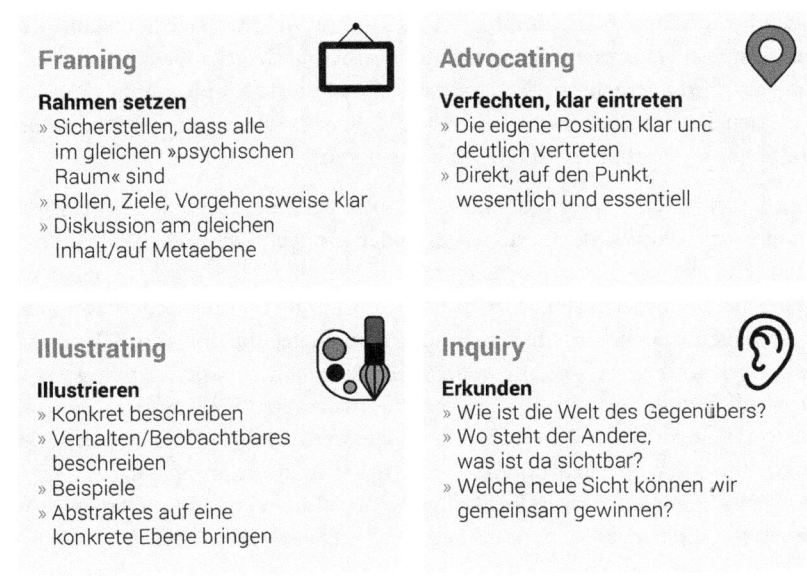

Framing
Rahmen setzen
» Sicherstellen, dass alle im gleichen »psychischen Raum« sind
» Rollen, Ziele, Vorgehensweise klar
» Diskussion am gleichen Inhalt/auf Metaebene

Advocating
Verfechten, klar eintreten
» Die eigene Position klar und deutlich vertreten
» Direkt, auf den Punkt, wesentlich und essentiell

Illustrating
Illustrieren
» Konkret beschreiben
» Verhalten/Beobachtbares beschreiben
» Beispiele
» Abstraktes auf eine konkrete Ebene bringen

Inquiry
Erkunden
» Wie ist die Welt des Gegenübers?
» Wo steht der Andere, was ist da sichtbar?
» Welche neue Sicht können wir gemeinsam gewinnen?

Abb. 6.12: Vier Elemente effektiver Kommunikation

Manche Menschen sprechen fast nur mit diesem Element. Wiederum andere bringen ihren wesentlichen Punkt nur verwässert oder gar nicht in die Kommunikation. Beides ist nicht sehr effektiv. Übrigens ist für viele Menschen eine der schwierigsten Arten von Advocating der Ausdruck eines aktuellen Gefühls, insbesondere, wenn es sich auf ein aktuelles Geschehen bezieht. Dahinter kann ein Mangel an eigener Klarheit stehen oder auch die Angst, sich verletzlich zu zeigen. Möglicherweise ist es auch nicht Bestandteil der Organisationskultur. Das führt dann manchmal zu einem regelrechten Ausbruch von Gefühlen mit Beleidigungen oder Rückzug. Dazu ein Beispiel: »Jetzt reicht's, könntest du endlich mal still sein!« Dieses ist eine eher ungünstige Form des Advocating. Besser wäre, zu einem früheren Zeitpunkt zu äußern: »Die Geschwindigkeit der Diskussion raubt mir den Atem und ich habe den Eindruck, wir drehen uns im Kreis. Geht es jemandem ähnlich?« Hier wird auch schon ein Teil Inquiry mit eingebunden.

Illustrating fügt etwas Konkretes, Beispielhaftes dem Advocating hinzu. Es beschreibt den Inhalt des Advocating genauer, mit Situationsbeschreibungen, konkreten Personen und Beispielen, eventuell auch einmal Metaphern. Es ist gut möglich, dass dadurch dem Advocating, die Essenz der Botschaft, noch einmal eine andere Richtung gegeben wird. Im Beispiel der Entwicklungsgeschwindigkeit könnte es lauten: »Der Kunde XYZ benötigt seinen Datentransfer am Ende des Monats, um seinen Abschluss machen zu können.«

Illustrating ist das Fleisch am Knochen!

Gerade wenn es einem gelingt, sein wichtigstes Statement genau auf den Punkt zu bringen, ist man oftmals auch davon überzeugt, dass nur eine Aktion darauffolgen kann und dass der Fehler eines Missverständnisses dabei beim Gegenüber liegen muss. Aber leider ist diese Überzeugung ein massiver Fehler. Denn die Implikationen einer Aussage sind aufgrund ihrer Natur, implizit zu sein, nicht für jeden selbstverständlich. Es gibt niemals nur eine einzige Interpretation für einen Sachverhalt, auch wenn es sein kann, dass aufgrund gemeinsamer Organisationskultur viele andere Interpretationen ausgeschlossen werden. Darum ist es so wichtig, alle vier Elemente der Kommunikation miteinander zu verbinden und auszubalancieren!

Inquiring bedeutet erkunden und meint, andere Personen und deren Sichtweisen einzubinden, um daraus etwas zu lernen oder ein gemeinsames Verständnis zu entwickeln. Theoretisch ist dieses das einfachste Element, aber in der Praxis wird es schnell zum herausforderndsten. Wir müssen uns nämlich ein bisschen von unserer eigenen Aussage distanzieren, um dann den Raum zu geben, eine wirkliche Antwort zu hören. Auch und gerade dann, wenn diese uns nicht gefällt. Wir müssen dem anderen wirklich zuhören und um ein Verständnis ringen. Und das ist was anderes als die rhetorische Floskel: Nicht wahr? Ein weiterer Grund ist, dass es schwierig ist, eine effektive Inquiry durchzuführen, wenn vorher nicht Framing, Advocating und Illustrating in geeigneter Form erfolgt ist. Oftmals ist bei einer ganz offenen Inquiry der Rahmen so unklar, dass Menschen eher vorsichtig und selbstschützend antworten.

Im Fall einer Inquiry zu einem starken Advocating müssen wir die anderen ermutigen, unsere Aussage infrage zu stellen, vielleicht sogar zu widerlegen. Und wir müssen – immer wieder – damit dann sehr achtsam und wertschätzend, wirklich zuhörend und integrierend umgehen.

Alles, was Sie können und wissen

Hinweise zur Anwendung

Mit einem wirklichen Verständnis eines integralen Modells, welches das Verständnis einschließt, dass auch das integrale Modell *nur* ein Modell und keine Wahrheit ist, ist es besonders wichtig, dass wir dennoch eine Position beziehen. Nur mit einer eigenen Position, in dem Wissen, sie könnte falsch sein und der Bereitschaft, diese zu verändern, können wir im Sinne einer integralen Organisationsentwicklung einen in Form und Inhalt wertvollen Beitrag leisten. (Wobei auch diese Position falsch sein mag.) Und um das zu tun, ist es besonders wichtig, dass wir uns mit uns und unseren Stärken gut verbinden.

Inhalt

Alles, was Sie erlebt, erkannt und erfahren haben, liegt in Ihrer persönlichen Werkzeugkiste. Was Sie im Sinne Ihrer beraterischen Rolle, des Auftrags, des Kunden, der

Organisationskultur des Kunden, der Kultur Ihrer Beratung mit diesem Kunden, in Ihrem Kontext den Kontinuen von Ihnen, dem Kunden und der Welt, nützlich empfinden mögen, wenden Sie an.

Und wenn Sie mögen, nehmen Sie Kontakt auf, ich freue mich auf einen Austausch, dann gelingt uns vielleicht ein guter Dialog, der alle Elemente einer effektiven Kommunikation beinhaltet. Sie erreichen mich unter hvt@heiko-veit.de.

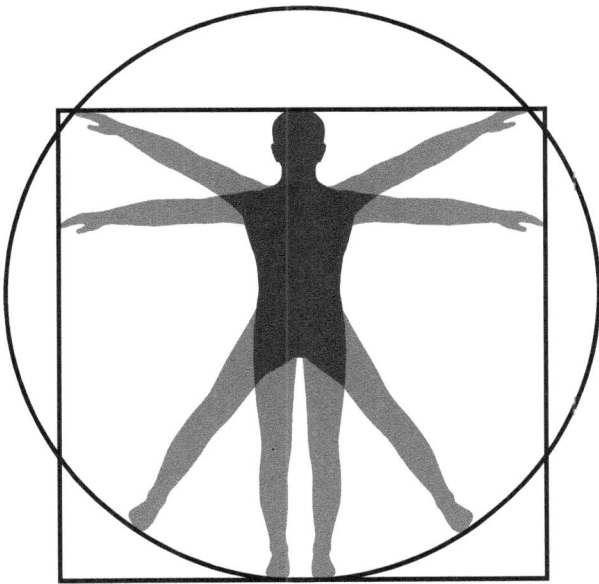

Abb. 6.13: Der Mensch in seiner Ganzheit

7 Pragmatische Werkzeuge

Während ich im vorherigen Kapitel Verständnismodelle dargestellt habe, die im Schwerpunkt in den linken Quadranten liegen, greife ich in diesem Kapitel nun die pragmatischen Werkzeuge in den rechten Quadranten auf, die dabei unterstützen, den Kunden besser einzubinden. Hier möchte ich nun Fleximity und das Rollen- sowie das Organisationseinheiten-Canvas als operative Hilfsmittel darstellen.

Fleximity

Sowohl in der Erstellung des Planes, als auch in der Ausgestaltung konkreter Einzelinterventionen ist ein geführtes Modell nützlich. Das integrale Modell als Hintergrundfolie ist dafür oftmals etwas zu unhandlich und intensiv erklärungswürdig. Mit der Unterscheidung von vertikaler und horizontaler Entwicklung im Hinterkopf des Beraters kann das Modell »Fleximity« als pragmatische Leitlinie in der Arbeit mit dem Kunden gut eingesetzt werden. Dieses Modell habe ich gemeinsam mit Prof. Dr. Tobias Brückmann entwickelt und ist vom Aufbau her eine Abbildung der Quadranten in Pyramidenform (Abbildung 7.1).

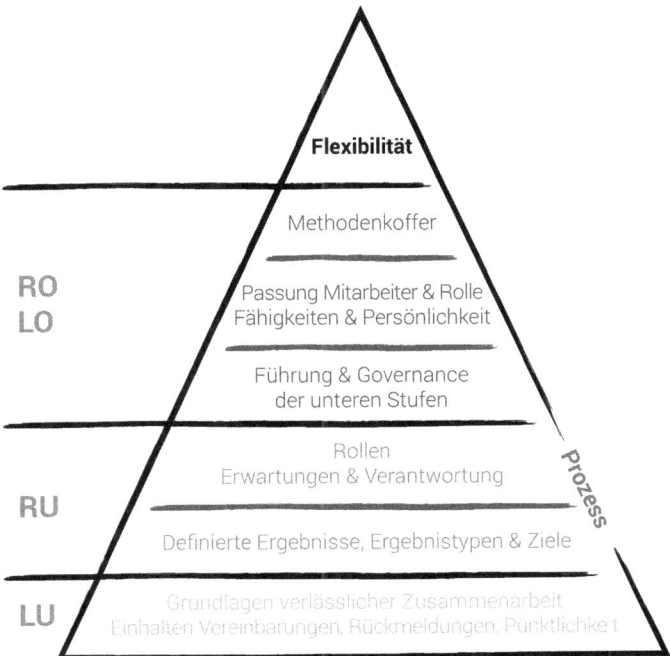

Abb. 7.1: Fleximity-Pyramide

In dieser Grafik sieht man sehr schön, wie die einzelnen Quadranten aufeinander aufbauen – was in der Zeichnung durch die Kürzel der Quadranten dargestellt ist. Wenn alle diese Schritte der einzelnen Ebenen gemacht sind, wartet ganz oben eine vollumfängliche Flexibilität. Im Grunde genommen geht es darum: Jeder kann eine noch so ausgearbeitete Rollenbeschreibung haben: Wenn nicht bekannt ist, wer was als Erwartung wirklich erbringen muss, funktioniert das Ganze nicht – um die Grundidee dahinter einmal hervorzuheben. Der Fleximity-Ansatz bietet eine sehr mächtige flexible Prozessstruktur, die dieses Quadranten-Modell einmal wunderbar operationalisiert.

Nehme ich beispielsweise ein beliebiges Thema, welches ich in der Auftragsklärung vorher definiert habe und gehe mit den Beteiligten das Thema Ebene für Ebene durch (hier sind gut vorbereitete Arbeitsblätter mit Reflexionsfragen und Anregungen nützlich), werden Zusammenhänge schnell offensichtlich und von Oberflächensymptomen gelangt man zu Ursachen. Wenn pro Ebene Startpunkt und Zielpunkt definiert werden, kann der Kunde hier selbst kreativ überlegen, welche Maßnahmen notwendig sind, um die Ziele zu erreichen. So kann ein Maßnahmenplan vom Kunden aus selbst erstellt werden. Wichtig ist dabei zum einen, die Herausforderungen auf ein passendes Maß klein zu schneiden und zum anderen, im Sinne der Change-Architektur den Gesamtzusammenhang im Blick zu behalten. Das kann aber an anderer Stelle geschehen, wie zum Beispiel: Eine Abteilung erarbeitet für sich Maßnahmenideen mit Fleximity, das Kernteam reflektiert diese Maßnahmenideen im Gesamtzusammenhang und kann Feedback geben oder andere Interventionen passend dazu anstoßen.

Ein ganz anderes Anwendungsfeld ist, eine konkrete Einzelsituation zu nehmen. Sei es ein besonders gelungenes oder ein besonders misslungenes Beispiel. Jetzt können die einzelnen Ebenen reflektiert werden: Was haben wir in der Organisation auf dieser Ebene, was dazu beigetragen hat, dass die Situation so ausgegangen ist? Was wollen wir beibehalten, wo wären Änderungen sinnvoll?

Es ist eine Pyramide, je instabiler diese unten ist, desto wackeliger ist es nach oben hinaus. Die Fleximity-Pyramide eignet sich sehr gut als zentrales Reflexionsmodell – neben vielen anderen, die ich natürlich noch zücken kann, wie Rollenmodelle, Führungsmodelle, Spiral Dynamics, Quadranten und viele mehr –, welches dann im Kernteam immer wieder verwendet werden kann: Was machen wir denn gerade? Wie passt denn das? Was hat denn das damit zu tun? Und so weiter.

Hier zerlege ich im Grunde genommen das Anliegen, indem ich es einmal konkreter durchreflektiere. In Workshops können die einzelnen Ebenen von der untersten Ebene bis ganz hinauf zur Spitze durchgegangen werden. Was ist auf jeder einzelnen Ebene die Ausgangssituation, das Ziel und die notwendigen Schritte?

Als Berater muss ich im Hinterkopf behalten, dass die Entwicklungsschritte innerhalb von Fleximity aus integraler Komplexitätssicht einen vertikalen oder einen horizontalen Schritt darstellen können. Einen vertikalen Schritt, bei dem sich sozusagen die Weltsicht ändert, muss ich anders moderieren und begleiten als einen horizontalen Schritt, bei dem ich innerhalb der gleichen Weltsicht, innerhalb der gleichen Komplexität, etwas inhaltlich ändere.

Als Berater muss ich erkennen, ob vertikale oder horizontale Schritte geplant sind, damit ich im nächsten Schritt überlegen kann, ob in der Umsetzung noch weitere Aspekte beachtet werden müssen. Hier ist die Reflexion gegen die Hintergrundfolie ganz wichtig: Wo sind Dysbalancen in den Linien und steigere ich diese womöglich noch? Mithilfe dieses Reflexionsmodells kann ich Menschen – Mitarbeiter wie Führungskräfte – viel stärker einbinden, indem ich visualisiere, wo sie hinmöchten und was konkret getan werden muss, um dort an der Spitze der Pyramide anzukommen.

Je nach Organisationskultur mache ich das mit den Führungskräften oder mit dem Team, welches sich verändern soll. Ich könnte Fleximity sogar in Großgruppen-Formate übersetzen.

Eine Möglichkeit für das Durcharbeiten der Stufen sind die sogenannten **Capabilities**, die Fähigkeiten, die auf den Ebenen entwickelt werden müssen. Diese sind Beispiele von Schlüsselfähigkeiten, was an dieser Stelle als eine erste Orientierung dienen soll. (Vollständiger und komplexer machen kann man es ja immer.) Da sehe ich auch, dass ich als Berater natürlich eine eigene individuelle Kompetenz mitbringen und dort hineingeben muss. Ich kann also je nach Kunde und eigener Expertise die Capabilities ergänzen.

Die unterste Ebene der Fleximity-Pyramide spiegelt sozusagen den **Kulturquadranten** – unten links – wider. Hier geht es um die **Grundlagen verlässlicher Zusammenarbeit**. Hier geht es darum, in beispielsweise einem Workshop explizite Vereinbarungen zu treffen und einzuhalten. Explizit bedeutet das, dass der Inhalt der Vereinbarung nicht nur gesagt, sondern diesem auch zugestimmt werden muss. Zu einer verlässlichen Zusammenarbeit gehört ebenso das Geben von Rückmeldung – wenn sich eine Vereinbarung beispielsweise nicht einhalten lässt. Oder auch wenn es darum geht, Verbesserungen anzugeben und diese zu besprechen. Genauso geht es um die Rückmeldung der Art und Weise, wie etwas besprochen wird, was wiederum hilft, Konflikten vorzubeugen. Im Grunde genommen geht es auf dieser Ebene noch um viel mehr, doch ist es für die konkrete Arbeit mit den Kunden sinnvoll, die Komplexität nicht zu stark zu steigern.

Die Capabilities der Ebene »Grundlagen verlässlicher Zusammenarbeit« sind:

Wertefähigkeit: Gewollte Werte (wie Pünktlichkeit, Respekt, Einfachheit, Effizienz) werden tatsächlich gelebt und nach ihnen gehandelt.

Transparenzfähigkeit: Alle Informationen zur Erreichung vereinbarter Ergebnisse stehen allen Beteiligten zur Verfügung.

Kooperationsfähigkeit: Die Balance zwischen eigenen und fremden Interessen wird auf Basis übergeordneter Prinzipien (Ziele/Sinn/Zweck des Projektes, Teams, Unternehmens) kooperativ ausgehandelt.

Kulturbewusstseinsfähigkeit: Alle Beteiligten sind offen für einen Dialog über die Muster der unbewussten Regeln, Denk-, Fühl- und Verhaltensweisen und sind bereit, persönliche Verantwortung für Veränderungen zu übernehmen.

Damit die Aktivitäten der Beteiligten eines Workshops oder eines Alltagsprozesses nun auch in eine gemeinsame Richtung gelenkt werden, brauche ich in der darüberliegenden Ebene **definierte Ergebnisse, Ergebnistypen und Ziele**. Hier werden eindeutig wichtige Erwartungen an beispielsweise Stakeholder geklärt und es wird vorab geklärt, welche Ergebnisse in welcher Form erreicht werden müssen. Derjenige, an den die Erwartung gestellt wird, ist dann in der Verantwortung für die notwendigen Aktivitäten.

Diese und die folgenden Ebenen gehören in den rechten unteren Quadranten und behandeln die Strukturen der Organisation.

Die Capabilites der Ebene »Definierte Ergebnisse, Ergebnistypen und Ziele« sind:

Orientierungsfähigkeit: Alle Beteiligten orientieren sich an vereinbarten Zielen und Ergebnissen und fokussieren ihr Handeln darauf hin.

Strukturierungsfähigkeit: Der Weg zur Erreichung von Ergebnissen und Zielen ist anhand festgelegter Teilergebnisse strukturiert und steuerbar über die Bewertung ihrer Qualität und ihres Wertbeitrags.

Per Definition ist **eine Rolle die Summe aller Erwartungen an eine Funktion**. Nach dem Definieren des Ergebnistyps ist es nun vergleichbar leicht, die Rollen zu definieren und zu benennen. Eine Rolle ist nicht an eine Person gebunden. Bin ich in einem IT-Projekt, können zum Beispiel mehrere Mitarbeiter die Rolle des Analysten innehaben. Umgekehrt kann eine Person wiederum mehrere Rollen innehaben. Wie die Ergebnisse erbracht werden, ist an die Rolle gebunden und damit eindeutig zugeordnet. Wichtig ist es, die Rolle über die Erwartungen zu definieren. Welche Ergebnisse erwarte ich von wem?

Die Capabilities der Ebene »Rolle, Erwartungen und Verantwortung« sind:

Verantwortungsfähigkeit: Verantwortung für Prozesse, Ergebnisse und Aufgaben werden transparent festgelegt und sind allen relevanten Personen bekannt.

Rollenfähigkeit: Alle Erwartungen an eine Rolle sind klar über Ergebnisse definiert, Rollen sind ausreichend differenziert und abgegrenzt und allen am Prozess Beteiligten bekannt.

> Governance bedeutet nicht, etwas stumpf umzusetzen, sondern auch immer wieder zu reflektieren: Passt es noch?

Auf der **Ebene der Führung** werden die Ebenen darunter gepflegt, reflektiert und weiterentwickelt. Dieses ist die Schnittmenge zwischen Organisation und den Menschen in der Organisation. Hier muss ich als Berater im Workshop immer wieder diese unteren Stufen in die **Governance** der Führung überführen, schauen, ob diese noch passen, ob sie eingehalten werden, eventuell nachsteuern und auch hinterfragen, ob das Modell eventuell nachgearbeitet und weiterentwickelt werden muss.

Auf der anderen Seite ist es natürlich Aufgabe der Führung, die Mitarbeiter zu steuern, zu entscheiden, wo diese eingesetzt werden sowie deren weitere Qualifikation, denn sie bewegen sich ständig in einem sprichwörtlichen Spannungsfeld dessen, was in der Organisation gefordert wird und was ihre persönlichen Talente und Vorlieben sind.

In dieser Ebene ist der Übergang von dem unteren rechten Quadranten in die oberen Quadranten.

Die Capabilities der Ebene »Führung und Governance« sind:

Führungsfähigkeit: Führungskräfte managen das operative Tagesgeschäft und entwickeln ihre Mitarbeiter, die Organisation sowie sich selbst angemessen weiter.

Governance-Fähigkeit: Führungskräfte sorgen aktiv dafür, dass die Ebenen 1–3 im Alltag eingehalten, kontinuierlich reflektiert und konsequent weiterentwickelt werden.

Entwicklungsfähigkeit: Führungskräfte sorgen aktiv dafür, dass sich die Organisation gezielt in Richtung effektive und effiziente Zusammenarbeit entwickelt, insbesondere auch in Richtung der bewusst festgelegten Elemente in den Ebenen 1–3.

In der nächsten Ebene geht es um die **Passung von Rolle und Person**. Passen die Werte, die Denk-, Fühl- und Verhaltensweisen (und die Fähigkeiten) des Mitarbeiters eher gut zu der Rolle, die ich besetzen möchte oder eher schlecht? Sollten sie schlecht passen, braucht der Mitarbeiter beispielsweise einen sehr hohen Energieaufwand, um diese Rolle professionell auszuleben. So kann dieser schnell in einen Burn-out hineinlaufen, wenn das der Führungskraft nicht bekannt ist. Auf der anderen Seite lässt sich dieses auch nachschulen, wenn der Mitarbeiter dazu bereit (und fähig) ist. Dazu muss die verantwortliche Führungskraft natürlich auch erst den Mitarbeiter fragen, welche Fähigkeiten er noch benötigt, um optimal seine Themen erledigen zu können – oder um auch schneller, flexibler werden zu können. Es ist Teil von Führung, hier zu schauen, wie man nun Fähigkeiten und Persönlichkeit besetzt.

Die Capabilities der Ebene »Passung Mitarbeiter und Rolle« sind:

Handlungsfähigkeit: Jeder Mitarbeiter verfügt über die grundlegenden fachlichen, persönlichen und emotional-sozialen Fähigkeiten, die von ihm verantworteten Ergebnisse in hoher Ergebnisqualität zu erbringen.

Kommunikationsfähigkeit: Jeder Mitarbeiter ist in der Lage, die relevanten Kunden und Partner der von ihm ausgeführten Rolle zu identifizieren und mit ihnen im Hinblick auf die Erreichung festgelegter Ziele zu kooperieren, auch im Konfliktfall.

Besetzungsfähigkeit: Die Besetzung der Rollen beachtet, dass Fähigkeiten sowie Denk-, Fühl-, Verhaltensweisen und Werte eines Mitarbeiters angemessen zu den Erfordernissen der durch ihn besetzten Rollen passen.

In der vorletzten Ebene geht es um die **Methodenkompetenz** individueller Personen. Sobald aus der vorherigen Stufe die Passung von Person und Rolle vorhanden ist, geht es darum, die Kompetenz der Menschen mithilfe von Methoden entsprechend auszubauen. Dieser Methodenkoffer sorgt dafür, dass hinsichtlich der Situation immer die Methoden »herausgezogen« werden können, die am effizientesten und am effektivsten dazu führen, dass die Aufgaben bewältigt und die abgesprochenen Ergebnisse erreicht werden. Bildlich kann man sich das sehr gut so vorstellen: Wer eine hohe Methodenkompetenz hat, besitzt auch einen **gut gefüllten Methodenkoffer** und weiß, wie dieser einzusetzen ist. Das bedeutet, dass selbst sehr herausfordernde Situationen gut gemeistert werden können, die fern des Gewöhnlichen sind.

Die Capabilities der Ebene »Methodenkoffer« sind:

Lernfähigkeit: Jeder Mitarbeiter ist in der Lage, kontinuierlich und zielgerichtet genau die Kompetenzen zu erwerben und zu vertiefen, die er für die Ausführung seiner Rolle benötigt.

Expertenfähigkeit: Jeder Mitarbeiter ist in der Lage, abhängig von der aktuellen Projektsituation die wahrscheinlich effektivsten und effizientesten Methoden zur Erzielung von Ergebnissen bzw. zur Bewältigung der Aufgaben auswählen zu können.

Sobald diese **Pyramide einmal grundsätzlich aufgebaut ist** und in sich richtig lebt (sprich, auch dauernd reflektiert wird), komme ich in eine Ebene der vertikalen Entwicklung, die in dieser Grafik so nicht abgebildet ist. Wenn ich diese vertikale Entwicklung – die Entwicklungsreife – weit genug vorangetrieben habe, dann komme ich in der **Flexibilität** an.[9]

Die Capabilities der Ebene »Flexibilität« sind:

Anpassungsfähigkeit: Die Organisation ist fähig, schnell auf geänderte, äußere Rahmenbedingungen zu reagieren und sich in den unteren Ebenen 1 – 6 hinsichtlich der Veränderungen anzupassen.

Innovationsfähigkeit: Die Organisation kann aus sich selbst heraus kontinuierlich markt- und/oder geschäftsmodellverändernde Innovationen erzeugen, bewerten und aus den gewonnen Erkenntnissen sich in den unteren Ebenen 1 – 6 anpassen.

Trendfähigkeit: Die Organisation befindet sich in engem Austausch mit Ihrem Markt und ist in der Lage, technische, gesellschaftliche und sonstige Änderungen am Markt frühzeitig zu bemerken, darauf zu reagieren und mitzugestalten.

Die Ebenen der Pyramiden bleiben als Prinzip über alle Entwicklungsstufen hinweg. Auch wenn ich postkonventionelle Führungsmodelle einführe oder Hierarchien straffe, bleiben die Stufen als Prinzip bestehen, denn wir haben Ziele, die wir erledigen müssen. Wer erreicht die Ziele? Sind wir mit den richtigen Zielen unterwegs? Haben wir die richtigen Leute zugewiesen? Haben sie die Fähigkeiten, die sie brauchen? Die Fragen sind die gleichen.

---

[9] Flexibilität hieß früher übrigens mal kontextabhängige Ergebnisorientierung. Das heißt, immer wieder zu sehen: Okay, das sind Grundprinzipien, auf denen ich aufsetze. Wie passt das zu meinem Kontext? Was ändert sich im Kontext? Was ändert sich hier? Wie ist das Zusammenspiel? Und wie ändert sich das im Zeitverlauf, im Kontinuum? Also, wie ist meine Situation im Kontext und im Kontinuum?

Integrale Organisationsentwicklung ist eben nicht, »ich bin Experte und sage euch, wie es geht«. Vielmehr werden Menschen hier mit der Fleximity-Pyramide zu einem eigenen Auseinandersetzungsprozess »gezwungen«. Um dann gegebenenfalls aufgrund der höheren Komplexität, die sie nun sehen, Zusammenhänge so zu übersetzen, dass sie es wieder verstoffwechseln können. Und dass man es hier mit eindenken kann. Sie werden nicht nur dazu geführt, operativ ihre Ziele auszuformulieren, sondern genauso dazu, darüber nachzudenken, welche Mitarbeiter eher dagegen sind oder welche möglicherweise etwas verlieren wollen. Nun ist es an ihnen, den Mitarbeitern zu helfen, dass sie zumindest in einem Workshop, wie in einem Zustand, von einer späteren Ebene aus reflektieren. Und dann muss ich als Berater mein eigenes Gewahrsein, meine Bewusstheit zur Verfügung stellen und gnadenlos die Welt des anderen akzeptieren und immer wieder dahin »herunterübersetzen«. »Hinaufübersetzen« kann ich eben nicht. Wieder ein Grund, warum ich als Berater mindestens die Komplexitätsstufe haben sollte wie mein Kunde.

Fleximity führt aus meiner Sicht in Richtung einer **Roadmap**, die aufzeigt, welche Ziele wir in welcher Reihenfolge erreichen müssen und welche Anhängigkeiten es dort gibt. Und damit bin ich wieder in der Change-Architektur. Dann habe ich meine Change-Landkarte auf der obersten Ebene ein wenig weiter herunterdifferenziert, mit so etwas wie einem Plan mit einzelnen Interventionen darauf. Daraufhin kann ich wieder die einzelnen Interventionen planen. Dann passiert das echte Leben.

Organisationseinheiten-Canvas

Das Organisationseinheiten-Canvas ist ein Hilfsmittel für einen intensiven Klärungsprozess. Darüber hinaus kann man das Canvas auch direkt als Dokumentation nutzen.

Unabhängig von der Entwicklungsstufe einer Organisation ist also Klarheit in der Struktur notwendig. Auch in postkonventionellen Organisationen, wo fluide, also sich ständig anpassende, Strukturen gelebt werden, ist eine Klarheit im Augenblick notwendig.

Mithilfe des Organisationseinheiten-Canvas können im Alltag ganz praktisch relevante Fragen beantwortet werden:

- Wer ist für was zuständig?
- Welches Ergebnis wird produziert?
- Mit wem wird wie zusammengearbeitet?

Je nach Entwicklungsstufe des Unternehmens kann ich als Berater das Organisationseinheiten-Canvas unterschiedlich einsetzen:

- zur Bewusstwerdung real gelebter Strukturen,
- zur Reflexion gelebter oder geplanter Strukturen,
- zum Organisationsdesign,

- zur Aushandlung von Prozessen und Abläufen,
- zur kokreativen Gestaltung einer Organisation.

Das Organisationseinheiten-Canvas fokussiert zunächst auf acht relevante Felder:

1. Stakeholder
2. Erwartete Ergebnisse
3. Wertbeitrag
4. Schlüsselaufgaben
5. Partner
6. Schnittstellen
7. Fähigkeiten
8. Reporting

Die Felder im Einzelnen

Stakeholder

Jedes System hat eine Umwelt, die das Überleben sichert. In Organisationen sind das die Stakeholder, denn wenn diese nicht zufriedengestellt werden können, wird der Nutzen der Organisationseinheit meist nicht gesehen, was logischerweise zu Schwierigkeiten führt. Wer sind also die Abnehmer der Leistung meiner Organisationseinheit? Für wen will ich was tun? Wer hat Erwartungen an mich? Wer nimmt meine Leistungen ab? Wer ist derjenige, der Erwartungen an mich hat, der Ergebnisse haben möchte? Das können intern andere Organisationseinheiten sein ebenso wie die Kunden außerhalb der Organisation.

Erwartete Ergebnisse

Was als Ergebnis erwartet wird, sollte am besten mit den Stakeholdern vereinbart werden. Ist es ein Dokument? Eine Empfehlung? Eine Software? Ein Produktionsgut? Ein Teil, das der Stakeholder wiederum woanders einbaut? Zu produzierende konkrete Ergebnisse zu definieren, ist oft schwer und wird häufig überabstrahiert oder überdetailliert. Hier hilft nur üben, um das richtige Niveau zu finden. Eine klare Ergebnisdefinition ist essenziell, denn damit schafft man Orientierung und ermöglicht die eigene Fokussierung. Übrigens: Ein Ergebnis ohne Stakeholder ist ein Problem und meistens eine überflüssige Arbeit!

In einer Organisation mit einem gesunden orangenen Schwerpunkt, kann man in einem Workshop erst individuell Teil-Ergebnisse sammeln lassen und diese dann in der Gruppe in eine Reihenfolge bringen lassen. Für das Organisationsdesign kann man jetzt überlegen, welche Teil-Ergebnisse sinnvoll in einer Organisationseinheit erstellt werden. Die weitere Ausdetaillierung sollte dann individuell und eventuell sogar ausserhalb eines Workshops erfolgen. In einer reiferen Organisation, also ab grün, könnte die weitere Ausarbeitung auch sehr gut kooperativ in einer Gesamtgruppe erfolgen.

7 Pragmatische Werkzeuge

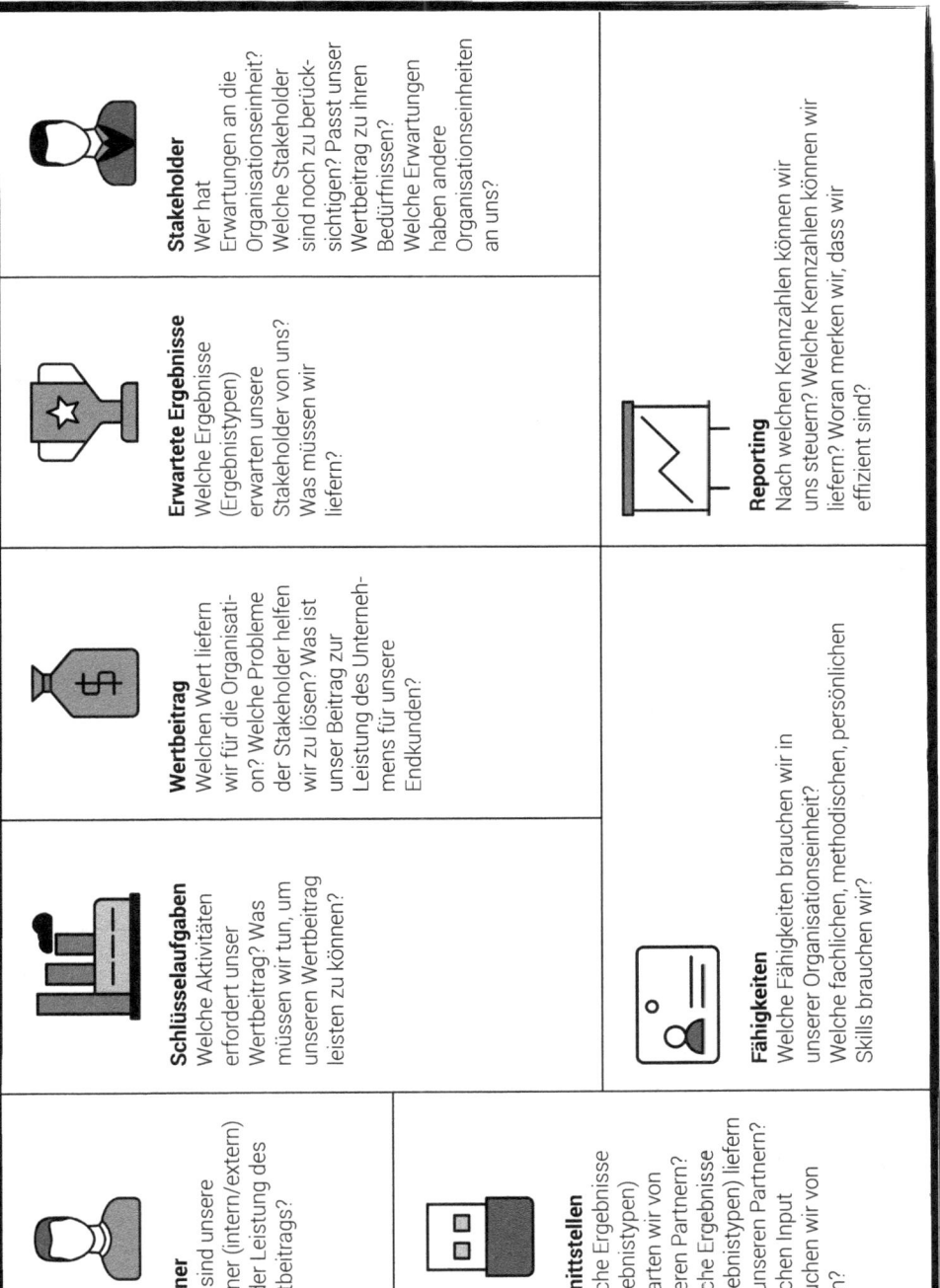

Abb. 7.2: Organisationseinheiten-Canvas

Partner (4)
Wer sind die Partner, die bei Erstellen des Ergebnisses und somit bei Erbringung des Wertes Bestandteil einer Wertschöpfungskette sind und somit notwendig?

Schlüsselaufgaben (4)
Was muss konkret in der OE getan werden, um die Ergebnisse zu produzieren und den Wertbeitrag wirklich zur Verfügung zu stellen? Das ist eine erste grobe Vorsortierung der Aufgaben innerhalb einer OE, die dann durch verschiedene Rollen durchgeführt werden. Beim Füllen dieses Felds direkt an Kooperation und Wertschöpfungskette denken, daher mit Partner und Schnittstellen zusammen ausfüllen.

Wertbeitrag (3)
In dieser Fassung ist das OE-Canvas für Organisationen, die maximal reifes Orange/frühes Grün (laut SD) sind. Aber auch darüber hinaus ist diese Frage wertvoll. Was ist der konkrete Wert, der für das Gesamtunternehmen erzielt wird, bzw. der für relevante Stakeholder erbracht wird? Was ist der Sinn der OE, könnte man auch fragen ...

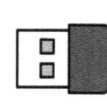

Erwartete Ergebnisse (2)
Am besten vereinbart mit Stakeholdern. Konkrete Ergebnisse, die produziert werden zu definieren, ist oft schwer und wird häufig überabstrahiert oder überdetailliert. Hier hilft nur üben, um das richtige Niveau zu finden. Klare Ergebnisdefinition ist essenziell, denn das gibt Orientierung und ermöglicht die eigene Fokussierung. Übrigens: Ein Ergebnis ohne Stakeholder ist ein Problem ....:)

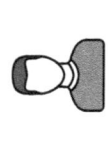

Stakeholder (1)
Jedes System hat eine Umwelt, die das Überleben sichert. In Organisationen sind das die Stakeholder, denn wenn diese nicht zufriedengestellt werden, dann wird der Nutzen der Organisationseinheit oft nicht gesehen. Das sorgt für Schwierigkeiten. Wer ist also der Abnehmer der Leistungen meiner OE?

Schnittstellen (4)
An Schnittstellen mit Partnern sind explizite Vereinbarungen zur Zusammenarbeit besonders wichtig. Daher hier möglichst konkret werden. Gibt es passende Vorlagen, sind diese praktikabel und können alle beteiligten Personen die Vorlagen auch ausfüllen bzw. lesen und verstehen.

Fähigkeiten (6)
Ja, dieses Feld ist sehr klein. Es geht nicht um jede einzelne Fähigkeit, aber was sind größere Funktionsbausteine, z. B. SAP-Architektur oder IT-Anforderungsanalyse?

Reporting (5)
In vielen Organisationen wird ausschließlich intuitiv geführt. Es ist aber oftmals sehr sinnvoll, den intuitiven Entscheidungs- und Führungsprozess auch mit Kennzahlen zu unterstützen. Die Definition der Kennzahlen, die wirklich zur Steuerung und Prioritätensetzung innerhalb der Organisation dienen, ist schwierig.

Abb. 7.3: Sinnvolle Fragen im Organisationseinheiten-Canvas

Wertbeitrag

Was ist der konkrete Wert, der für das Gesamtunternehmen erzielt wird bzw. der für relevante Stakeholder erbracht wird? Im übergeordneten Sinn könnte man auch fragen: Was ist der Sinn der Organisationseinheit? Wahrscheinlich sind hier in postkonventionellen Organisationen sinnbetonte Wertbeiträge zu erwarten. Man sollte gerade in Grün darauf achten, dass nicht nur Kuschel-Wertbeiträge geleistet werden, sondern auch in Euro oder ein Sachbeitrag – siehe Meta Capital.

Sobald die Ergebnisse definiert sind, geht es in diesem Feld im Grunde genommen einen Schritt zurück, wenn nach der Bedeutung des Ergebnisses und damit dem Wertbeitrag für das gesamte Unternehmen gefragt wird. Bereits hier wird begonnen, zu optimieren – indem all das entfernt wird, was nichts dazu beiträgt, wodurch eine Qualitätssicherung gegenüber erwarteten Ergebnissen erreicht wird. Und man schaut von hier aus auf das Gesamtunternehmen. Wird das nicht getan, besteht das Problem, dass man in der gesamten Wertschöpfungskette nur den Schritt direkt vor sich sieht. So ist man bereits hier gezwungen, detaillierter hin und über den Tellerrand zu schauen und konsequent nach dem Wertbeitrag zu fragen.

Schlüsselaufgaben

Was muss konkret in der Organisationseinheit getan werden, um die erwarteten Ergebnisse zu produzieren und den Wertbeitrag wirklich zur Verfügung zu stellen? Hier findet eine erste grobe Vorsortierung der Aufgaben innerhalb einer Organisationseinheit statt, die dann durch verschiedene Rollen durchgeführt werden.

Gerade in Organisationen oder bei Teilnehmern mit eher frühem konventionellen Schwerpunkt muss hier sehr konkret an die Alltagsrealität angedockt werden, um ein zu hohes Abstraktionsniveau zu vermeiden: Was tust Du genau, um das Ergebnis »x« zu liefern?

Die meisten Unternehmen fangen mit der Aufgabe an und dann wird geschaut, welche Ergebnisse eigentlich produziert werden. Das ist aber genau der falsche Weg. Denn mit diesem Ansatz folgt man einer gewissen operativen Nabelschau. Das Resultat ist, dass im Unternehmen entweder nie über die Ergebnisse und somit die Erwartung der Stakeholder nachgedacht wird oder man eben gar nicht den Perspektivwechsel zum Stakeholder macht. Damit fehlt genau das, was den Erfolg des Unternehmens definiert.

> Der Beginn mit den Ergebnissen statt den Aufgaben trägt dazu bei, die Kundenperspektive zu berücksichtigen!

Partner

Stehen die Aufgaben fest, stellt sich die Frage: Wer sind die Partner, die beim Erstellen des Ergebnisses und somit bei der Erbringung des Wertes Bestandteil einer Wertschöpfungskette sind? Wenn ich auf einen Partner angewiesen bin, um mein Ergebnis zu erbringen, muss geklärt sein:

- Wer soll dieser Partner sein?
- Welche Anforderungen habe ich an diesen?

- Wer ist Bestandteil an der Wertschöpfungskette?
- Wie genau sieht die Schnittstelle aus, was sind meine Erwartungen an den Partner?

Schnittstellen

An Schnittstellen mit Partnern sind explizite Vereinbarungen zur Zusammenarbeit besonders wichtig. Daher muss man hier im Unternehmen möglichst konkret werden und sich fragen:

- Welche Schnittstellen haben wir?
- Welche Erwartungen haben wir?
- Was ist das Ergebnis, das wir von dem anderen erwarten?
- Gibt es passende Vorlagen? Sind diese praktikabel und können alle Beteiligten diese auch ausfüllen bzw. lesen und verstehen?

Reporting

In vielen Organisationen wird entweder ausschließlich intuitiv oder ausschließlich kennzahlenbasiert geführt. Beide Ansätze greifen zu kurz, vielmehr muss beides verbunden werden. Für die Verbindung ist das Reporting ein Schlüsselthema. Beispiele für objektive oder objektivierbare Steuer- und Frühwarnparameter sind Stückzahlen, Arbeitszufriedenheit, Krankenstand, Prozessdurchlaufzeiten, Anzahl von Störungen oder Fehlern …

Die Definition der Kennzahlen, die wirklich zur Steuerung und Prioritätensetzung innerhalb der Organisation dienen, ist schwierig und muss direkt an Ziele und Realität der Organisationseinheit ankoppeln. (Achtung: Reporting-Wahn-Gefahr. Fragen Sie sich immer, welcher konkreter Steuerungsimpuls aus der Kennzahl folgt!)

Hier sind die relevanten Fragen:

- Welche Kennzahlen möchten wir erheben?
- Welche Kennzahlen haben wir zur Steuerung, zur Prioritätensetzung bei und in unserer Organisation?
- Wie entscheiden wir, welches Ergebnis wichtiger ist als welches andere Ergebnis?
- Woran merken wir, dass wir effizient sind?
- Wie steuern wir, wenn unsere Kunden mehr haben wollen?

Fähigkeiten

Welche Fähigkeiten und Kompetenzen werden gebraucht, um die Schlüsselaufgaben zu erfüllen, um das Reporting zu bedienen oder seine Partner zu managen? Dieses Feld mag klein sein, jedoch geht es nicht um jede einzelne Fähigkeit, vielmehr um größere Funktionsbausteine – zum Beispiel IT-Anforderungsanalyse, Controlling oder Fertigungssteuerung.

Um ein Organisationseinheiten-Canvas zu füllen, muss man intensiv über seine Organisationseinheit nachdenken. Wenn das mehre Führungskräfte von Organisationseinheiten getan haben, kann man wunderbar die Canvas' nebeneinanderlegen.

Ist eine andere Organisationseinheit Ihr Stakeholder, dann müssten Sie als Partner in der Wertschöpfung auftauchen und ebenso Schnittstellen definiert sein. Und an einer Schnittstelle müsste definiert sein, was Sie glauben, welches Ergebnis der Schnittstellenpartner von Ihnen erwartet. Über diesen Weg können Sie ganze Unternehmensabläufe simulieren und prüfen.

Durch dieses Übereinanderlegen wird dann deutlich, wo Sie beide sich missverstanden haben, wo noch Abstimmungsbedarf besteht oder welche Lücken es noch gibt.

Das Rollen-Canvas

Das Rollen-Canvas hilft bei der Klärung, Definition und Reflexion von Rollen. Sowohl wenn man jemandem eine Rolle übertragen möchte, als auch wenn man eine Rolle übernimmt, ist das Rollen-Canvas eine sehr praktische Hilfestellung.

Der Aufbau des Rollen-Canvas ähnelt dem Aufbau des Organisationseinheiten-Canvas.

Als Erstes ist es wichtig zu schauen, welche Art von Rolle definiert werden soll: Handelt es sich um eine Linienfunktion, eine Organisationsrolle? Meine Erwartungen an einen Abteilungsleiter? Meine Erwartung an den Abteilungsleiter für Abteilung X? Oder definiere ich gerade die Expertenrolle, die Fachrolle? Allein diese Unterscheidung ist schon einmal sehr wertvoll unter Berücksichtigung der Rollenwelten.

Mit der Rollenkenntnis kann ich die Rolle und die Erwartungen an sie vollständig definieren. Aus genau diesem Grund beginnt das Rollen-Canvas mit dem **Kontext der Rolle** als erstes zu füllendes Feld.

Was ist der Auftrag dieser Rolle? Was ist das Übergeordnete dieser Rollen? Ist das eine Rolle, die im Projekt verortet ist? Ist das eine Rolle, die in der Linie ist? Sind wir in der Matrixorganisation? Und was ist das überhaupt? Dieses ist sozusagen der erste Ansatzpunkt. Irgendjemand oder irgendeine Gruppe von Menschen hält es für sinnvoll, dass man dort eine Rolle bräuchte. Hinsichtlich des Auftraggebers Führungskraft kann die Frage nach dem Kontext wesentlich sein. In der Unternehmenskultur geht es um übergeordnete Ziele und Nutzen sowie Sinn der Rolle. Auch hier gilt konsequent die gleiche Denkweise, dass es ein System, ein Subsystem oder wie hier eine Rolle überhaupt gibt, weil sie irgendeinen Nutzen beziehungsweise einen Mehrwert für den Kontext erbringt.

Das heißt, die erste Frage ist: Wer oder was ist der Kontext? Sprich, wer sind die **Stakeholder**? Also welche Personen haben eine Erwartung an mich? Diese sammle ich. Genauso wie beim Organisationseinheiten-Canvas.

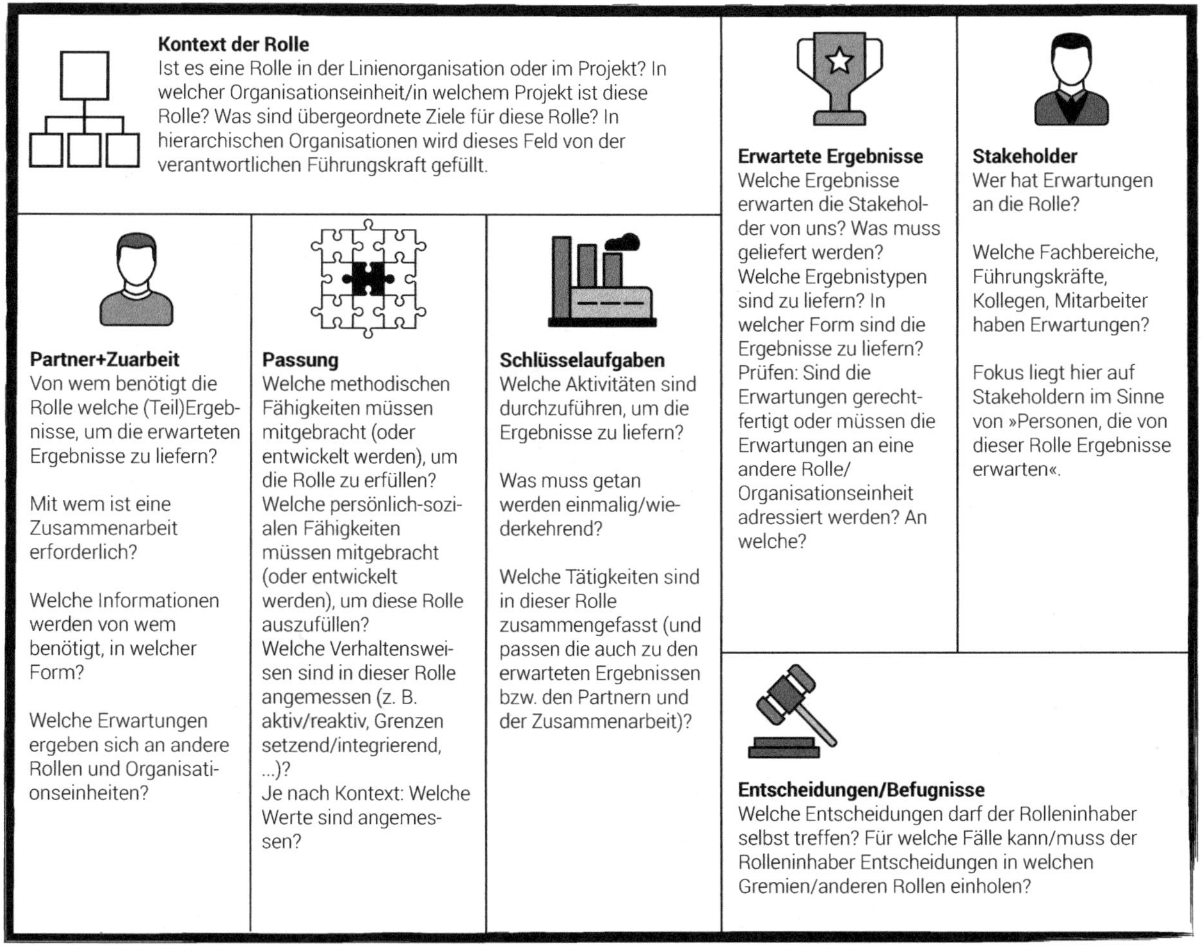

Kontext der Rolle

Ist es eine Rolle in der Linienorganisation oder im Projekt? In welcher Organisationseinheit/in welchem Projekt ist diese Rolle? Was sind übergeordnete Ziele für diese Rolle? In hierarchischen Organisationen wird dieses Feld von der verantwortlichen Führungskraft gefüllt.

Partner+Zuarbeit

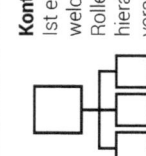

Von wem benötigt die Rolle welche (Teil)Ergebnisse, um die erwarteten Ergebnisse zu liefern?

Mit wem ist eine Zusammenarbeit erforderlich?

Welche Informationen werden von wem benötigt, in welcher Form?

Welche Erwartungen ergeben sich an andere Rollen und Organisationseinheiten?

Passung

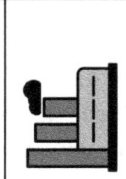

Welche methodischen Fähigkeiten müssen mitgebracht (oder entwickelt werden), um die Rolle zu erfüllen?

Welche persönlich-sozialen Fähigkeiten müssen mitgebracht (oder entwickelt werden), um diese Rolle auszufüllen?

Welche Verhaltensweisen sind in dieser Rolle angemessen (z. B. aktiv/reaktiv, Grenzen setzend/integrierend, …)?

Je nach Kontext: Welche Werte sind angemessen?

Schlüsselaufgaben

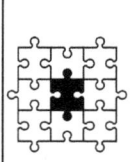

Welche Aktivitäten sind durchzuführen, um die Ergebnisse zu liefern?

Was muss getan werden einmalig/wiederkehrend?

Welche Tätigkeiten sind in dieser Rolle zusammengefasst (und passen die auch zu den erwarteten Ergebnissen bzw. den Partnern und der Zusammenarbeit)?

Erwartete Ergebnisse

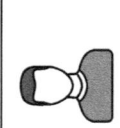

Welche Ergebnisse erwarten die Stakeholder von uns? Was muss geliefert werden?

Welche Ergebnistypen sind zu liefern? In welcher Form sind die Ergebnisse zu liefern?

Prüfen: Sind die Erwartungen gerechtfertigt oder müssen die Erwartungen an eine andere Rolle/Organisationseinheit adressiert werden? An welche?

Stakeholder

Wer hat Erwartungen an die Rolle?

Welche Fachbereiche, Führungskräfte, Kollegen, Mitarbeiter haben Erwartungen?

Fokus liegt hier auf Stakeholdern im Sinne von »Personen, die von dieser Rolle Ergebnisse erwarten«.

Entscheidungen/Befugnisse

Welche Entscheidungen darf der Rolleninhaber selbst treffen? Für welche Fälle kann/muss der Rolleninhaber Entscheidungen in welchen Gremien/anderen Rollen einholen?

Abb. 7.4: Sinnvolle Fragen im Rollen-Canvas

7 Pragmatische Werkzeuge

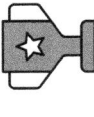

Kontext der Rolle (1)
Je nach Organisationsform wird dieses Feld von der verantwortlichen Führungskraft bzw. dem Auftraggeber ausgefüllt. Dabei sollte das auch schon entsprechend abgestimmt sein. Alternativ wird dieses Feld in einem strukturierten Prozess von einem Team erarbeitet. Je nach Unternehmenskultur geht es um übergeordnete Ziele, Nutzen, Sinn der Rolle.

Erwartete Ergebnisse (3)
Wer erwartet was/welche Ergebnisse, ist eine der Schlüsselfragen. Aus Sicht der OE ist die Rolle »die Summe aller Erwartungen an eine Funktion«. Daher sollte die Ergebnisse gut geklärt sein, idealerweise sehr konkret und messbar.
Hilfreich könnten Fragen sein wie: Woran würde wer merken, dass dieses Ergebnis wirklich vorliegt?

Stakeholder (2)
Hier liegt der Fokus auf den Personen, die Abnehmer einer Leistung sind. Partner sind natürlich auch Stakeholder, haben aber ein eigenes Feld. Das muss man nicht übertreiben stark beachten.
Eine Orientierung an einer Wertkette ist hier ggf. hilfreich. Stakeholder möglichst konkret machen.

Partner+Zuarbeit (4)
In diesem Feld geht es um die Kooperationsprozesse, die für den Rolleninhaber zwingend notwendig sind, um die erwarteten Ergebnisse zu produzieren.
Wenn hier erneut Personen/Rollen auftauchen, die auch bereits Stakeholder sind, ist genau zu prüfen, ob sich das nicht über die erwarteten Ergebnisse gut abbilden lässt. Wenn Stakeholder ebenfalls Ergebnisse liefern und nicht »nur« im Prozess beitragen, dann hier explizit vermerken.

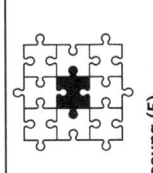

Passung (5)
Hohe Passung bedarf mehr als passende Fähigkeiten. Eine Rolle ist in der Innenperspektive die Einheit angemessener Denk-, Fühl- und Verhaltensweisen sowie der Werte.
Wenn die persönlichen Muster und Werte damit übereinstimmen, ist das eine hohe Passung. Der Energieaufwand, die Rolle authentisch zu leben, ist gering. Also nicht nur Fertigkeiten, sondern auch die psychologische Sicht abbilden.

Schlüsselaufgaben (4)
Hier geht es um Tätigkeiten, die ein Rolleninhaber konkret durchführen muss. Oft werden in Organisationen die Rollen ausschließlich über die Tätigkeit definiert, aus OE-Sicht ungünstig.
Was eine Person wie tut, um Ergebnisse zu erzielen, kann der Rolleninhaber selbst definieren. Dabei sind ggf. Austimmungen notwendig. Idealerweise wird das in der Abwägung mit Feld »Partner + Zusammenarbeit« geführt.

Entscheidungen/Befugnisse (6)
Die Frage von Entscheidungsprozessen und Machtverteilung ist in Unternehmen immer besonders relevant. Daher lohnt es sich, auch bei der einzelnen Rolle dieses Thema explizit zu vereinbaren.

Abb. 7.5: Idealtypischer Ablauf und Hinweis für das Rollen-Canvas

Konsequente Orientierung an den Ergebnissen für den Stakeholder, also an der Daseinsberechtigung dieser Rolle, ist ein Schlüsselfaktor.

Im nächsten Schritt definiert man die **Erwartungen** der Stakeholder, also die **Ergebnisse**, die diese erwarten. Im Äußersten befragt man die Stakeholder dazu, denn man muss sich nicht immer alles nur selbst ausdenken: Welche Erwartungen habt ihr an uns oder an diese Rolle? Dieses sammle ich, um es im Anschluss mit der Führungskraft, mit meinem Kunden zu klären. Vielleicht sogar auch mit den Kunden draußen. An dieser Stelle kann man auch über die Art und Weise nachdenken, wie das Ergebnis gebracht werden soll. Im Sinne einer postkonventionellen Organisation könnten hier Erwartungen an Kooperation definiert werden. Wichtig ist hier, dass man wirklich konkret wird. Die große Gefahr wäre hier wie überall Überdetaillierung.

Der nächste Schritt ist die Überlegung nach den **Schlüsselaufgaben**. Was ist alles zu tun, um dieses Ergebnis zu erbringen? Was muss einmalig, was möglicherweise auch wiederkehrend getan werden? Welche Tätigkeiten sind in dieser Rolle zusammengefasst und passen diese auch zu den erwarteten Ergebnissen beziehungsweise den Partnern und der Zusammenarbeit?

Auf gleicher Stufe in der Abfolge – und deswegen sind beide Felder auch mit einer Vier gekennzeichnet – erfolgt die Reflexion über **Partner und Zusammenarbeit**. Ich muss diese in einer Gesamtheit mit den Schlüsselaufgaben sehen. Kann ich das Ergebnis komplett erbringen? Müssen mir andere Leute zuarbeiten? Wie sieht dort das Abhängigkeitsgeflecht aus? Sprich, was ist alles zu tun, um dieses Teilergebnis zu erbringen, welches hier erwartet wird? Und da sieht man schon, dass es übergeordnete Rollen geben kann, die man dann gegebenenfalls weiter differenzieren muss. (Achtung vor übertrieben kleinteiligen Rollen, die helfen auch nicht!)

In diesem Zusammenhang möchte ich auf die Rollen hinweisen, die primär Schnittstellenfunktionen abbilden. Manchmal wird dann als Ergebnis Koordination genannt. Das ist aber eine Aktivität. Was ist genau das Ergebnis, was ich von der Schnittstellenrolle erwarte. Das könnten Rückmeldungen sein, Statusmeldungen oder ein Werkstück. Hier geht es also wirklich um Verantwortung und nicht nur Zuständigkeit, denn ich fühle mich auch dem Ergebnis gegenüber verpflichtet. In Fleximity heißt die Ebene »Rollen: Erwartungen und Verantwortung«. Habe ich wirklich die Verantwortung dafür übernommen? Antworte ich auf das, was Leute erwarten?

Als Nächstes habe ich die Frage nach der **Passung**. Also die Frage danach, welche Denk-, Fühl- und Verhaltensweisen sowie Werte hier angemessen sind. Wo ich dann schauen kann, welche Person das gut ausfüllen kann. Wo ich weiß, wer was von mir erwartet und wie ich dieses mit wem erbringen möchte. Dann denke ich über die Passform nach. Sprich, mit welchen Denk-, Fühl-, Verhaltensweisen und Werten fülle ich diese Rolle aus? In diesem Feld ist immer noch einmal richtig Musik drin. Habe ich nun sozusagen die Gesamtschau, kommt die Frage: Welche **Entscheidungen und Befugnisse** sind hier wirklich in dieser Rolle verankert? Wo kann ich selbst etwas entscheiden? Wo muss ich möglicherweise noch andere fragen? Wo muss ich vielleicht durch ein Gremium gehen?

Ein Klassiker-Beispiel: Gruppenleiter dürfen bis zur Wertgrenze 100 000 Euro bestellen, Abteilungsleiter entsprechend mehr. Das wäre so eine Frage von: Welche Befugnisse habe ich eigentlich? Als anderes Beispiel ein Architekt: Darf ich über die Architektur alleine entscheiden? Darf ich das hinsichtlich Kosten nur im Rahmen bestimmter Auswirkungen? Muss ich dafür in ein Gremium gehen?

An diesem Feld sieht man dann auch die Bedeutung der Rolle. Und wie viel Macht und Befugnis auch wirklich an diese Rolle von der Organisation delegiert wird. Das ist aber auch spannend, denn da muss man Menschen die Erlaubnis geben, dass sie auch genau das entscheiden dürfen. Eventuell muss man sie noch dorthin trainieren, dass sie es auch tun.

Kooperatives Workshop-Design

Bei der Gestaltung eines kooperativen Workshops ist die Anpassung an die Vorerfahrung mit solchen Methoden und Vorgehensweisen essenziell. Die meisten Menschen haben in Organisationen das Bedürfnis, zielgerichtet zusammenzuarbeiten. Es gibt aber oft Vorbehalte, dass dies auch wirklich effizient ist. Viele der Techniken stammen aus agilen Methoden. Ob das Wort »agil« eher zu einer Akzeptanz oder zu einer Ablehnung der Methoden im Vorfeld führt, ist kulturspezifisch. Daher sind die gewählten Begriffe nicht beliebig, sondern sprachlich anzupassen. Dabei gilt es, durchgängig alle verwendeten Begriffe zu reflektieren und dann konsequent zu verwenden. Beispiel: Backlog – To-dos – Arbeitsvorrat … alle Begriffe würden funktionieren. Welcher am wenigsten Abwehr hervorruft, ist zu wählen.

Im Rahmen von Organisationsentwicklung sind wir als Berater häufig mit der Situation konfrontiert, dass wir irgendetwas vorantreiben und entwickeln müssen. Dieses kann ein fachliches Thema, ein Organisationsthema oder ein Thema auf Meta-Ebene sein. Wo wir auch gefordert sind, als Moderator hineinzugehen. Dabei ist es wichtig, darauf zu achten, dass wir den gesamten Prozess gleich so gestalten, dass er ein Modell-Lernen ermöglicht. Das bedeutet: Das, was wir tun, in dieser Art und Weise, ist genau das, was wir vorantreiben wollen.

Ausgehend von dem Gedanken einer integralen Organisationsentwicklung versuche ich wieder, die drei Grunderfahrungen zu ermöglichen:

- Wie sorge ich für Wachstum?
- Wie sorge ich für Verbundenheit?
- Wie sorge für einen Raum?

Bezugnehmend auf die vorhergehenden Kapitel beginne ich, damit eine Orientierung zu schaffen – womit ich dann meinen Workshop gestalten kann. Somit muss ich als Erstes klären: Was ist eigentlich das Ziel? Was soll das Ergebnis sein am Ende dieses Workshops? Was soll dabei herauskommen? (Ist das ein Quelltext? Ist das ein Dokument? Wie soll das Dokument aussehen?)

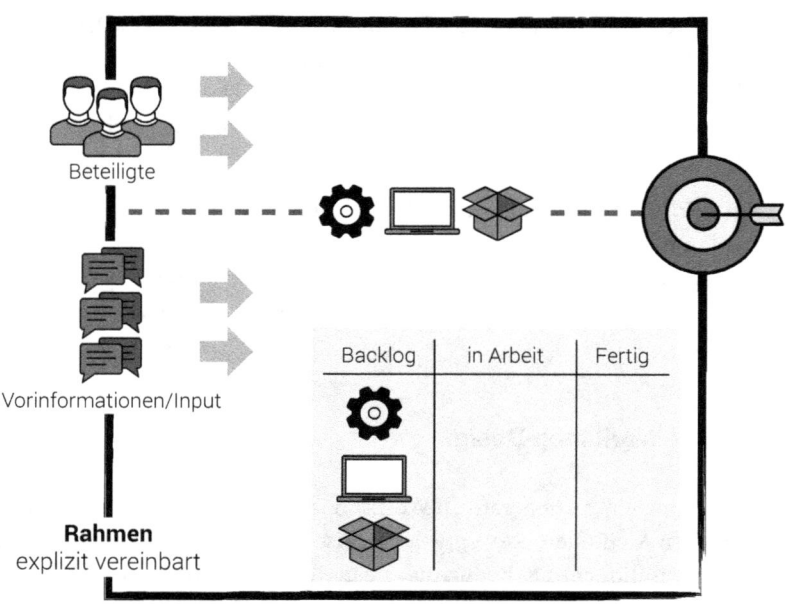

Abb. 7.6: Kooperatives Workshop-Design

Hierbei achte ich darauf, möglichst einen guten Rahmen zu haben, in den die Leute hineinarbeiten können. Je nachdem wie reif die Organisation ist – auch in Selbstorganisation –, muss ich die Ergebnistypen stärker vorgeben oder kann sie erarbeiten. So kann ich auch einen Vor-Workshop machen nach dem gleichen Prinzip.

In der Organisation muss ich schauen, mit wem ich das kläre. Wer ist also der Auftraggeber dafür? Wer sind die relevanten Stakeholder, um sicherzustellen, dass ich das richtige Ziel erfasst habe? Auch deren Perspektive muss ich in dem Workshop einholen. Wie mache ich das? Mögliche Wege wären über ein Interview, Leitlinien, Rahmenbedingungen oder was auch immer dort gerade angemessen ist. Zusätzlich habe ich meistens noch Vorinformationen, die in Form von Dokumenten, Entscheidungen, Daten oder Ähnlichem vorliegen, die ebenso berücksichtigt werden müssen. Hier stellt sich die Frage danach, wie ich diese so mit einbinden kann, dass sie zum passenden Zeitpunkt vorliegen und wir alle Informationen in diesem Raum haben, die man braucht. Wie schaffe ich die gemeinsame Informationsbasis, dass wir alle gut arbeiten können?

Als Nächstes muss ich mir überlegen: Welche Aktivitäten sind auf dem Weg zur Zielerreichung zu tun? Manchmal kann man sich das vorher überlegen und komplett durchstrukturieren. Ganz häufig ist es jedoch so, dass es sehr sinnvoll ist, diese mit den Teilnehmern zu erarbeiten.

Das, was ich zur Verfügung stelle, ist ein Rahmen. Ich gestalte einen Raum, in dem ein kooperativer Prozess vorgehen kann, in dem wir uns immer wieder an einem gegebenen Ziel darüber einigen. Vielleicht muss ich das Ziel noch definieren. Aber was sind dann die Rahmenbedingungen dafür? Wie schaffe ich es jetzt, zu einer Arbeitseinheit zu kommen? Wie kriege ich es hin, dass die Menschen auch die Schritte tun müssen – also die Schritte sammeln –, die zu tun sind? Dazu bietet sich an, ein Task-Board zu visualisieren: Wir haben Dinge, die zu tun sind – einen Backlog sozusagen in Anlehnung an agile Arbeitsweisen – und wir haben etwas im Rahmen des Workshops in Arbeit. Außerdem haben wir bereits Dinge erledigt. Man kann da eine relativ einfache Tabelle aufzeichnen und mithilfe von Moderationskarten die ganze Zeit in dem Workshop darüber managen. Auf diese Weise visualisiere ich, was wir wirklich tun und nutze dafür die Kreativität in der Gruppe. Dann kann man ja sehen, was alles im Backlog drin ist, worum wir uns kümmern müssen und was alles zu tun ist. Vielleicht bilden wir auch Kleingruppen, sodass wir mehrere Themen parallel bearbeiten können. Was ist gerade in Arbeit? Wie kommen wir weiter? Als Moderator schaue ich mithilfe dieser Visualisierung immer nur, was der nächste Zeitrahmen ist, die nächste Time-Box, die ich vorgebe. (Zwanzig Minuten, halbe Stunde, Stunde? Was braucht ihr an Arbeitsmaterial? Habt ihr selbst eine Idee? Oder ich gebe eine Idee rein?)

Das bedeutet, ich schaffe nur noch einen Rahmen, in dem die Leute dann möglichst viel selbst erarbeiten können – vom Weg her, aber dann auch von dem, was zu tun ist, wie viel ich vorgeben muss, wie nah ich das Ziel setzen muss oder wie offen und wie weitläufig ich das Ziel setzen kann. Wie wenig ich vorgeben muss, ist eine Frage von Entwicklungsgrad der Organisation und dergleichen mehr.

Ganz operativ sitze ich dann natürlich immer mal wieder vor dem Problem, wie ich nun innerhalb kurzer Zeit viele Perspektiven gut einsortiert bekomme. Dazu ein paar ganz wichtige Moderationshinweise:

Brainwriting

Eine ganz klassische Methode, in der ich sieben Minuten Zeit bei einer Aufgabenstellung gebe. Ein Beispiel: Das Ziel ist definiert und ich frage die Workshop-Teilnehmer, was nun alles getan werden muss, um das Ziel zu erreichen. Nun schreibt jeder in sieben Minuten seine Ideen einfach herunter. Diese konsolidieren wir dann, in Kleingruppen oder in einer großen Gruppe, je nach Gegebenheit. Auf diese Weise kann ich auch stille Leute einbinden während die aktiveren ein wenig »gedämpft« werden. Wenn ich die Ergebnisse konsolidiere, dann gleich so, dass ich eine Reihenfolge bekomme. Das bedeutet, idealerweise stehen alle Leute um einen großen Tisch und ich bitte den ersten Teilnehmer, seine erste Karte auf den Tisch zu legen und zu erklären, was für ihn dahinter steht und was er glaubt, was zur Zielerreichung getan werden sollte. Dann ist der Nächste dran und verfährt genauso, indem er seine erste Karte auf die legt, die bereits von seinem Vorredner auf den Tisch gelegt wurde. Oder er legt seine unter die bereits liegende Karte und sagt, dass der darauf abgebildete Schritt nach dem vorherigen Schritt kommt. Auf diese Weise hat jeder immer die Möglichkeit, entweder eine eigene Karte hinzulegen oder die Reihenfolge zu ändern. Wichtig ist, dass begründet wird, warum die Karte dort hingelegt wurde und dass genauso begründet wird, warum die eine Karte umsortiert wird. Damit komme ich an den Gedankengang, den die Teilnehmer haben, warum etwas in einer Reihenfolge sein muss. Außerdem schaffe ich darüber explizite Kommunikation über die Grundannahmen, die wir bezüglich der Ziele und des Weges haben. Und dann ist es meine Aufgabe als Berater, dort genau zuzuhören, ob auch gut begründet wird, ob einander zugehört wird oder ob ich eventuell eine Kriterienbildung durchführen muss, weil die Leute alle sehr unterschiedliche Kriterien haben. Muss ich wieder auf das Ziel fokussieren? Was muss ich jetzt tun, um in der Moderation dazu zu führen, dass am Ende des Tages eine eindeutige Reihenfolge herauskommt? Wichtig ist, es dürfen keine Karten nebeneinander liegen, es muss eine eindeutige Reihenfolge dabei rauskommen. Zwei Dinge parallel laufen zu lassen, kann ich in dieser Situation noch nicht tun, sondern erst später, wenn ich in die Arbeit gehe und sehe, dass Dinge unabhängig voneinander sind.

Mit diesem Vorgehen erreiche ich eine relativ schnelle Sammlung von Themen, die ich direkt in einer Reihenfolge habe. Dubletten sollten hier sofort entsorgt werden, da es sonst zu unübersichtlich wird. (Mit Würdigung, dass dieser Punkt eingebracht wurde. Klar.) Ich nehme die Karte, die das Thema am besten beschreibt, lege dieses in das Backlog und habe dann eine relativ einfache Art und Weise, die ich nun abarbeiten muss.

Brainwriting eignet sich jedoch nicht, wenn ich nur eine Stunde Workshop habe. Besser eignet es sich im Rahmen eines Tagesworkshops, denn dort kann ich relativ viel an Verantwortung an die Teilnehmer wieder zurückgeben, was es wiederum der Organisation ermöglicht, zu lernen, wie sie selbst auch solche Prozesse gestalten kann. Hier nutze ich wirklich die Intelligenz der Organisation und komme nicht wieder von außen als Berater und sage: Wir machen das so. Dass ich manchmal natürlich methodische Hinweise hineinbringe, wie man beispielsweise einen Werteprozess oder einen Leitbildprozess macht oder auch Vorschläge von mir kommen, ist eine Frage des Rahmens. Alle Inhalte, die dann kommen, kann ich in ähnlicher Form immer wieder generieren.

Reflexion

Hinweise zur Anwendung

Als Berater sind wir üblicherweise sehr gut in Reflexion geschult. Für die meisten Menschen ist Reflexion gerade in der Hektik des Alltags jedoch kein gut gelernter Mechanismus. Darüber hinaus ist Reflexion auch eine Fähigkeit, die sich mit fortschreitender Stufenentwicklung weiterentwickelt.

Je nach Entwicklungsstufe und Kontext ist erst einmal anzuführen, dass Reflexion sinnvoll ist und jeder prinzipiell reflektieren kann. Bei der Vermittlung und der Erwartung an die Inhalte der Reflexion sind insbesondere die Ich-Entwicklungsstufen zu beachten.

Inhalt

Ein Schlüssel in der Organisationsentwicklung ist, immer wieder aus dem Alltag des Arbeitens auszusteigen und in die Reflexion – die Metaebene – zu gehen. Reflexion ist etwas, was man nicht voraussetzen kann und man zuallererst lernen muss. Die erste Frage in diesem Zusammenhang ist: Was und wie kann ich überhaupt reflektieren?

Dazu ist es hilfreich, verschiedene Informationsfelder bewusst zu nutzen. Zum einen kann ich natürlich mein Denken verwenden, um zu reflektieren, was in der westlichen Kultur am ehesten unter Reflexion verstanden wird. Natürlich kann ich auch das eigene Fühlen und Erleben auf emotionaler Ebene mit hinzunehmen. Dann den Aspekt von Bauchgefühlen, mit dem es sich größtenteils um unbewusstes Wissen handelt und ich mir klarmachen muss, was mir mein Bauch und damit mein Körper sagen will. Ich kann meine Handlung selbst reflektieren. Nützliche grundsätzliche Fragen, die ich mir immer stellen kann, sind beispielsweise die nach dem Ergebnis einer Situation oder ob ich mein Ziel erreicht habe oder ob ich überhaupt ein Ziel hatte. War mir klar, was ich hier erreichen wollte? Und wenn es mir noch nicht klar war, wie habe ich die Orientierung geschaffen – oder auch nicht geschaffen – in diesem Gespräch? Dann habe ich mein Ziel erreicht: Bin ich damit zufrieden? Die zweite und noch spannendere Frage dazu ist: Wie war der Prozess, der stattgefunden hat, also auf welche Art und Weise sind wir zu dem Ergebnis gekommen? Egal ob es gewollt war oder nicht … war das wirklich auf Augenhöhe? Bin ich in ein Muster gefallen? Von welcher Ebene aus habe ich zugehört? All diese Informationen können in die Reflexion mit hineingenommen werden.

> Handlung im Sinne von »intendiertes Verhalten«, also ein Verhalten mit einer bestimmten Zielabsicht.

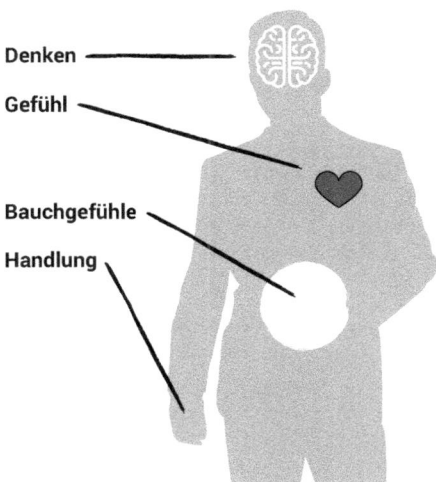

Abb. 7.7: Reflexionsanregungen

Wie ging es mir eigentlich dabei mit mir selbst? Wie habe ich mich gefühlt? Habe ich mich gut und stark gefühlt oder schwach? Wie ging es mir mit anderen, die im Raum waren? Welche Projektionen oder Situationen gab es möglicherweise, wo ich eine Perspektive abgewertet habe oder die Position nicht ganz habe annehmen können? Wie ist es uns denn insgesamt dennoch gelungen, zu diesem Ergebnis zu kommen?

Eine wesentliche Frage am Ende ist: Wie passt das nun zu meiner täglichen Praxis im Sinne von: Was tue ich jeden Tag in meinem Leben? Muss ich etwas anpassen? Erkenne ich da Muster in meinem Verhalten wieder? Sind dieses hilfreiche Muster oder sind es solche, von denen ich zukünftig besser ablassen sollte?

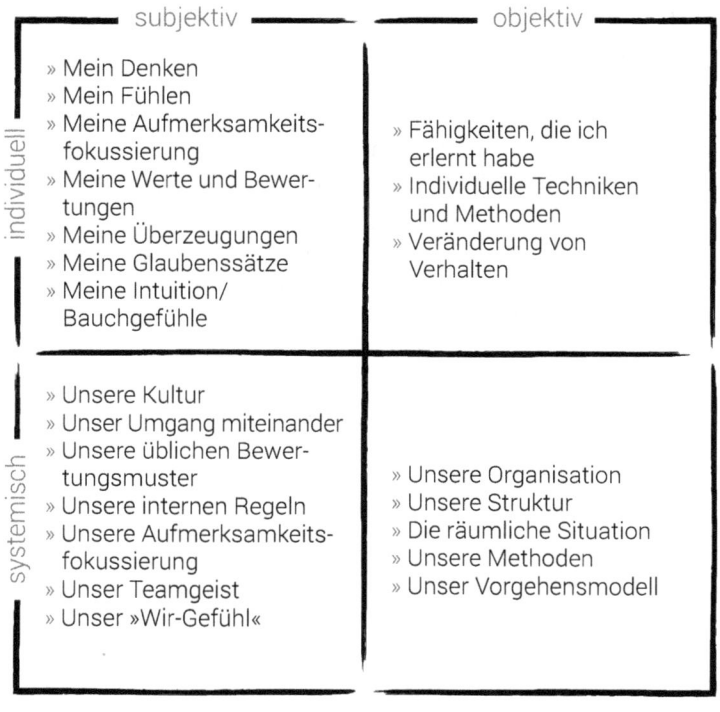

Abb. 7.8: Reflexionsbereiche

Mit dem Quadrantenmodell bekommen wir noch einmal vier Dimensionen der Reflexion:

Der subjektiv-individuelle Quadrant:

- Was ist mein Ich?
- Was war oder ist mein Denken und Fühlen über die Situation?
- Welche Einstellung hatte ich in der Situation / habe ich jetzt zur Situation?
- Was sind meine gedanklichen Modelle, die ich im Hinterkopf habe?
- Wie ist meine Wirklichkeitskonstruktion?
- Was sind meine Werte?

Der objektiv-individuelle Quadrant:

- Wie war denn mein Verhalten wirklich?
- Was war die Wortwahl, die ich genutzt habe?
- Was war die Körpersprache?
- Welche Ergebnisse und Ergebnistypen habe ich definiert?

Der systemisch-subjektive Quadrant:

- Was ist der innere Kontext?
- Was ist die Kultur, die wir haben und die auch eine Hintergrundfolie für dieses Gespräch war?
- Was sind die Denk-, Fühl- und Verhaltensmuster, die hier gekommen sind?
- Wie passt das zu unserem gelebten Leitbild, zu dem Umgang, den wir miteinander haben wollen? (Vielleicht zu Führungswerten, Führungsverständnis?)

Der systemisch-objektive Quadrant:

- In welchen Rollen waren wir unterwegs?
- Was sind die Regeln?
- Wie haben wir zueinander gesessen?

Dieses sind Reflexionsbereiche, damit ich in der Situation nicht immer nur über mich nachdenke, sondern auch den Kontext mit einbeziehe. Es geht nicht darum zu fragen, was wir falsch gemacht haben, denn es gibt Dinge, die in unserem Einflussbereich sind und andere liegen in unserem Interessensbereich. An einigen Stellen kommen wir einfach an Grenzen. Und wenn wir etwas ausprobiert haben – das ist ganz wichtig für Experimente –, kann es auch sein, dass ich etwas ausprobiere, weil ich es möglicherweise noch nicht kann.

Wenn ich beispielsweise eine neue Methode ausprobiere und diese funktioniert nicht, kann das an vielen Dingen liegen: Vielleicht habe ich die Leute nicht genug für die Methode vorbereitet. Vielleicht habe ich die neue Methode einfach falsch eingesetzt. Vielleicht passten meine Denk-, Fühl- und Verhaltensweisen nicht zu dieser Methode. Der sinnvolle Reflexionsbereich ist etwas, wo ich schauen kann, ob ich das alleine machen kann oder wofür ich eventuell einen Sparringspartner brauche.

Allgemeine Reflexionsfragen zur Selbstreflexion:

- Woran kann man einen erfolgreichen Berater, Manager, Experten erkennen?
- Was sind meine Maßstäbe, über die ich mir selbst noch mal klar werden muss?
- Was glaube ich, sind für mich selbst die Kernkompetenzen?
- Warum bin ich das geworden?
- Was wollte ich als Kind werden?

Mögliche kritische Reflexionsfragen zur Selbstreflexion:

- Strebe ich das richtige Ziel an? (Jetzt ist ein guter Zeitpunkt, um einmal innezuhalten …)
- Setze ich die richtigen Maßnahmen ein?
- Was wollte ich nicht mehr tun?
- Was wäre stattdessen sinnvoll?
- Was ändere ich konkret?

Diese Fragen eignen sich auch gut für die Arbeit mit Gruppen als einen Aspekt von Retrospektiven, um in einer Gruppe gemeinsam zu reflektieren (siehe Abbildung 7.9).

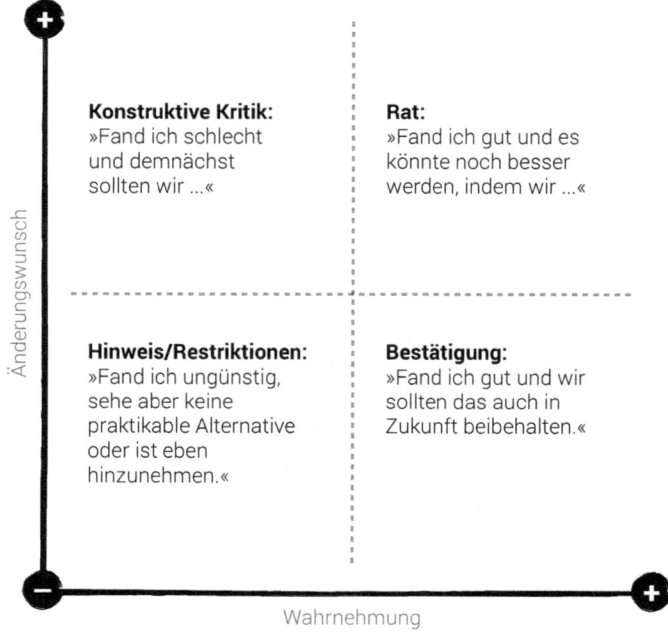

Abb. 7.9: Lessons Learned

Auf einem solchen Chart habe ich die Möglichkeit, die Dimensionen des Änderungswunschs von »gering« bis »hoch« einzutragen. Daraus ergeben sich die hier abgebildeten vier Felder. Ein Feld ist ein **Hinweis** oder **Restriktion** – diese ist ungünstig, allerdings sehe ich keine praktische Alternative bzw. kann ich es nicht verändern. Dieses ist eher ein Akzeptanzbereich, wo die Wahrnehmung schlecht ist, aber auch die Änderungsmöglichkeit nur sehr gering. Dann gibt es einen Bereich, in dem die Wahrnehmung schlecht und der Änderungswunsch hoch ist, die **konstruktive Kritik**. Formulierungen wie »Fand ich schlecht und demnächst sollten wir … « kann ich hier mitgeben, damit ich zieldienliche Rückmeldungen bekomme im Sinne von: »Wir müssten eigentlich eine Reflexion machen im Hinblick auf ein Ziel.« Damit habe ich eine Vor-Fokussierung, weil etwas erreicht werden oder etwas besser gemacht werden soll.

Dann gibt es Dinge, die vielleicht einfach gut sind, wo die Wahrnehmung gut ist und es trotzdem einen hohen Änderungswunsch gibt. Dieses ist ein **Rat**: »Irgendwas fand ich gut und es könnte noch besser werden, indem wir … « Mit der **Bestätigung** »Fand ich gut und wir sollten das auch in Zukunft beibehalten« wird kein Änderungswunsch geäußert.

Eine weitere nützliche Perspektive, die ich in der Reflexion heranziehen kann, ist die **Perspektive des Kunden**. Hierfür eignet sich ein Workshop-Design, in dem ich eine schnelle »Quickretrospektive« mache – beispielsweise mit einem Standpunkt. Dazu lege ich eine Moderationskarte irgendwo in den Raum und gebe die Anweisung, dass mit zunehmender Übereinstimmung der kommenden Aussage ein entsprechend näherer Punkt zur Karte als eigener Standort gewählt werden soll. Eine mögliche Aussage kann sein: »Ich halte das Vorgehen für zieldienlich.« Sollte eine Person nun weit weg von dem Punkt stehen, kann ich fragen: »Was halten Sie für zieldienlicher? Was müssten wir denn anpassen, damit das zieldienlich ist?« Das heißt, ich habe relativ schnell eine Möglichkeit zu erkennen, wie die Stimmungslage in der Gruppe ist und kann daraufhin ganz gezielt in eine größere Lessons Learned überleiten, wenn beispielsweise ganz viele Leute weit weg stehen. In einem solchen Fall mache ich bewusst einen kurzen Cut und hinterfrage. Sollten in diesem Kontext nur ganz wenige am Rand stehen, kann ich diese gezielt nach einem Vorschlag fragen und abstimmen lassen.

Auf diese Weise haben die Betroffenen eine Chance, sich zu etwas zu äußern, was besser werden soll. Wenn ich zuvor Wirklichkeitskonstruktion und Bindung erklärt, das Ziel definiert und vorher erläutert habe, wie ich vorgehen möchte und ich dazu einlade, das Vorgehen anzupassen (wenn ich sage, dass wir das als einen Lernprozess betrachten), dann ist das ein Modellprozess, mit dem ich solche Workshops gestalten kann. Und ich kann immer wieder einmal kurz den Schritt herausmachen und das Zukunftsverhalten in der Organisation modellieren. Damit habe ich als Berater eine Grundlage geschaffen, dass die Menschen dieses als Chance sehen, wirklich angehört und gesehen zu werden und etwas verändern zu können.

An dieser Stelle kann ich nun auch ein wenig provokanter zum Ausdruck bringen, dass wir ursprünglich vereinbart hatten, dass ich auf Rückmeldung angewiesen bin, und dass jetzt der Moment ist, die Rückmeldung zu geben, wenn jemand den Eindruck hat, wir seien nicht zieldienlich unterwegs. Diese Rückmeldung kann man ganz einfach äußern, indem man einen Standpunkt einnimmt. Wenn das nicht getan wird, muss ich davon ausgehen, dass alle voll und ganz damit zufrieden sind. Manchmal lohnt es sich, den Mut zum Geben von Rückmeldungen zu stärken. In konventionellen Organisationen ist es da oft hilfreich, die Kosten eines Workshops vorzurechnen. Wenn man vier Stunden mit zehn Personen zusammen sitzt, entspricht das dem Wert einer Arbeitswoche.

Konsent für kooperative Entscheidungshilfe

Hinweise zur Anwendung

Entscheidungen müssen in jeder Organisation getroffen werden. Wenn Entscheidungen in der Gruppe getroffen werden, ist es eine große Herausforderung, weder eine einsame Entscheidung eines Machthabers durchzusetzen, noch eine Mittelmaß-Entscheidung. Hier ist die Methode des Konsent sinnvoll. Gut vermittelt kann der Kunde sie auch ohne den Berater durchführen. Als Berater kann man situativ diese Methode auch im Workshop verwenden.

Inhalt

Die Konsent-Methode stammt ursprünglich aus der Soziokratie. Bitte nicht mit Konsens verwechseln, wo wir alle der gleichen Meinung sein müssen.

Als Vorbedingung gibt es eine Zielorientierung. Das kann die der Organisation oder auch eine kleinere sein. Letztendlich geht es darum, jetzt eine Entscheidung unter der Maßgabe zu treffen: Wie zieldienlich ist das? Kommen wir damit unserem Ziel näher?

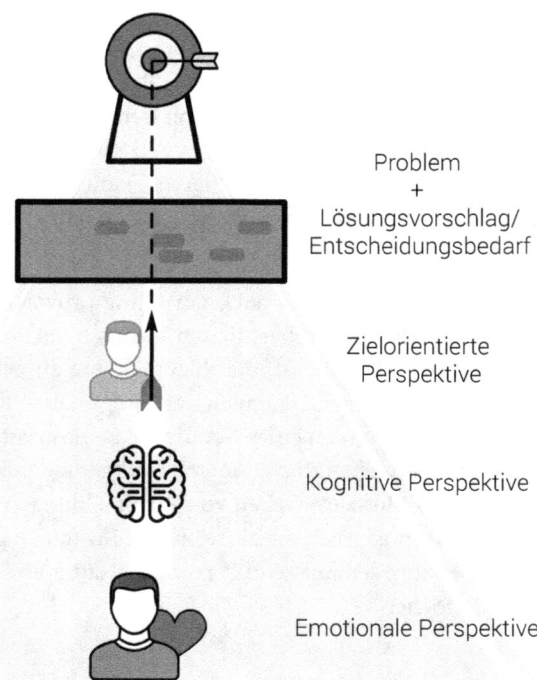

Abb. 7.10: Konsent

Das bedeutet, es wird ein Problem formuliert und jemand formuliert einen Lösungsvorschlag dazu. Jede Entscheidung wird aus einem Grund getroffen: Ich möchte mit dieser ein Problem lösen, eine Richtung weisen etc. Ich präsentiere also das Problem und den Lösungsvorschlag. Die erste Runde ist nun eine **informationsbildende Runde**, wo es um die Schlüsselfrage geht, was der andere noch wissen muss, um sich eine Meinung bilden zu können. Ich kann also entsprechend nachfragen und Verständnisfragen stellen, möglicherweise auch weitere Informationen dazu erfragen, was hier zu entscheiden ist, damit ich mir eine Meinung bilden kann. Sobald dieses abgeschlossen ist, habe ich alle Leute genau auf dem Informationsstand, den man braucht, um sich eine Meinung bilden zu können.

Als Nächstes kommt eine erste meinungsbildende Runde, in der erst einmal die emotionale Lage der Beteiligten erfragt wird: »Wie geht es dir mit dem Vorschlag? Wie fühlt es sich für dich an, wenn diese Idee umgesetzt wird?« Auf diese Weise werden ein Stück weit **emotionale Befindlichkeiten** entlastet.

Der dritte Punkt ist dann die eigentliche **Meinungsrunde** – oder besser gesagt eine Meinungsänderungsrunde. Da geht es jetzt darum, zu erfahren, wie es dem anderen mit dem geht, was er gehört hat und die Frage danach, was er eventuell ändern möchte. Hier kann der andere nun konkrete Vorschläge einbringen, um den Lösungsvorschlag weiter zu verbessern.

Als Letztes kommt dann der eigentliche **Konsent**, wo es um die Frage geht: »Hast du einen schwerwiegenden Einwand gegen diesen Vorschlag?« Eine andere Formulierung ist: »Wenn wir diesem Vorschlag folgen, was hast du für schwerwiegende Aspekte, dass wir das Ziel nicht erreichen?« Das bedeutet, dass ich auch nicht mehr um die allerbeste Lösung ringe, sondern um die Lösung, die erst einmal zieldienlich ist.

Wenn ich dann sage, mir gefällt die Lösung nicht, ist das kein schwerwiegender Einwand, denn die Frage ist: Ist diese Lösung zieldienlich oder nicht? Wenn sie zieldienlich ist, kann ich sie als Beschluss fassen. Also nehme ich persönliche Befindlichkeiten heraus. Ebenso nehme ich ein Stück weit den Druck heraus, die beste Lösung zu finden.[10] Das heißt, man kann bei entsprechender Reife der Gesamtorganisation auch mit dieser Methode insgesamt Wissen generieren. Natürlich muss man immer vorsichtig sein, ob das die beste Variante ist. Allerdings eignet sie sich sehr gut dafür etwas anders zu machen, wenn ich verschiedene Vorschläge im Raum habe und Entscheidungen brauche. Eine andere Meinung bedeutet klassisch Demokratie. Demokratie kann ich auch unterschiedlich machen. Ich kann zum Beispiel alle in einem Raum nach rechts schicken, die »Ja« sagen und die anderen entsprechend nach links. Wer

---

10 Brian Robertson, der Entwickler von Holacracy, hat in ähnlicher Form auch diese Konsent-Methode verwendet und erwähnt als Beispiel eine Situation, in der Kunden nicht gut bezahlt haben. Er hat einen Lösungsvorschlag hineingebracht: Wir stellen keine Rechnungen mehr. Mit einem solchen Lösungsvorschlag macht man die Grundlage seiner Organisation kaputt. Aber so konnte er ein Problem einbringen, für das er selbst noch keine Lösung hatte.

dann auf der linken Seite steht, kann eine Frage gestellt bekommen wie zum Beispiel: »Was brauchst du noch, was müsste angepasst werden, damit du auf die rechte Seite gehen kannst?« Auf diese Weise kann ich auch noch einmal individuelles Commitment erhöhen. Diese ist sozusagen eine Abwandlung der Konsent-Methode, um letztendlich die Verbindlichkeit weiter zu erhöhen. Denn wenn ich mich im Raum positioniere, ist das verständlicherweise eine viel stärkere Positionierung – ein viel stärkeres Commitment –, als wenn ich nur dasitze und keinen Einwand mehr habe. So habe ich auch hier mit der Konsent-Methode noch einmal die Möglichkeit je nach Schwierigkeitsgrad, Schweregrad und Relevanz der Entscheidung, mehr oder weniger Verbindlichkeit hineinzubekommen.

Wichtig für mich als Moderator ist es, darauf zu achten, dass die involvierten Personen das gemeinsame Ziel verfolgen und sich jeder äußern kann – nacheinander. Und dass sich wirklich gegenseitig zugehört wird. Natürlich kann es sein, dass wir in der ersten Runde erkennen, dass doch noch nicht alles an Informationen da ist, um Entscheidungen treffen zu können. An dieser Stelle ist langes Diskutieren zwecklos, weil noch eine Liste an Informationen beschafft werden muss, um auch gut eine Entscheidung treffen zu können. Der Vorteil dieser – auch emotionalen – Entlastungsrunde ist, dass ich im Sinne von »Ebene des Zuhörens« auch an die Empathie herankomme und hören kann, wie die Perspektive von anderen darauf ist. (Unabhängig davon, was jetzt sachlich eine sinnvolle Entscheidung ist.) Das bedeutet: Ich erhöhe die Prozessqualität der Entscheidungsfindung, weil ich letztendlich mehr Informationen generiere. An dieser Stelle kann ich auch das eine oder andere Nachgespräch führen, wo mir solche Informationen vorher nicht zugänglich gewesen wären. Ich erkenne auch, wo sich jemand möglicherweise aufgrund des höheren Ziels selbst zurücknimmt. Was ja auch etwas ist, was man vielleicht nochmal im Nachgang würdigen kann. Über die Runde der schwerwiegenden Einwände erfahre ich alles an sachlichen Argumenten, was gegen diesen Vorschlag spricht. So habe ich hier eine sehr gute Kombination aus Zuhören, die Integration emotionaler Aspekte und dem sachlichen Finden der sinnvollsten Lösung.

Alles, was Sie als Werkzeug kennen und einsetzen können

Mit einem wirklichen Verständnis eines integralen Modells, welches das Verständnis einschließt, dass auch das integrale Modell *nur* ein Modell und keine Wahrheit ist, ist es besonders wichtig, dass wir dennoch eine Position beziehen. Nur mit einer eigenen Position, in dem Wissen, sie könnte falsch sein, und der Bereitschaft, diese zu verändern, können wir im Sinne einer integralen Organisationsentwicklung einen in Form und Inhalt wertvollen Beitrag leisten. (Wobei auch diese Position falsch sein mag.) Und um das zu tun, ist es besonders wichtig, dass wir uns mit uns und unseren Stärken gut verbinden.

Abb. 7.11: Ihre Werkzeugkiste

Natürlich ist die Werkzeugkiste keinesfalls auf die wenigen Hilfsmittel in diesem Kapitel beschränkt. Und je nach individuellem Lebens- und Ausbildungsweg hat jeder Berater seine bevorzugten Hilfsmittel in der Werkzeugkiste. Bei der Auswahl können die Ideen dieses Buchs helfen, indem sehr bewusst über Kontext und Kontinuum reflektiert wird. Die Berücksichtigung der Hintergrundfolien und der Entwicklungsstufen kann da auch zu einer geänderten Verwendung eines Hilfsmittels führen. Bringen Sie bitte alle beherrschten Hilfsmittel passgenau zum Einsatz.

Und wenn Sie mögen, ich freue mich auf einen Austausch, nehmen Sie Kontakt auf, dann gelingt uns vielleicht ein guter Dialog, der alle Elemente einer effektiven Kommunikation beinhaltet. Sie erreichen mich unter hvt@heiko-veit.de.

Schlusswort

Natürlich weiß ich nicht, ob Sie das ganze Buch gelesen haben oder an dieser Stelle nur einen Blick in das Schlusswort werfen … Gerne hätte ich den Inhalt dieses Buchs mit Ihnen in einem gemeinsamen Dialog diskutiert und dabei weiterentwickelt. Ich habe als Erläuterung zum Dialog einmal eine griechische Herleitung gehört. Ich habe es nicht verifiziert, aber als Geschichte gefällt es mir gut. Dia: Durchscheinen und Logos: Geist, Gegenstand. Ich hoffe, es schien etwas durch dieses Buch hindurch. Etwas, was Sie erreicht, etwas, was Sie berührt hat. Etwas von einem tieferen Sinn und Geist.

Ohne einen Abgabetermin hätte ich dieses Buch wohl direkt neu geschrieben, denn genauso wie Sie, befinde auch ich mich auf einem Weg und dieses Buch hat mich wohl einige Kilometer begleitet. Und ein paar Kilometer weiter sieht man das ein oder andere auch schon wieder anders. Ich freue mich, durch dieses Buch mit Ihnen gemeinsam ein Stück weit einen Weg erforschend zu gehen.

Auf meinem Weg bis hierher haben mich viele begleitet und insbesondere erwähnen möchte ich wesentliche Wurzeln und Quellen meiner Sicht auf integrale Organisationsentwicklung. Sei es durch persönlichen Kontakt, Ausbildung oder Literatur. Besonders beeinflusst haben mich Fritz Mautsch, Günther Mohr und Bernd Schmid aus dem Kontext der Transaktionsanalyse und Friedrich Glasl, Bernard Lievegoed und Edgar Schein aus dem Kontext der Organisationsentwicklung im engeren Sinne. Gunther Schmidt und sein hypnosystemischer Ansatz haben für mich eine gute Abrundung ergeben. Für Arbeiten in und Verständnis von Feldern war Aufstellungsarbeit für mich besonders wichtig. Hier vor allem Matthias Varga von Kibéd und Rolf Lutterbeck, aber auch die vielen Gelegenheiten als Gastgeber, Stellvertreter oder Klient in verschiedensten Kontexten. Otto Scharmer hat mit der Theory U für mich einen Kreis geschlossen, in dem ich viele Aspekte meiner Praxis mit der praktischen Organisationsentwicklung verbinden konnte. Thomas Binder hat mir einen vertiefenden Einblick in Ich-Entwicklung eröffnet, ebenso wie Susanne Cook-Greuter und Terri O'Fallon und Kim Barta.

Da es immer auch um die wesentlichen Hintergründe und das eigene Weltbild geht, möchte ich da vor allem Shunryū Suzuki, Allan Watts und Hameed Ali Almaas nennen.

Einen ordnenden Rahmen habe ich natürlich durch das integrale Modell und Ken Wilber erhalten. Den Zugang und die Türöffnung dahin verdanke ich Rolf Lutterbeck.

Für mich wesentlich auf meinem eigenen Entfaltungsweg der letzten Jahre sind neben meinen Kunden auch meine Kollegen und Freunde der Erfurter Schule – Alexander Leuthold, Birgit Jäpelt, Gisela Steenbuck, Christoph Volpert und Gerald Weischede.

Und ich möchte mich für die Unterstützung bei diesem Buchprojekt besonders bedanken bei Tine Rinn: Danke für Gedanken, Ermutigung und Formulierungen. Danke Treya für die Aufstellung zu meiner Blockade bei den Kapiteln vier und fünf. Und vielen Dank an all die, mit denen ich philosophiert habe, die mir Mut gemacht haben oder anderweitig für mich da waren.

Und vielen Dank an das T.I.C. in Mühlheim, denn ohne das Tanzen und das Immer-wieder-zu-mir-kommen, den Kopf-frei-bekommen wäre dieses Buch auch nicht entstanden. Und mein Hund Dina bekommt einfach einen Knochen. Mit einem Hund in die Natur zu gehen, ist beim Buchschreiben auch mal sehr hilfreich.

Ich wünsche Ihnen gutes Wachstum und viele Erfolge, tiefe Bindungen und intensiven Austausch und immer gute Räume für Ihre Entfaltung.

Heiko Veit
hvt@heiko-veit.de
www.heiko-veit.de
www.integrale-organisationsentwicklung.de

Literaturverzeichnis

Anderson, David J.; Reinertsen, Donald G.: Kanban: Successful Evolutionary Change for Your Technology Business, Blue Hole Press, Sequim, WA (USA), 2010

Baldwin, Christina; Linnea, Ann: The Circle Way: A Leader in Every Chair, Berrett-Koehler Publishers, San Francisco, 2010

Bardwick, Judith M., Ph.D.: Danger in the Comfort Zone: From Boardroom to Mailroom – How to Break the Entitlement Habit That's Killing American Business, Amacom, New York (USA), 1995

Beck, Don E.; Cowan, Christopher: Spiral Dynamics – Leadership, Werte und Wandel: Eine Landkarte für Business und Gesellschaft im 21. Jahrhundert, Kamphausen, Bielefeld, 2007

Berner, Winfried: Culture Change: Unternehmenskultur als Wettbewerbsvorteil (Systemisches Management), Schäffer Poeschel, Stuttgart, 2012

Binder, Thomas: Ich-Entwicklung für effektives Beraten (Interdisziplinäre Beratungsforschung), V&R, Göttingen, 2016

Burrows, Mike: Kanban: Verstehen, einführen und anwenden, dpunkt.verlag, Heidelberg, 2015

Choy, Acey: The Winner's Triangle. Transactional Analysis Journal, 20(1), 1990

Cohn, Ruth C.: Von der Psychoanalyse zur themenzentrierten Interaktion: Von der Behandlung einzelner zu einer Pädagogik für alle, Klett-Cotta, Stuttgart, 2016

De Shazer, Steve: Worte waren ursprünglich Zauber: Von der Problemsprache zur Lösungssprache, Carl-Auer, Heidelberg, 2017

Foegen, Malte; Kaczmarek, Christian: Organisation in einer digitalen Zeit: Ein Buch für die Gestaltung von reaktionsfähigen und schlanken Organisationen mit Hilfe von skalierten Agile & Lean Mustern, wibas GmbH, Darmstadt (Ort), 2016

Gergs, Hans-Joachim: Die Kunst der kontinuierlichen Selbsterneuerung: Acht Prinzipien für ein neues Change Management, Beltz, Weinheim, 2016

Glasl, Friedrich; Kalcher, Trude; Piber. Hannes (Hrsg.): Professionelle Prozessberatung: Das Trigon-Modell der sieben OE-Basisprozesse, Haupt, Bern, 2014

Glasl, Friedrich; Lievegoed, Bernard: Dynamische Unternehmensentwicklung: Grundlagen für nachhaltiges Change Management, Haupt, Bern, 2016

Götz, Stefan: Change Leader Inside: Für Menschen, die eine neue Wirtschaftskultur leben, Kamphausen Mediengruppe, Bielefeld, 2014

Kahler, Taibi, Kapers, H.: The Miniskript, Transactional Analysis Journal, 5:3, 1974

Kegan, Robert: In Over Our Heads: The Mental Demands of Modern Life, Harvard University Press, London, 1994

Kegan, Robert: The Evolving Self: Problem and Process in Human Development, Harvard University Press, London, 1983

Kegan, Robert; Laskow Lahey, Lisa: An Everyone Culture: Becoming a Deliberately Developmental Organization, Harvard Business Review Press, Boston, 2014

Kegan, Robert; Laskow Lahey, Lisa: Immunity to Change: How to Overcome It and Unlock the Potential in Yourself and Your Organization (Leadership for the Common Good), Harvard Business Press, Boston, 2009

Kohlrieser, George: Fördern und Fordern: Effektive Führung mit sicherer Basis, Wiley, Weinheim, 2013

Kohlrieser, George: Gefangen am runden Tisch: Klarheit schaffen, entschlossen verhandeln, Leistung freisetzen, Wiley, Weinheim, 2008

Laloux, Frederic: Reeinventing Organizations: Ein illustrierter Leitfaden sinnstiftender Formen der Zusammenarbeit, Vahlen, München, 2016

Löffler, Marc: Retrospektiven in der Praxis: Veränderungsprozesse in IT-Unternehmen effektiv begleiten, d.punkt.Verlag, Heidelberg, 2014

Malik, Fredmund: Führen Leisten Leben: Wirksames Management für eine neue Welt, Campus, Frankfurt, 2014

Mohr, Günther: Achtsamkeitscoaching: Das Kunstwerk des Lebens gestalten. Mit vielen Übungen für die berufliche und persönliche Praxis, EHP-Praxis, Bergisch Gladbach, 2014

Mohr, Günther: Coaching und Selbstcoaching mit Transaktionsanalyse, EHP-Praxis, Köln, 2008

Mohr, Günther: Systemische Organisationsanalyse: Dynamiken und Grundlagen der Organisationsentwicklung, EHP, Bergisch Gladbach, 2006

Mohr, Günther: Workbook Coaching und Organisationsentwicklung, EHP-Praxis, Köln, 2010

Oestereich, Bernd; Schröder, Claudia: Das kollegial geführte Unternehmen: Ideen und Praktiken für die agile Organisation von morgen, Vahlen, München, 2016

Petzold, Hilarion G. (Hrsg.): Identität: Ein Kernthema moderner Psychotherapie (Integrative Modelle in Psychotherapie, Supervision und Beratung), VS Verlag, Wiesbaden, 2012

Pfläging, Niels: Beyond Budgeting, Better Budgeting: Ohne feste Budgets zielorientiert führen und erfolgreich steuern, Haufe, München, 2011

Pfläging, Niels, Hermann, Silke: Komplexithoden: Clevere Wege zur (Wieder)Belebung von Unternehmen und Arbeit in Komplexität, Redline, München, 2015

Robertson, Brian J. Holacracy: Ein revolutionäres Management-System für eine volatile Welt, Vahlen, München, 2016

Rubin, Kenneth S.: Essential Scrum: A Practical Guide to the Most Popular Agile Process, Addison-Wesley, Boston, 2015

Schein, Edgar H.: Organisationskultur. "The Ed Schein Corporate Culture Survival Guide", EHP, Köln, 2010

Schmid, Bernd; Messmer, Arnold: Systemische Personal-, Organisations- und Kulturentwicklung Konzepte und Perspektiven, EHP, Bergisch-Gladbach, 2005

Schmid, Bernd: Systemische Professionalität und Transaktionsanalyse, EHP, Bergisch Gladbach, 2008

Schmid, Bernd: Wo ist der Wind, wenn er nicht weht?: Professionalität & Transaktionsanalyse aus systemischer Sicht, Junfermann, Paderborn, 1994

Schmid, Bernhard; Gérard, Christiane: Intuition und Professionalität: Systemische Transaktionsanalyse in Beratung und Therapie, Carl-Auer, Heidelberg, 2008

Schmid, Bernhard; Gérard, Christiane: Systemische Beratung jenseits von Tools und Methoden: Mein Beruf, meine Organisation und ich, EHP, Bergisch-Gladbach, 2012

Schmidt, Gunther: Einführung in die hypnosystemische Therapie und Beratung, Carl-Auer, Heidelberg, 2015

Schmidt, Gunther: Liebesaffären zwischen Problem und Lösung: Hypnosystemisches Arbeiten in schwierigen Kontexten, Carl-Auer, Heidelberg, 2015

Sharmer, C. Otto: Theorie U. Von der Zukunft her führen: Presencing als soziale Technik, Carl-Auer, Heidelberg, 2009

Simon, Fritz B.: Einführung in die systemische Organisationstheorie, Carl-Auer, Heidelberg, 2015

Simon, Fritz B.: Gemeinsam sind wir blöd!?: Die Intelligenz von Unternehmern, Managern und Märkten, Carl-Auer, Heidelberg, 2013

Stewart, Ian; Joines, Vann: Die Transaktionsanalyse. Eine neue Einführung in die TA, Herder, Freiburg im Breisgau, 1997

Sutherland, Jeff: Scrum: The Art of Doing Twice the Work in Half the Time, Random House, New York, NY (USA), 2015

Sutrich, Othmar; Opp, Bernd: Wie Organisationen gut entscheiden: Innovative Werkzeuge für Führungskräfte, Projektmanager, Teams und Unternehmen, Haufe, Freiburg, 2016

Suzuki, Shunryū: Zen-Geist – Anfänger-Geist: Unterweisungen in Zen-Meditation, Theseus, Bielefeld, 2016

Torbert, Bill: Action Inquiry: The Secret of Timely and Transforming Leadership, Berrett-Koehler Publishers, San Francisco, 2004

Varga von Kibéd, Matthias; Sparrer, Insa: Ganz im Gegenteil: Tetralemmaarbeit und andere Grundformen Systemischer Strukturaufstellungen – für Querdenker, und solche die es werden wollen, Carl-Auer, Heidelberg, 2016

Vetter, Holger: Führung und Change Management im Sport: Presencing in Sportorganisationen, Erich Schmidt Verlag, Berlin, 2014

Weiss, Alan: Million Dollar Consulting, Mcgraw-Hill Professional, New York City, 2009

Wilber, Ken: Ganzheitlich handeln: Eine integrale Vision für Wirtschaft, Politik, Wissenschaft und Spiritualität, Arbor, Freiamt, 2001

Wilber, Ken: Integrale Psychologie: Geist – Bewusstsein – Psychologie – Therapie, Arbor, Freiamt, 2012

Wilber, Ken: Integrale Spiritualität: Spirituelle Intelligenz rettet die Welt, Kösel, München, 2017

Internetquellen

Cook-Greuter, Susanne R.: Nine Levels Of Increasing Embrace In Ego Development: A Full-Spectrum Theory Of Vertical Growth And Meaning Making, http://www.cook-greuter.com/Cook-Greuter%209%20levels%20paper%20new%201.1%2714%2097p%5B1%5D.pdf

Schmid, Bernd: ICH-DU und ICH-ES-Typen: https://www.google.de/url?sa=t&rct=j&q=&esrc=s&source=web&cd=7&cad=rja&uact=8&ved=0ahUKEwi4o4OMgbDYAhUFzKQKHciFAHEQFgg_MAY&url=https%3A%2F%2Fwww.coaching-magazin.de%2Fartikel%2Fschmid_bernd_jokisch_wolfram_-_ich_du_ich_es_orientierung.doc&usg=AOvVaw3Ch7FYJDArH2s5oqhOwdBS

Fleximity – Flexibility Maturity Framework: Modell und Methode zur nachhaltigen Entwicklung von Flexibilität und Agilität in Projekten und Organisationen von Prof. Dr. Tobias Brückmann und Heiko Veit – www.fleximity.de

http://www.soziokratie.org/

https://www.holacracy.org

Stichwortverzeichnis

A agil 24, 72, 78, 195
Angebot 90, 124–126
Aufstellungen 111
Aufstellungsarbeit 106
Auftragsklärung 87, 90–92, 106, 117, 120, 124

B Bindung 85, 113, 147
Brainwriting 197

C Change-Architektur 100, 137

D Dramadreieck 163

E Ebene 20, 21, 25–28, 116
Ebenen 19, 57, 93
Entwicklungsstufe 21–24, 26, 29, 34, 36, 44, 51, 57, 60, 62–64, 66, 69, 70, 75, 78–81, 83, 98, 117, 130, 137

F Felder des Zuhörens 167
Fleximity 102, 179, 180, 185
Führung 16, 17, 19, 40, 50, 54, 94, 95, 101, 102, 133, 135, 154, 157–160, 162, 182, 183

G Gewinner-Dreieck 165

I Identität 35, 129

K Kalkulationsmodell 127
Kernteam 101, 103, 131
Komfortzone 154
Konsent 203
Kooperatives Workshop-Design 195

L Lessons Learned 203
Linien 20, 25, 26, 28, 31, 54, 93, 94, 97, 102, 133, 181

M Menschenbild 33
Meta Capital 44

O organisationaler Schatten 139
Organisationsbild 37
Organisationseinheiten-Canvas 185
Organisationsstruktur 38, 94

P Passung 162, 183, 194

Q Quadrant 200
Quadranten 11–16, 18, 26, 34, 44

R Reflexion 198
Rolle 12, 14, 99, 161, 162, 182, 183, 191, 195
Rollen-Canvas 191

S Sinn 44, 47, 51, 60, 80, 111, 135
Spiral Dynamics 20, 74, 76, 93
Systemdynamiken 98
Systemprozesse 99
Systempulsation 100
Systemstruktur 98

T Theory-U 85
Typ 18, 28, 29, 36, 97

U U-Prozess 103, 107, 120, 137
U-Prozesse 120
Unternehmenskultur 14, 15, 17, 42, 49, 83, 90, 107, 140, 191

V Value Match 76
Veränderungsarten 43
Veränderungslandkarte 87, 132

W Wertschöpfung 37, 39, 191
Wirklichkeitskonstruktion 144

Z Zustand 29, 31, 44

www.ingramcontent.com/pod-product-compliance
Lightning Source LLC
LaVergne TN
LVHW082008090526
838202LV00005B/257